河北省智库研究项目

河北省重点高端智库"河北省社会科学院京津冀协同发展研究中心"年度研究报告

THE ANNUAL REPORT ON
THE COORDINATED DEVELOPMENT OF
BEIJING-TIANJIN-HEBEI
(2025)

京津冀协同发展报告

(2025)

主　编 ◎ 陈　璐　边继云

副主编 ◎ 高自旺　张　彬

中国财经出版传媒集团

经济科学出版社
Economic Science Press

·北 京·

图书在版编目（CIP）数据

京津冀协同发展报告.2025 / 陈璐，边继云主编.
北京：经济科学出版社，2025.5. -- ISBN 978 - 7 - 5218 -
6738 - 1

Ⅰ.F127.2

中国国家版本馆 CIP 数据核字第 20256SY528 号

责任编辑：梁含依　胡成洁
责任校对：刘　娅
责任印制：范　艳

京津冀协同发展报告（2025）

JINGJINJI XIETONG FAZHAN BAOGAO（2025）

主　编／陈　璐　边继云

副主编／高自旺　张　彬

经济科学出版社出版、发行　新华书店经销

社址：北京市海淀区阜成路甲 28 号　邮编：100142

经管编辑中心电话：010 - 88191335　发行部电话：010 - 88191522

网址：www. esp. com. cn

电子邮箱：espcxy@ 126. com

天猫网店：经济科学出版社旗舰店

网址：http：//jjkxcbs. tmall. com

北京季蜂印刷有限公司印装

710 × 1000　16 开　18.25 印张　320000 字

2025 年 5 月第 1 版　2025 年 5 月第 1 次印刷

ISBN 978 - 7 - 5218 - 6738 - 1　定价：95.00 元

（图书出现印装问题，本社负责调换。电话：010 - 88191545）

（版权所有　侵权必究　打击盗版　举报热线：010 - 88191661

QQ：2242791300　营销中心电话：010 - 88191537

电子邮箱：dbts@ esp. com. cn）

前　言

本书分为四个板块。

"总报告"板块从京津冀高质量协同发展要求出发，分析了京津冀以高质量协同创新推动高质量协同发展的基础和条件、使命和任务，以及京津冀在推动高质量协同创新中面临的挑战，提出了京津冀以科技创新推动高质量协同发展的战略举措。

"产业发展研究"板块从人工智能赋能、集成电路、文旅数智化、大健康产业、空天信息产业和融入央企产业链等角度分别提出了京津冀产业协同发展方向与对策思路。

"热点专题研究"板块从产业新增长点、人口流动、数字金融赋能绿色发展、社会资本参与新基建、绿色增长、京津冀入境游和重点农业国际合作等角度出发，深入分析了当前现状和存在的问题，并提出下一步的发展设想。

"区域视野研究"板块深入剖析了石家庄国际陆港建设、雄安新区人才高地建设、京津冀扶贫脱贫巩固、京津冀碳减排、雄安新区数字经济产业集聚等在推进协同发展中的积极作用，提出了相关的对策建议，力争为河北推进与京津协同发展的重大决策提供参考和智力支持。

目 录

Ⅰ 总报告

京津冀：以高质量协同创新推动高质量协同发展 ····················· 边继云 / 3

Ⅱ 产业发展研究

河北省推进人工智能赋能产业转型升级的思路建议
····················· 黄贺林 王素平 王光瑜 / 21
京津冀协同发展背景下河北省集成电路产业实现高质量发展的路径研究
·· 于 恒 / 34
京津冀文旅产业数智化发展研究 ························· 陈 滢 / 51
促进京津冀生命健康产业一体化和链群化发展研究 ············ 邹玲芳 / 65
进一步推动河北省产品和服务融入央企产业链供应链的对策建议
·· 苏玉腾 / 78
推动京雄空天信息产业廊道高质量发展的场景创新与对策建议
····················· 高自旺 程洁冉 徐 园 / 90

Ⅲ 热点专题研究

"十五五"时期河北省产业增长点影响因素及培育路径研究
············· 杨 华 王素平 苏凤虎 张宏兴 赵丹扬 / 105

1

京津冀协同发展背景下河北省人口外流特点及应对策略 ⋯⋯⋯⋯⋯ 王春蕊 / 120

数字金融对京津冀城市绿色发展的影响研究

　　——基于数字信贷的分析 ⋯⋯⋯⋯⋯⋯⋯⋯⋯⋯⋯⋯⋯⋯ 刘　旺 / 131

积极发挥社会资本在河北省新型基础设施建设中的作用研究 ⋯⋯⋯ 姚胜菊 / 155

京津冀降碳、减污、扩绿、增长的协同机制研究 ⋯⋯⋯⋯⋯⋯⋯ 陈　昕 / 166

河北省协同京津发展入境游政策研究 ⋯⋯⋯⋯⋯⋯⋯⋯⋯⋯⋯ 吴　譞 / 179

"全球发展倡议"框架下河北省与中亚五国推动农业重点合作领域研究

⋯⋯⋯⋯⋯⋯⋯⋯⋯⋯⋯⋯⋯⋯⋯⋯⋯⋯⋯⋯⋯⋯⋯⋯⋯ 葛　音 / 192

Ⅳ　区域视野研究

以石家庄国际陆港建设助推河北省开放型经济发展研究 ⋯⋯⋯⋯ 宋东升 / 213

京津冀协同发展背景下雄安新区打造人才高地的经验借鉴与路径选择

⋯⋯⋯⋯⋯⋯⋯⋯⋯⋯⋯⋯⋯⋯⋯⋯⋯⋯⋯⋯⋯⋯⋯⋯ 郭晓杰 / 226

环京津欠发达地区最近五年巩固拓展脱贫攻坚成果进展

⋯⋯⋯⋯⋯⋯⋯⋯ 张祖群　李丁根　吕俊豪　郭晶瑛 / 238

"碳达峰"背景下实现京津冀减排与协同发展双赢的政策配置研究 ⋯⋯ 贾鸿业 / 256

雄安新区数字经济产业集群进一步发展的思路和措施研究 ⋯⋯⋯⋯ 严文杰 / 272

Ⅰ 总报告

京津冀：以高质量协同创新
推动高质量协同发展

边继云 *

摘 要：当前，全球科技创新的格局和动力正在经历深刻改变。新一轮科技革命和产业变革正在全球范围内加速演进，前沿技术和颠覆性技术层出不穷且加速迭代。党的二十届三中全会对创新驱动和跨区域协同作出了重要部署，以高质量协同创新推动区域高质量协同发展迫在眉睫且意义重大。在京津冀地区，协同创新不仅是解决区域发展不平衡、不充分问题的关键手段，更是推动区域高质量发展的核心动力，以高质量协同创新推动区域高质量协同发展刻不容缓。在此背景下，本文从京津冀协同创新发展现状入手，分析了当前区域协同创新面临的新形势以及京津冀协同创新面临的新使命，提出了京津冀创新资源区域分布不均衡、创新产出和创新效率落差过大、创新成果区域内转化质效偏低、科技投入与创新驱动效果割裂、创新主体市场化合作机制不完善等问题，并在此基础上，进一步提出了创新区域成果转化支持方式、高质量建设京津冀协同创新共同体、推动区域科技创新改革协同深化、优化区域科技创新发展环境等建议。

关键词：科技创新 京津冀 高质量 协同

以高质量协同创新统筹配置区域创新资源、培育打造新质生产力已成为各区域打破发展瓶颈和限制、促进区域高质量发展的重要举措。京津冀协同发展作为国家全力实施的重大发展战略，经过十年建设取得了显著成效，但面对建设成为中国式现代化先行区、示范区的使命任务，面对打造我国自主创新的重要源

---

* 边继云，河北省社会科学院区域创新发展研究中心主任，省政府特殊津贴专家，研究方向为区域经济、创新经济和旅游经济。

头和原始创新的主要策源地的目标要求，以高质量协同创新培育新质生产力、构建协同发展新格局、推动高质量协同发展、带动区域经济结构变革尤为迫切。

一、京津冀协同创新发展现状

（一）政策体系和合作机制逐步健全，协同创新制度保障日益完善

自2014年京津冀协同发展战略实施以来，打造京津冀协同创新共同体就是该战略的核心任务之一。聚焦京津冀协同创新发展，三地政府积极推动政策制定和制度完善。2018年，三地共同签署了《关于共同推进京津冀协同创新共同体建设合作协议（2018—2020年）》，共同构建了分管副省级领导、厅局级领导和具体业务处室三级定期交流机制。河北省更是创造性地提出将协同创新重点工作指标纳入市县党政领导班子和省直部门综合考评体系等系列政策措施，有效促进了各项举措在河北省落地落实。2023年8月，三地又进一步签署了《京津冀协同发展科技创新协同专题工作组工作机制》《促进科技成果转化 协同推动京津冀高精尖重点产业发展工作方案》，建立了在科技部主导下的京津冀协同创新"1＋3"联席会议制度、定期会商制度和成果转化推动制度，为协同创新提供了有力的制度保障。2023年12月，河北省人民代表大会常务委员会出台了《关于推进京津冀协同创新共同体建设的决定》，以立法的形式对推进京津冀协同创新共同体建设予以保障。

（二）创新合作平台扎实推进，创新资源集聚支撑能力有效提升

创新合作平台作为区域协同创新的关键支撑，在推动三地创新协作中发挥着重要的作用。京津冀协同发展战略实施以来，三地不断深化平台建设，平台建设合作不断实现突破。一方面，重大研发转化平台建设积极推进。三地共同出台了《京津冀三省市协同推进京津冀国家技术创新中心提质增效行动方案》，京津冀国家技术创新中心通州中心、天津中心、河北中心、雄安中心等相继建设运行，区域创新资源配置效率得到优化提升，区域创新支撑力得到增强。另一方面，以产业创新为核心的产业合作平台建设取得积极进展，以中关村创新园区为龙头的产业合作平台链逐步完善。如京津中关村科技城、保定·中关村创新中心、天津滨海—中关村科技园等。河北省唐山、衡水、邯郸

也相继与中关村共同建设中关村创新中心，打造"类中关村"创新生态。与此同时，中国农业大学在涿州建设的模式动物表型与遗传研究国家重大科技基础设施，以及河北清华发展研究院、北京理工大学唐山研究院、北京大学邯郸创新研究院等一批重大科技基础设施合作平台也相继建设完成，形成了三地协同发展的良好合作示范。

（三）产业创新合作步入深入，重点产业链的创新引领作用逐步显现

近年来，三地产业创新合作不断深入，产业链分工合作和集群跨区域协同创新培育机制逐步建立。一方面，聚焦氢能、生物医药、网络安全和工业互联网、高端工业母机、新能源和智能网联汽车、机器人6条重点产业链，梳理产业链"卡点+技术攻关"清单，推动产业链创新链融合发展。三地联合印发了《京津冀重点产业链协同机制方案》，联合绘制完成产业链图谱，梳理"卡点+技术攻关"清单、"堵点+招引企业"清单，统筹建立京津冀三地链长制，深入研究产业链关键问题，推动产业链创新链融合发展。另一方面，推动重点产业链组建产业创新联合体，为产业链协同创新提供支撑。例如，围绕"六链五群"创新工作，组建了京津冀智能机器人、智能网联汽车等涵盖京津冀重点高校、院所、龙头企业的创新联合体，联合实施车规级芯片等一批产业攻关项目，为卡点攻关提供有力支撑。与此同时，三地围绕产业链创新发展，相继组织实施了京津冀高精尖产业筑基工程项目揭榜、"卡点"技术规模应用等工程，7万吨大型模锻挤压液压机成套装备、航空航天大型龙门铺放装备等一批核心技术产品实现突破。截至2024年，京津冀新一代信息技术应用创新集群、京津冀集成电路、安全应急装备、智能网联新能源汽车等集群均成功入围国家先进制造业集群公示名单。

（四）科技成果转化合作取得积极进展，技术合同成交额连年增长

"提升科技成果区域内转化效率和比重"一直是京津冀协同创新的重点。近年来，聚焦承接京津科技成果转化，三地共同制定京津冀科技成果转化供需对接清单，建立京津冀科技信息数据共享平台，联合发布科技成果，通过一系列新机制，多措并举，京津冀三地成果转化合作不断深化，技术合同成交额逐年增长。从三地科技部门获得的数据来看，2023年河北省吸纳京津技术的合

同成交额达 810.1 亿元，较 2016 年增长 7.7 倍。单就吸纳北京技术合同成交额而言，2023 年达 597.1 亿元，较 2016 年增长 6.1 倍，成交额占北京流向外省市的比例为 12.0%，较 2016 年增长 7.1%，金额和占比实现了双提升。尤其是 2022 年到 2023 年，河北省吸纳京津技术的合同成交额由 402.8 亿元倍增至 810.1 亿元，给河北省的发展注入了巨大活力。2024 年 1～9 月，河北省吸纳京津技术的合同成交额 621.5 亿元，同比增长 36.0%，保持了持续增长的态势。

（五）创新服务体系不断完善，协同创新服务领域和服务层次日益多元

围绕完善协同创新服务体系，三地服务领域和服务层次日益多元。一是基础研究、应用基础研究领域合作日趋紧密。三地联合实施了京津冀基础研究合作专项、中国科学院重大科技成果转化合作项目、雄安新区科技创新专项，针对共同面临的热点、难点科学问题和产业共性关键技术需求，在重点领域探索开展实质性研究合作，成功探索出凝聚三地优势科技资源、合力解决关键共性难题的新模式，大力推动了京津冀协同创新在基础研究合作领域的纵深发展。二是场景创新合作不断深入。2024 年京津冀创新应用场景共建共享大会发布了《京津冀协同创新应用场景典型案例》，河北省围绕特色产业、京津冀共建共享公布了 6 批共 156 项创新应用场景，联合京津共同进行京津冀先进算力创新应用场景路演对接，为三地产业创新发展提供了有力支撑。三是金融支持体系日益完善。京津冀协同发展产业投资基金、京津冀科技成果转化创业投资基金、京津冀产业数字化子基金先后设立，为三地协同创新项目的实施提供了金融支持。

二、区域协同创新面临的新形势

（一）区域协同创新的战略目标从支撑区域经济发展转向承接国家战略使命与推动区域经济高质量发展并重，以科技创新引领产业创新将是持续主题

未来一段时间，我国科技创新将在很多领域进入无人区，争取科技产业发展空间，体现中国需求与模式，形成我国在科技领域的话语权，将是我国科技创新的主体诉求。这就要求各地科技创新的战略目标除了要着眼于本地经济社

会发展，还要强调区域创新系统和国家创新系统的对接，承接国家战略使命，支撑国家战略需求。一方面要积极承担国家重大科技创新战略任务，另一方面要积极培育能在全球范围内并跑甚至领跑的颠覆性科学技术，为我国引领全球创新提供支点。

（二）区域科技创新要素不断升级，创新资源配置方式不断重组，更加开放开源的资源配置方式成为推动区域高质量协同创新的必然

当前，随着数字经济的快速发展，区域科技创新要素不断升级，数据等新型生产要素已成为国家和地区的基础性战略资源及关键生产要素。数据作为新型生产要素，是数字化、网络化、智能化的基础，已快速融入生产、分配、流通、消费和社会服务管理等各个环节，深刻改变着生产方式、生活方式和社会治理方式。以数据为代表的新型生产要素已成为推动区域科技创新的关键变量。区域推动科技创新的思路逻辑要因时而变，要以更加开放开源的资源配置方式组织科技项目的实施，定义创新链各主体间的关系。

（三）区域科技创新范式发生变革，多要素联动、多主体协同的链式创新生态体系，成为推动区域创新一体化发展的有效支撑与保障

当前，在新一轮科技革命和产业变革的推动下，创新的技术路径与发展范式正在发生改变，产业发展和技术创新已由单要素、单主体、单领域的线性创新转变为多要素、多主体、多领域的系统性创新。未来单一的创新要素集聚和单纯的技术创新突破已很难支撑区域创新全面发展。区域科技创新竞争由简单的加大研发投入和人才引进培养转变为集成优势资源、完善创新生态、提升创新效能的全方位体系式竞争，构建不同行政区之间多要素联动、多主体协同的链式创新生态体系，成为提升区域创新一体化发展的有效支撑与有力保障。

三、京津冀高质量协同发展对科技创新的新要求

（一）要使自主创新和原始创新实现突破，在实现高水平科技自立自强中发挥示范带动作用

习近平总书记 2023 年 5 月主持召开深入推进京津冀协同发展座谈会时指

出，京津冀作为引领全国高质量发展的三大重要动力源之一，拥有数量众多的一流院校和高端研究人才，创新基础扎实、实力雄厚，要强化协同创新和产业协作，在实现高水平科技自立自强中发挥示范带动作用。推进京津冀高质量协同发展必须在落实这一战略任务上取得实质性突破和进展。这就要求京津冀三地必须围绕科技前沿和国家重大需求，改革深化科技创新的体制机制，提高重大创新策源能力，更加强调从创新体系整体角度去考虑，更加注重从基础研究、应用基础研究、应用研究到成果转化的价值链全链条布局。要实现科学新发现、技术新发明、产业新方向、发展新理念从无到有的跨越，在实现高水平科技自立自强中发挥示范带动作用。

（二）要在提升区域整体创新能力上实现突破，成为科技创新驱动区域高质量发展的全国典范

京津冀虽然形成了一定的创新集聚优势和动能转型优势，但与长三角、粤港澳地区相比，区域整体创新能力仍然偏弱，区域高技术产业企业数量、主营业务收入虽波动增长但在全国的市场占有率呈下降趋势。提升区域整体创新能力和水平，以科技创新驱动区域高质量发展，是京津冀地区迫切需要完成的重要任务。具体而言，核心是要在推动区域创新资源向区域创新竞争力转化上实现突破。这就要求京津冀在进行区域创新规划和要素布局时突破行政区域的局限，构建泛区域、跨学科、强关联、高强度的协同创新网络，并结合自身的创新基础和产业发展特征，通过创新资源、创新政策等途径引导提升创新研究的集中度，探索新时代区域创新改革试验，强化核心技术协同攻关，把强大的创新资源转化成强大的科技竞争力，成为以科技创新驱动高质量发展的强劲动力源。

（三）要在提升科技成果区域内转化效率和比重上实现突破，成为区域协同创新的示范高地

"提升科技成果区域内转化效率和比重"是2023年5月12日习近平总书记视察河北时提出的重要指示精神，也是京津冀三地优化科技资源配置、利用科技创新打造发展新动能、提升整体竞争新优势的关键。这就要求京津冀三地必须把握科技发展趋势，围绕区域科技创新政策有效衔接和科技资源高效共享，在推动科技链和产业链创新融合上形成可示范推广的经验，成为区域协同创新的示范高地。

（四）要在建设具有全球竞争力的科技创新开放环境上实现突破，成为以高水平开放引领高质量创新发展的先行区

中央全面深化改革委员会第五次会议提出"建设具有全球竞争力的科技创新开放环境"。习近平总书记主持会议时强调，要坚持以开放促创新，通过开放合作战略集聚全球创新资源，以开放创新引领创新的突破性发展，是在当前"双循环"新格局的构建中，我们提升创新能力和创新发展水平仍要坚持的战略方针。京津冀都市圈作为全国重点建设的三大都市圈之一，理应在开放创新发展上进一步实现突破，探索出一条在"双循环"发展格局下更具现实针对性和实践指导性的开放创新之路。这就决定了京津冀的协同创新必须主动融入全球创新网络，对接国际通行规则，优化开放合作服务环境，在集聚和使用全球创新资源上拓宽路径和创新机制，打造全国开放创新的引领区，成为引领带动全国其他区域融入全球创新网络的前沿和窗口。

四、新时期京津冀协同创新存在的问题

（一）创新资源区域分布不均衡，创新产出和创新效率落差过大的局面仍未改变

京津冀创新资源丰富，根据国家统计局数据，三地发明专利的拥有量约占全国的18%，基础研究经费约占全国的1/4，每万人发明专利的拥有量是全国平均水平的两倍。但细分后会发现，创新资源多集中在京津两市，河北省则相对较弱。尤其是北京作为首都，汇集了我国核心的科技创新要素，拥有90多所大学、1 000多所科研院所，其中包括中国科学院、清华、北大等一批全国顶尖高校和科研机构。拥有近3万家国家级高新技术企业，高技术制造业企业市值排在全球第五位。与此同时，还拥有一批世界顶尖的科学家和工程技术专家，全国近一半（47%）的两院院士，在人才、科研方面都有着巨大的优势。与之相比，河北省在创新要素集聚、创新环境打造等方面都与北京、天津有着较大的差距，导致地区间科技发展水平存在明显落差，这进一步导致了京津冀创新能力的不平衡。在《中国区域创新能力评价报告2024》中，北京的创新综合指数为52.68，排名第3，天津以28.51排名第11位，河北以23.16排名第19位。与京津相比，河北的创新投入产出比或者说创新产出效率同样偏低。

如图 1-1 所示，2023 年北京研究与试验发展经费内部支出为 2 947.1 亿元，天津为 599.2 亿元，河北为 912.1 亿元，北京分别为天津和河北的 4.9 倍和 3.2 倍。但就获得的发明专利授权数来看，如图 1-2 所示，2023 年北京获授权发明专利 107 875 件，天津是 14 319 件、河北是 14 213 件，北京分别是天津、河北的 7.5 倍和 7.6 倍。

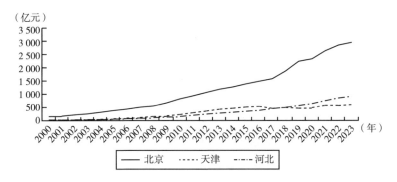

图 1-1　2000~2023 年京津冀三地研究与试验发展经费内部支出对比

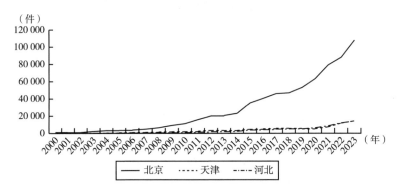

图 1-2　2000~2023 年京津冀三地发明专利授权数对比

（二）创新成果区域内转化质效低，协同创新对区域高质量发展的引领带动作用尚未充分发挥

虽然近年来京津科技成果区域内转化规模不断提升，但转化质效仍然偏低，协同创新对区域高质量发展的引领带动作用尚未充分发挥。产业领域转移转化成果仍较薄弱，距离以成果转化带动产业转移、实现转化转移承接一体化推进的期望还有差距。以河北为例，从技术合同成交领域来看，河北吸纳京津技术主要集中在城市建设与社会发展、现代交通两大领域。根据河北省科技厅

数据，2023 年，两领域技术成交额之和为 658.6 亿元，占全部成交额的 56.6%；产业领域则较薄弱，占比最大的节能领域和先进制造领域，成交额分别为 145.1 亿元和 54.6 亿元，仅占总成交额的 17.9% 和 6.7%，对于提升全省产业创新竞争力而言还显欠缺。

（三）创新链与产业链对接不紧密，科技投入与创新驱动效果割裂的现象仍然存在

客观来看，京津冀还没有形成以产业发展、市场需求为牵引的利益共同体，产业体系和科技体系"两张皮"的现象仍然存在，科技投入与创新驱动效果仍然存在"剪刀差"，在解决影响我国高水平科技自立自强的"卡脖子"关键核心技术方面的协同创新效应尚未真正体现。此种现象的形成原因是多方面。既与河北产业链与京津创新链的"弱匹配"状态有关，也与以技术市场为核心的区域创新要素统一大市场始终无法建立有关。

（四）京津冀三地创新主体互动不密切，市场化合作机制仍不完善

近十年来，京津冀三地政府在协同创新方面进行了很多有益的探索，但对接工作以政府牵头组织为主，协会、联盟和服务机构等市场化中介组织参与不足。创新主体（包括企业、高校、科研机构）之间的合作不够紧密，缺乏有效的合作机制。例如，企业与高校、科研机构之间的合作主要以项目合作为主，缺乏长期稳定的合作关系；高校和科研机构之间的合作也不够紧密，缺乏资源共享和协同创新的机制。如何在发挥政府引导作用的同时，充分调动市场的积极性，仍然还有潜力和空间。

（五）协同创新政策工具支撑效率仍需提高，协同创新新模式、新空间仍需拓展

一般而言，跨区域科技创新协同的政策支持工具主要有共建跨区域技术创新中心、共建合作示范区平台、共建产业双创服务平台、共建跨区域创新创业投资基金、共建产业创新共同体等。客观来看，这些合作模式和政策工具在京津冀都已运用。例如，三地共建科技研发中心——京津冀国家技术创新中心河北中心、雄安中心、天津中心，共建成果转化产业平台——保定·中关村创新中心、雄安新区中关村科技园、天津滨海—中关村科技园等，共建成果转化投

资基金——京津冀科技成果转化创业投资基金。河北还建有成果转化承接载体——京南科技成果转移转化示范区、雄安新区科创中心中试基地等。可以说，常规性跨区域协同创新工具已大量运用，但协同创新的效果仍不理想。如何进一步创新协同合作模式、拓展协同创新合作空间是需要进一步突破的。

五、以科技创新推动京津冀高质量协同发展的建议

（一）高质量建设京津冀协同创新共同体，构建梯次联动的协同创新发展格局

1. 深化区域创新协同，打造"一核两翼"协同创新引领极

一是强化北京的创新引领作用，打造区域创新引领极和辐射源。国际科技创新中心是北京"四个中心"城市战略定位之一。京津冀协同创新首先要发挥北京全球创新要素汇聚地、世界科学前沿和新兴产业技术创新策源地的功能，提升其对京津冀协同发展的辐射带动作用。具体来讲，一方面，要加强科技资源辐射。整合科研院所、高校等创新主体力量，推动高校与科研机构和津冀地区建立更为紧密的合作关系，如联合建立实验室、研究中心等，跨界联动成立要素开放型区域创新协同联盟，主导推出区域创新人才直通车、新技术应用场景集，放大北京创新溢出效应。同时，要进一步开放科技条件平台优势资源，整合大型科研仪器设备、实验平台等资源，建立统一的科研设施共享平台，促进区域内实验室、科学装置、科技成果等资源共享，消除科技核心支撑资源的区域差异。另一方面，要强化产业创新引领。加强与天津滨海新区、雄安新区、河北石家庄等重要创新节点的创新合作，探索建立区域创新要素共生共融共建共享的京津冀协同发展模式。优化中关村科技园以及中关村与津冀各地合作建立的产业合作园区发展模式，在输出科技创新人才、技术和管理方式的基础上，推动中关村总结经验，探索构建一套成熟的科技成果市场化转化体系，为京津企业提供一个高效便捷的市场通道，加速科技成果的转化和产业化进程。

二是全力推动雄安新区和北京城市副中心创新发展，打造全新创新动力源。一方面，在推动雄安积极承接北京高校、科研院所疏解转移功能的基础上，积极争取国家级科技创新基地布局，加快建设雄安国际科技成果展示交易中心、国家技术转移中心、国家质量基础设施研究基地，探索设立知识产权保

护中心，积极争取布局国家实验室，构筑功能完备的科技创新平台体系。同时，推动雄安探索建立与世界接轨的"研发创业特区"和"国际创新社区"，聚焦全球成果转化、创新孵化的关键环节，吸引国内外知名科研组织、创新机构、咨询机构、企业、海外专家、国内外创业者入驻或开展合作交流，集聚全球创新资源。另一方面，积极推动北京城市副中心培育高质量创新主体，加快科学研究和技术服务业集聚发展，为区域科技创新和产业创新联动发展提供服务支撑。

2. 推动天津建设区域创新赋能中心，打造区域科技创新联动支撑增长极

一是要更好发挥天津中心节点的作用，围绕智能制造、生物医药、航空航天、绿色制造、新一代信息技术等优势产业关键领域提升创新策源能力，打造安全稳定的产业链供应链，通过释放创新需求辐射周边区域和产业集群。二是聚焦"创新主体集聚区、开放创新示范区"的目标定位，推进高成长、高技术、高价值企业集聚。在天津滨海国家自主创新示范区加快建设的基础上，以科教资源、产教资源丰富的南开区、东丽区、海河教育园区等为重点，打造一批科技要素富集、创新引领力强劲的创新聚集区。

3. 加快推动河北创新能力提升，弥补区域创新发展落差

一是抓好大院名校、央企、雄安三类资源，推动与京津协同创新走深走实。一方面，要加强与大院名校资源的对接合作，破解长期以来河北省大院名校资源较少、基础研究能力不足、对前沿技术研发能力和承载力相对不足的困境，推动河北省企业、高校、科研院所进一步强化与中国科学院、中国工程院、清华大学、北京大学、南开大学等大院名校的对接合作，共建高端创新载体和京津冀学科共同体，共同培育战略科技力量。同时，要积极与国家各部委沟通协调，推动重大科学基础设施、大科学装置等战略科技力量在河北省布局，推动国家油气地球物理勘探技术创新中心早日挂牌运行，持续推进中国农大涿州模式动物表型与遗传研究国家重大科技基础设施、中国农大作物分子育种创新中心建设，以超常规举措补齐创新资源短板。另一方面，要加大对央企资源的招引利用，高度重视央地合作，不断创新央地合作模式，在产权重组模式的基础上，探索供应链、数据链、服务链、资金链、人才链一体化发展的新模式，充分发挥央企资源在科技创新、推动地方传统产业升级和新兴产业培育方面的龙头带动作用。同时，要进一步加强对雄安创新高地的发展利用。支持雄安创新主体在河北境内建设成果转化基地和产业配套基地，享受与新区同等

的创新优惠政策，构建科技创新共同体。

二是找准发力点，围绕经济竞争力的核心进行创新突破。一方面，要明确创新重点，围绕产业链部署创新链，重塑产业发展新动能、新优势。围绕各地主导产业的发展壮大，加强创新支持力度，支持石家庄生物医药和新一代电子信息产业、承德医养康养和文旅产业、张家口新能源和大数据产业、秦皇岛生命健康和文体旅游产业、唐山高端装备制造和临港产业、廊坊现代商贸物流和机器人产业、保定电力装备和智能网联新能源汽车产业、沧州绿色化工和管道装备产业、衡水现代农业和丝网产业、邢台食品加工和新材料产业、邯郸精品钢材和装备制造等产业领域建设重点实验室、技术创新中心、科创空间等产业创新服务平台，打造创新型产业集群，全面提升各市主导的产业集群化，重塑产业发展新动能新优势，为河北在全国实现领跑或并跑提供科技支撑。另一方面，要聚焦产业重点，加强生物医药基础研究和科技创新能力建设，推动河北成为全国的创新增长极。在对各市主导产业和集成电路、网络安全、电力装备、安全应急装备等战略性新兴产业给予支持的基础上，以打造全国创新增长极为目标，对生物医药领域进一步进行聚焦支持。加大生物医药领域基础研究投入和创新药研发支持力度，搭建动物实验中心、医学转化中心、国家临床医学中医领域研究中心分中心等创新服务平台，支持生物医药企业攻克一批"卡脖子"的关键核心技术，推动创新生物药、化药创新药、创新中医药发展。同时，强化生物医药领域同京津的对接合作，围绕中医药定量化、标准化、创新化研究，组织开展一批协同攻关项目，提升中医药传承创新力度，研发生产更多适合中国人的"中国药"，真正把河北省建设成为全国生物医药产业创新发展高地。此外，要聚焦空间重点，大力支持高新区和县级区创新发展，做强创新发展的主阵地。深入实施高新区创新提升工程。破解当前创新主阵地发展薄弱的现状，着力推动高新区抓投资上项目，推动符合条件的高新区扩区、调区。指导支持各高新区管理主体提升发展理念，研究制定高新区科技创新体系建设规划，围绕培育高新企业、打造高端创新平台、提升产业发展层次、深化管理改革、优化科技服务体系等方面下功夫，抓好产业链招商和科技招商，充分做好"高""新"两篇文章。深入实施"县级区"创新支持工程。在县域创新的基础上进一步聚焦，把创新资源支持的重点放到更具人才吸引力的"县级区"当中。破解当前县级层面创新吸引力不足的困境，放大"县级区"的创新支撑作用。

（二）创新区域成果转化支持方式，提升京津科技成果区域内转化质效

1. 深化"科创飞地"＋"产业飞地"的"双向飞地"联动模式，拓展成果转化合作空间

在鼓励津冀园区、企业在京设立实验室和企业技术中心的基础上，与北京达成共识，出台专门的指导办法和投入、税收分享方案，在京划定专门区域作为津冀"研发及孵化总部"，在津冀预留土地、厂房，划定区域作为"制造及生产基地"，以"总部＋基地""研发＋生产"的形式推动技术创新与产业转移转化"双向"奔赴。同时，推动河北以雄安新区为重点，联动石家庄、保定、唐山、燕郊、承德等国家级高新区打造一批高能级成果转化承接平台。对标张江高科、东湖高新等园区发展模式，围绕新产能布局、新技术孵化、新场景应用，加快建设提升一批孵化器、加速器、产业社区、创投联合体等创新服务载体，提升平台转化承接力和吸引力。

2. 促进产学研用深度融合，提升创新主体参与成果转化和产业化的积极性

一是鼓励三地企业加大对科研成果转化的投入。对于积极承接和转化科研成果的企业，政府可以给予一定比例的研发投入补贴。例如，河北企业将京津的新技术应用于产品生产，政府按照其研发投入的一定比例给予资金支持；京津企业在河北布局首次转化新技术、新产品时，政府给予一定比例的补贴支持等。二是积极推动高校和科研机构参与成果转化，鼓励三地高校和科研机构在京津冀区域内建立成果转化示范基地，改革京津冀高校和科研机构的考核评价机制，将科技成果转化成效纳入考核指标当中。激励科研人员积极参与成果转化工作，对成功转化成果的科研团队和个人给予奖励。

3. 创新科技金融和"中试＋"服务，优化区域成果转移转化服务支持

一是设立区域技术创新与应用发展专项资金，聚焦区域内优势特色产业集群化发展，依托科技龙头企业、国家级高新区，以区域行业共性技术和产业需求为导向，凝练实施高技术产业示范项目，对符合协同发展导向的优质项目进行联合投资。二是推动三地联合建设概念验证平台、中试基地和产业化示范基地，为企业规模生产提供概念验证、中试熟化和小批量试生产等中间试验，实现技术研发、应用、转化、产业化全过程无缝衔接的开放共享平台。三是探索建立京津冀技术市场协同平台，保障区域科技成果信息互联互通。以河北省技

术市场、雄安科技成果交易中心为依托，联动京津两市技术交易市场，建设京津冀技术市场协同平台，推动成果信息、技术需求、服务机构等信息资源互联互通，推进京津冀技术市场一体化，加速科技成果跨区域转化孵化。

（三）推动区域科技创新改革协同深化，完善区域协同创新的底层支撑

1. 编制京津冀协同创新发展规划，强化京津冀区域协同创新发展的任务引领

2025年是"十四五"规划的收官之年，也是"十五五"规划启动之年，充分利用即将到来的"十五五"规划编制时期，针对支持引领区域协同创新的新形势、新要求，明确协同创新的新任务和新重点。例如，在解决关键核心技术的新型举国体制建设、创新共同体生态建设、以技术市场为核心的创新要素一体化建设等方面提出深化改革的发展举措。

2. 建设京津冀科技创新资源库，推动创新资源高水平共建共享

一是共建科技创新资源库，如科创项目库、科创专家库、青年人才库、可共享实验室与研发设备库、专利交易库等，消除京津冀科技型中小微企业对接科创资源的信息壁垒。二是依托北京国际科技创新中心聚合更大体量和更多元化的科技创新要素，共同举办国际化的特色行业技术成果展会、科技人才招聘会、科技创投项目融资会、科技园区招商会等系列活动，为京津冀科技型中小微企业与国际一流科技创新要素对接创造机会。

3. 构建京津冀科研联合攻关体系，形成推动区域协同创新的核心动力引擎

一是构建科研联合攻关体系。围绕区域重大战略需求，支持三地企业、高校、科研院所、创新创业团队联合组建产业技术创新战略联盟、产学研联合创新平台、高层次人才联合创新创业基地等创新平台，形成推动区域协同创新的核心动力引擎。二是推进政产学研用一体化发展。借鉴成渝都市圈发展经验，探索建立京津冀大学科技园联盟，加快推动京津高校科研成果在区域内转移转化。推动院校科技创新资源与企业需求的深度对接，联合开展科技攻关、成果转化和人才培养。

4. 构建联动式创新平台支撑体系和创新联动型企业群落，做强高质量协同创新的主体支撑

一是以产业链为依托，推动三地进行创新协作，如联合建设产业技术研究

院、工程技术研究中心、重点实验室、区域创新服务中心等协同创新平台，联合创建一批科技企业孵化器等。通过一体联动式创新平台的构建支撑三地协同创新发展，为产业的深入融合与无缝对接提供支撑。二是以"六链五群"为样板，拓展行业范围，围绕高端装备制造、新能源、新材料等领域继续整合行业创新资源，联动打造科技领军企业、科技"小巨人"企业和专精特新中小企业，形成梯次发展的创新型企业群落。同时，支持链主企业、科技领军企业、科技"小巨人"企业等龙头企业牵头组建创新联合体，设立企业总部研究院、产业技术研究院等高能级创新平台，提升三地创新发展的实体支撑。

5. 打造科技创新廊道，构建内外联动的协同发展新空间

借鉴 G60 发展经验，基于京雄城际高效链接优势，推动谋划建设京雄科创走廊。围绕战略性新兴产业和未来产业发展，联合共建一批概念验证中心、中试孵化基地和应用场景项目，打造涿州、固安、高碑店、霸州等一批走廊沿线成果转化高地，拓展科技创新协同发展新空间。

（四）持续优化创新环境，打造可持续协同发展创新生态

1. 进一步完善以企业为核心的科技创新生态系统

破解当前企业在协同创新发展中的各种制约，完善以企业为核心的科技创新生态系统，确保企业能够在科技创新中发挥更加关键的作用。例如，三地需进一步协商，探索跨区域财税分享机制，对于新技术转化产业化出台细化的税收分享方案，促进区域间市场相互开放。同时，出台针对性举措，解决京津冀地区创新券异地领用和兑付所面临的难题。突破那些阻碍跨区域创新主体、创新要素市场化流动配置的障碍，包括市场准入标准、安全管理与监督等方面的问题，从而为企业科技创新提供更加顺畅的环境。

2. 推动京津冀联合共建创新应用场景

依托国家技术创新中心强化三地在虚拟现实、生命健康、脑科学等前沿技术领域应用场景的合作共建。聚焦重点行业智能化、数字化升级改造需求布局建设数字化应用场景。围绕"六链五群"合作共设场景创新联合专项，推动三地共建共享一批产业应用场景，以场景合作推动京津冀重大科技成果在区域内应用示范和产业化推广。同时，创新场景招商模式，常态化发布京津冀创新场景清单，构建"政府部门＋科技企业＋科研机构＋技术机构＋金融机构"的多元主体协同的场景生态，以场景开放推动招商引资、成果转移转化同步进

行、同步实施。

3. 完善联动式创新政策落实保障体系

确保政策落实到位，完善创新准入制度。持续优化营商环境，开展政策先行先试，破除阻碍创新的政策约束。借鉴深圳经验，结合《京津冀一流营商环境建设三年行动方案》，切实做优创新生态。同时，增强三地财政支持、税收优惠、人才引进等创新发展政策的协同性。大力推进跨区域合作与协同创新机制建设，包括政府绩效考核机制、政策协调机制、改革服务均等化机制等。制定政策落实的保障机制，确保将好的政策落实到位。针对新业态、新产品、新模式层出不穷以及数据要素的快速发展，很多新产品因无法在国民经济行业分类中进行对应而被市场拒之门外，存在无法落地的问题，因此京津冀三地应率先出台完善创新准入制度，为新业态、新产品、新模式的落地生根创造条件。

参考文献

［1］边继云：《京津冀协同创新：战略科技力量建设与布局优化》，载于《京津冀协同发展报告（2022）》，经济科学出版社 2022 年版。

［2］边继云：《以科技创新推动京津冀高质量协同发展》，载于《经济日报》，2019 年 4 月 7 日。

［3］李原、汪红驹：《疏解非首都功能促进京津冀协同发展的困境探析及对策建议》，载于《现代金融导刊》2024 年第 8 期。

［4］李春成：《国家战略区域协同创新政策演变与展望——科技战略与政策研究 40 年》，载于《科技中国》2023 年第 1 期。

［5］王懿、李率男、曹瑾等：《区域创新共同体的构建与实现路径研究——以郑开区域协同创新为例》，载于《中国商论》2024 年第 4 期。

‖ 产业发展研究 →

河北省推进人工智能赋能产业
转型升级的思路建议 [*]

黄贺林　王素平　王光瑜 [**]

摘　要： 人工智能是未来产业的核心，是产业转型升级、新质生产力发展的重要驱动力，已成为国际竞争的新焦点和经济发展的新引擎。当前，河北省正处于产业转型升级和培育新质生产力的关键时期，必须抢抓人工智能加速发展、广领域渗透的重大机遇，推动人工智能技术赋能产业转型升级。本文全面总结了河北省人工智能产业面临的形势和发展现状，深入分析了人工智能赋能产业转型升级的作用和特点，对河北省人工智能赋能重点产业领域进行了科学研判，在此基础上提出河北省推进人工智能赋能产业转型升级的措施建议。

关键词： 河北省　人工智能　产业转型升级

人工智能是新一轮科技革命与产业变革的关键驱动力量。为发挥好人工智能在河北省产业转型升级中的推动作用，本文系统分析河北省人工智能产业发展现状、面对的问题与当前形势，科学提出人工智能赋能的重点产业领域和相应措施建议，以期为有关职能部门提供研究参考。

一、河北省人工智能产业面临的形势和发展现状

（一）国内外人工智能产业面临的形势

1. 大模型取得新突破，应用领域不断拓展

2022 年底，以 ChatGPT 为代表的生成式大模型在自然语言处理领域取得

---

* 基金资助：2024 年度河北省社会科学发展研究课题（课题编号 202402209）。

** 黄贺林，河北省宏观经济研究院研究员，主要研究方向为产业经济、区域经济；王素平，河北省宏观经济研究院研究员，主要研究方向为产业经济、技术经济；王光瑜，河北省宏观经济研究院助理研究员，主要研究方向为数字经济、计量经济。

突破，引发全球新一轮人工智能发展浪潮。国际人工智能产业巨头在技术创新、市场拓展和应用落地等方面均取得显著进展，美国 OpenAI 公司研发的GPT 系列和谷歌研发的 PaLM2、特斯拉研发的 FSD 和谷歌研发的 Waymo、亚马逊研发的 Alexa、DeepMind 的 AI 模型分别在语言处理、自动驾驶、智能家居、医疗健康等领域应用并形成了领先优势。在大模型技术突破的带动下，人工智能逐渐在医疗健康、交通出行、制造业智能转型等领域得到广泛应用，人工智能赋能实体经济智能化、高端化的发展势头不可阻挡。前瞻产业研究院数据显示，全球人工智能市场增长迅速，2023 年全球人工智能产业市场规模达5 381 亿美元，三年复合增速达 19.21%。市场研究公司 Next Move Strategy Con-sulting 预测，到 2030 年全球人工智能市场规模将达到 18 475.8 亿美元，2022 ~ 2030 年的年平均增长率将达到 32.9%。

2. 美国实力独冠全球，美中两强竞争激烈

斯坦福人文中心人工智能研究所从创新、经济竞争力以及政策、治理和公众参与三个维度对全球 36 个国家的人工智能发展水平进行了全面量化评估，美国、中国、英国、印度、阿联酋、法国、韩国、德国、日本和新加坡人工智能发展水平排名全球前 10 位（见图 2 - 1）。美国和中国领先优势较为明显，其中美国得分为 70，在核心技术研发方面领先全球，在私营部门投资、机器学习模型开发、人工智能人才集聚、初创公司建设以及并购交易等方面优势明显，特别是私营部门对人工智能的投资远高于中国，2022 年为 672 亿美元，远高于中国的 78 亿美元；中国紧随其后，得分 40 分，在应用领域和产业化方面表现出色，在研发、基础设施等领域实力突出，是人工智能领域的主要强国。

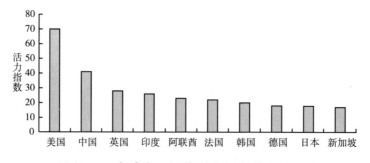

图 2 - 1　全球人工智能活力排名前 10 国家

资料来源：斯坦福大学《全球人工智能实力排行榜》。

3. 国内企业群雄竞进，国产大模型纷纷涌现

我国把推动新一代人工智能作为科技跨越发展、产业优化升级的重要驱动力量，先后发布《新一代人工智能发展规划》《国家人工智能产业综合标准化体系建设指南》等重要文件，经过着力培育，我国人工智能企业数量已超过4 500家，主要分布在京津冀、长三角、珠三角及川渝地区，其中北京、广东、上海、浙江居第一梯队。阿里、华为、百度、腾讯等互联网企业纷纷向人工智能转型，科大讯飞、百川智能、月之暗面、零一万物等新势力快速发展，逐渐形成了我国人工智能头部企业集群。国产大模型密集上线，在国家网信办备案的大模型已达197个，其中北京85个，上海43个，广东26个，浙江13个；通用大模型数量为61个，占备案大模型总数的31%，行业大模型数量为136个，占备案大模型总数的69%；行业大模型中，教育领域19个，金融领域18个，办公领域15个，政务领域11个，医疗领域11个，占备案大模型总数的54.4%。①

（二）河北省人工智能产业发展现状

1. 人工智能方兴未艾，场景算力优势明显

河北省高度重视产业数字化、智能化转型，2024年5月出台了《关于进一步优化算力布局推动人工智能产业创新发展的意见》，在算力能力建设、网络传输体系构建、应用场景打造、大模型开发上均取得了突出成绩。一是综合算力领跑全国。全面落实国家"东数西算"战略，加快全国一体化算力网络京津冀国家枢纽节点建设，河北省算力供给能力占全国的10%，张家口数据中心集群规模跃居全国十大数据中心之首，润泽科技成为全国算力产业第一股。二是网络传输快速畅达。河北省光缆线路总长度、互联网宽带接入端口、省际出口带宽等信息通信行业主要指标连续位列全国第一梯队，可为京津两地实时在线提供同城热备、低时延、实时数据计算应用等场景服务。三是应用场景较为丰富。河北省是全国工业大省，传统工业为人工智能技术的推广提供了丰富的应用场景，以应用场景为牵引，推动人工智能技术普及的应用条件较为优越。四是大模型开发取得初步进展。长城、新奥等行业龙头企业联合燕山大学、河北大学等高校组织，在通信、中医药、制造、公共事务等领域开发了一批具有河北特色且实用价值突出的人工智能大模型。

---

① 《网信办备案AI大模型数量已达197 行业大模型占比近70%》，中国工信新闻网，https：//www.cnii.com.cn/gxxww/rmydb/202408/t20240822_595284.html。

2. 发展基础仍不牢固，短板弱项较为突出

河北省人工智能产业发展虽然取得了一定成绩，但短板弱项较为突出。一是缺少大模型龙头企业支撑引领。河北省大模型开发仍处于起步阶段，特别是通用大模型仍是空白，缺乏具有突出市场影响力和带动力的大模型头部企业，导致河北省人工智能产业规模实力弱、行业地位低。二是智能算力严重不足。大模型的训练、推理需要大规模、集约化的智能算力作为支撑，但现阶段河北省智能算力发展滞后，占全省算力规模的比重不足1/3，难以有效支撑大模型的发展。三是高质量数据供给不足。大模型的孵化开发需要亿级乃至百亿级、千亿级数据集的供给，但全省数据在数量、质量、规模等方面均无法满足大模型开发的需要。

二、人工智能赋能产业转型升级的作用和特点

（一）人工智能对产业转型升级的主要作用

1. 提高生产效率

人工智能的推广应用可以有效推动企业生产经营方式变革，加速智能化、高端化升级。一是优化工艺流程。利用人工智能技术，可以对企业生产数据进行实时监测、分析和反馈，对工艺流程不断进行优化调整，大幅提高生产精准度。二是提高产品质量。智能检测系统能够实时监测产品生产过程，从而减少残次品率，有效控制产品质量。三是增强市场响应能力。利用深度学习、自然语言处理和计算机视觉等技术，人工智能可以帮助企业精准反馈、识别和研判市场需求，并根据市场需求变动情况及时调整生产计划和供货方案，增强企业产品与市场的匹配程度。

2. 增强创新能力

人工智能作为新一轮科技革命和产业变革的核心要素，在推动产业创新发展过程中发挥着至关重要的作用。一是提升研发效率。在技术和产品研发过程中，人工智能可以为科研人员提供数字算法支持，通过仿真技术模拟实验室中的物理过程和化学过程，并对实验结果进行系统分析，提供优化方案，从而节约大量试验材料和时间成本。二是提供创新思路。人工智能可以挖掘数据中的潜在信息，为企业提供新的产品创意和设计思路，开发出更贴合用户需求的创新性产品。三是促进跨领域融合创新。人工智能使组织边界逐渐模糊，跨产业

深度融合和跨学科融通创新成为产业创新的主要模式，使创意来源更加丰富，关联效应和乘数效应不断放大。四是保护知识产权。人工智能与区块链技术相结合，可以对产权信息进行加密和追踪，对侵权盗版行为进行捕捉和追踪，使知识产权保护效果大幅提升，有效激发市场主体的创新动能。

3. 改善供应链管理

人工智能的推广应用推动了供应链管理发生系统性变革，使企业能够精准预测需求、提高物流效率、畅通供采渠道、管控经营风险、提高智能化决策水平，为企业赢得竞争优势。一是精准研判市场需求。人工智能算法可以深入分析和挖掘企业销售状况、市场趋势以及消费者行为等历史数据，帮助企业准确预测产品的需求量和销售趋势，从而优化库存管理，调整产品结构，提高客户满意度。二是提高物流运输效能。智能物流系统可以利用人工智能算法，优化运输路线并监控运输状况，解决潜在的风险和问题，大幅提高物流的效率和配送的准确性。三是优化采购渠道。人工智能技术可以根据供应商的营业状况、产品质量和交付能力等数据，对供应商进行科学评估，为企业提供供应商选择建议，还可以结合市场行情帮助企业优化采购计划，提高采购效率。四是加强风险管理。人工智能通过监控供应链中的各个环节和节点，及时发现并识别延迟交付、产品质量问题等潜在风险，为企业提供科学的解决方案。

4. 推动价值链跃升

人工智能可以有效提高区域产业全球价值链地位。一是推动劳动密集型产业向资本技术密集型产业转变。人工智能在各产业部门的推广应用将大幅提高生产过程的自动化和智能化水平，加快对劳动力的替代，不仅能够使生产环节更加高效，使生产标准更加统一，还能实现长期资本积累，深化技术进步，降低人工成本，提升产业综合竞争力。二是提高要素配置效能。人工智能能够充分挖掘生产端和消费端的数据价值，实现资源优化配置，同时反向利用海量数据进行强化训练，形成要素优化配置与智能化水平提升的正向反馈循环，推动各环节生产要素供需双方实现动态联动匹配，同时促使生产要素在不同部门间流动，在产业间关联效应的作用下促进产业链上下游各生产环节要素的调整和优化。三是推动企业更好地参与全球价值链分工。人工智能可以通过产品质量和生产效率的提升，推动企业在已有的生产环节中更广泛、更深层次地参与全球价值链分工，带动各地遵循生产条件和资源禀赋，集聚更适合自身条件的生产环节，从而实现向高端价值链攀升的目标。

（二）适合人工智能赋能产业的共性特点

1. 产业基础好且应用场景多

从各地发展实践看，区域内发展基础好、规模体量大、应用场景多的产业，人工智能赋能需求较为强烈，也较为容易得到政府的资金和政策支持，这些都为人工智能赋能产业升级创造了良好的环境，为人工智能技术的落地和应用创造了有利条件，此类产业常常优先实现赋能升级。

2. 产生的数据资源较为丰富

数据是人工智能的"燃料"，人工智能需要通过大量数据进行学习、训练和优化。因此，那些能够产生大量数据的行业，人工智能模型的功能可以被充分发挥，发现数据中的普遍规律，提供更有价值的服务，从而更容易被人工智能赋能。制造企业的产品订单、生产参数，医疗行业的病历、影像数据，金融行业的交易记录、客户信息等都为人工智能赋能实体产业提供了丰富的数据支撑。

3. 工作重复性和规律性较强

人工智能可以运用强化学习和自动化技术完成高重复性和高规律性的工作，对劳动者进行替代，从而降低人工操作带来的损失，减少人力成本。制造业的产品组装和质量检测、物流行业的包裹分拣等工作具有重复性高、规律性强的特点，人工智能可以很好地完成这类任务，提高工作效率和质量。

4. 程序标准化和可量化

人工智能的最大优势就是能够从大量数据特别是非结构化数据中发现规律、找到解决办法，完成只需要简单思考就能作出决策的标准化、可量化工作。在程序可量化、可标准化的工作方面，人工智能比人类完成得更好，因此具有标准化和可量化特点的产业更容易应用人工智能技术，提高工作质量和效率。

5. 需要高效决策和流程优化

在那些需要快速决策、生产服务流程有改善余地的产业中，人工智能可以显著提升效率和准确性。在制造领域生产工艺优化、金融领域风险管理、医疗领域疾病诊断、零售领域库存管理、物流领域配送路线优化等方面，人工智能都能提供更快更好的决策支持和优化方案。

三、河北省人工智能赋能重点产业领域研判

（一）重点产业领域研判思路

为科学确定人工智能赋能的重点和着力点，本文对河北省各产业发展基础和应用场景、生产过程中产生的数据量、生产的重复性和规律性特点、生产的标准化和可量化程度、高效决策需求和流程优化空间等因素进行综合分析，判断河北省人工智能赋能的重点产业领域，为制定有针对性的人工智能赋能举措提供依据。

研判的思路和流程如图2－2所示。

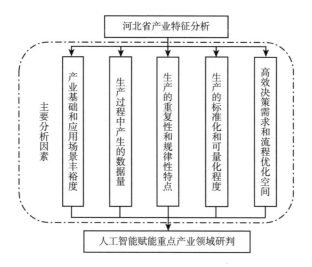

图2－2　人工智能赋能重点产业领域研判思路和流程

（二）重点产业领域研判结果

根据前文确定的人工智能赋能重点产业领域的研判思路，对河北省各产业发展特征进行逐一分析。河北省是工业大省，应以先进钢铁、装备制造、生物医药、绿色化工、新能源等具备人工智能赋能条件的优势制造业为重点，同时在商贸物流、医疗健康、农业等非制造业领域协同发力，鼓励相关产业市场主体开发行业大模型或应用场景大模型，加快转型升级步伐。

1. 钢铁产业

河北省是全国钢铁第一大省，2023 年全省钢材产量为 29 792.6 万吨，[①] 形成了河钢集团、敬业集团等一批龙头企业，从铁矿石开采到炼铁、炼钢、轧钢等生产环节，再到销售、物流、售后服务等，人工智能应用场景十分丰富。钢铁生产过程中，各类设备如高炉、转炉、轧机等会产生温度、压力、流量等大量运行数据，质量检测环节会产生硬度、强度、化学成分等产品质量数据，都为人工智能模型训练提供了丰富的素材。钢铁生产中的许多工序具有重复性和规律性特点，如炼钢过程中的加料、吹氧、搅拌等操作，以及轧钢过程中的轧制、冷却、卷曲等环节，适合引入人工智能技术，利用自动化控制系统实现生产过程的精准控制。钢铁产品的抗拉强度、延伸率等质量标准指标、生产过程工艺参数是典型的量化数据，为建立数学模型和算法、实现人工智能赋能提供了数据支撑。当前，在钢铁和铁矿石价格剧烈波动、环保要求日益严格的背景下，钢铁企业面临着诸多挑战，亟须借助人工智能技术，在生产计划、设备维护、能源管理、成本控制等方面进行高效决策和流程优化。

2. 装备制造业

2023 年，河北省装备制造业营业收入达到 1.14 万亿元，是河北省第二个营业收入超万亿元的产业，[②] 已形成交通运输装备、能源装备、工程与专用装备、智能装备等完备的产业体系，培育形成了中车、长城、中信戴卡、美的等一批龙头企业，在 2023 年中国装备制造业 100 强榜单中有 14 家企业入围，与广东省并列全国第二位，为人工智能推广应用提供了广阔的市场空间。装备制造企业从原材料采购、零部件加工到产品装配等环节都会产生海量且多维度的数据，为人工智能模型训练创造了有利条件。汽车零部件制造、机械加工、自动化生产线等生产制造环节具有较高的重复性和规律性，适合引入人工智能技术提高生产效率和产品一致性。装备产品生产过程有严格的质量标准和工艺要求，生产流程、产品性能等指标可量化，便于人工智能技术进行数据分析和模型构建。面对市场竞争和客户的个性化需求，装备制造企业亟须借助人工智能进行数据分析和预测，提供科学的决策方案，以此为依据调整生产计划，优化库存管理，提升销售服务质量。

---

① 资料来源于河北省冶金行业协会。
② 资料来源于河北省工信厅。

3. 生物医药产业

河北省是医药产业大省，产业链条完整，涵盖生物药、化学药、中药、医疗器械等多个领域，培育形成了石药集团、神威药业、以岭药业等一批知名药企，在药物研发、中医药挖掘传承、药性评价等方面具有丰富的人工智能应用场景。生物医药在研发过程中会产生临床试验、蛋白质结构等数据，生产环节会产生生产工艺、质量检测数据，销售和使用阶段则有市场销售、患者用药反馈等数据，这些数据都为大模型训练提供了有力支撑。药品批量生产、质量检测等工作具有较高的重复性和规律性，引入人工智能技术可实现自动化生产和检测，从而提升生产和检测质量，降低人工成本。生物医药产品的质量标准严格，生产过程中的各项参数、产品性能指标等均可量化，人工智能能够依据这些标准化和可量化的数据，建立精准的质量控制模型和生产优化模型，实现对生产过程的精确调控。面对日新月异的技术发展形势和日益严格的监管要求，生物医药企业需要在研发方向、生产计划、市场策略等方面利用人工智能作出高效决策，提升市场适应性和综合竞争力。

4. 化工产业

河北省石化、煤化、盐化及精细化工产业基础较好，化工 500 强数量居全国前列，培育形成了三友、新奥、冀中能源等一批龙头企业。在流程工艺优化、生产安全管理、环保监测等方面，以及化工数据处理、流程仿真优化、化学机理挖掘、园区智能监控等环节具有丰富的人工智能应用场景。化工生产过程中，设备运行会产生如温度、压力、流量等参数数据，质量检测环节有产品质量数据，能源消耗环节有能耗数据，还有原材料采购、产品销售等数据，这些都为人工智能模型训练提供了充足的数据支撑。化工生产中的许多工序，如物料输送、反应过程控制、产品包装等，具有较高重复性、标准化和可量化的特点，为建立质量控制模型和生产优化模型创造了有利条件。在环保要求日益严格、市场竞争日趋激烈的背景下，河北化工产业面临着转型升级的压力，需要借助人工智能在生产计划、设备维护、能源管理、成本控制等方面进行高效决策和流程优化。

5. 新能源产业

河北新能源产业发展基础雄厚，截至 2024 年底，河北省风电、光伏发电装机规模突破 1 亿千瓦，占电力总装机比例超六成，位居全国前列。张家口是全国唯一的可再生能源示范区，涌现出晶澳、新奥等一批龙头企业，从新能源的发电环节到储能系统的优化控制，再到新能源电力的输送和消纳，整个产业链为人工智能提供了众多应用场景。在新能源发电过程中，风机和光伏板都会产生海量的运行数据，如风速、风向、光照强度、温度等环境数据，以及发电功率、设备状态等性能数据，储能系统也会产生电池的充放电数据、运行状态数据等，这些数据都为大模型的训练提供了优质素材。新能源设备的生产、日常监测和维护都具有重复性和规律性特点，可以引入人工智能技术实现自动化生产和潜在故障排查。同时，新能源产品的生产及工艺参数均具有标准化和可量化特点，有利于人工智能技术进行精确的质量控制、性能优化和故障诊断。新能源产业的发电、储能和输电等环节需要不断优化流程，以提高能源利用效率和电网稳定性。人工智能可以通过数据分析和模拟为企业提供精准的市场预测、设备性能评估和流程优化方案，助力企业提升经济效益。

6. 商贸物流业

河北省是全国现代商贸物流重要基地，2023 年河北省商贸物流业实现增加值 6 794 亿元，占全省地区生产总值的比重高达 15.5%，[①] 大宗商品交易、供应链、运输、仓储等环节都为人工智能应用提供了丰富场景。商贸物流过程中会产生海量的数据，如货物的收发信息、运输工具的位置和状态信息、仓库的库存动态等，这些数据可以用于训练人工智能模型，以预测货物流量、优化库存管理。货物装卸、搬运、分拣、仓储工作有较强的重复性，可以通过引入机器人和自动化设备，结合人工智能算法，实现仓储工作自动化，提高工作效率和准确性。在激烈的市场竞争中，物流企业需要快速决策，如选择最优的仓库位置、确定合适的配送中心数量等，这都需要通过人工智能对物流流程进行优化，为发展决策提供支撑，以缩短供应链周期、降低物流成本。

7. 医疗健康产业

河北省是人口大省，正着力打造京津冀养老福地，在医院、医保、医管等方面具有丰富的人工智能应用场景。医疗健康产业的数据量巨大，医院的电子病历系统记录了患者从挂号、诊断、治疗到康复的全过程信息，都为人工智能算法的训练提供了充足的"原料"。医疗健康产业中有很多重复性工作，如血液、尿液等样本的常规检测项目，同时影像诊断中对于一些常见疾病的影像特征识别也有规律可循，人工智能在处理这些重复性和规律性工作上有很大优势。疾病的诊断和治疗都有明确的指南，很多病症的诊断和分型也有国际公认

---

① 《河北建设现代商贸物流强省》，载于《经济日报》，2024 年 7 月 7 日。

的标准，各种医疗检查项目的指标都有明确的量化范围，这种标准化和量化特点有利于人工智能模型的建立和应用。在医疗健康领域，利用人工智能快速准确决策至关重要，比如在急诊场景中人工智能可以通过患者数据快速判断患者的病情并制定治疗方案，为医生提供决策支持。

8. 农业

河北省是国家粮食主产区，是首都农副产品重要供应基地，在智慧植保、智慧育种、品质与病害鉴定等方面具有丰富的人工智能应用场景。农业生产过程中，温度、降水、光照时长等气象数据，肥力、酸碱度、含水量等土壤数据，以及农作物和牲畜的生长数据，都为人工智能算法训练提供了坚实基础。农业生产的许多环节具有重复性与规律性特点，播种、施肥、收割等农事操作每年按季节循环进行，养殖过程中的饲料投喂、日常清洁消毒等工作也有固定的时间与操作规范，人工智能在这类重复性工作中比人工更具优势。农业生产过程中不确定性风险较高，在应对气象灾害时需快速决策以调整农事计划，在农产品市场波动时要及时进行种植养殖结构调整。人工智能能够整合多源数据进行高效分析与预测，帮助农户和种养殖企业提高决策的科学性。

四、河北省推进人工智能赋能产业转型升级的措施建议

（一）加快打造一批典型示范应用场景

注重发挥场景的推动牵引作用，加快打造一批典型示范应用场景，带动人工智能赋能产业转型升级。一是加强示范应用场景的遴选和打造。在先进钢铁、装备制造、生物医药、绿色化工、新能源、商贸物流、医疗健康等重点产业领域挑选一批具有代表性的企业或项目，深入挖掘研发设计、中试验证、生产制造、营销服务、运营管理等人工智能应用场景，积极导入行业应用大模型。二是加强政策支持与激励。对示范场景建设给予必要的财政和金融政策支持，同时对示范场景的经验进行总结和推广，发挥示范应用场景的引领带动作用，吸引更多企业应用人工智能技术。三是举办应用场景大赛和展示活动。定期举办人工智能应用场景创新大赛，鼓励企业、高校和科研机构参与，展示优秀案例。同时，组织开展应用场景现场展示活动，组织企业参观学习，加强人工智能企业和传统制造企业供需对接。

（二）利用京津人工智能资源为产业发展赋能

找准京津冀产业协同发展的共振点、共赢点，在人工智能领域加强跨区域合作，充分利用京津人工智能资源推动河北产业转型升级。一是推动河北产业链与京津人工智能创新链"双向奔赴"。以河北省典型应用场景吸引京津科技成果孵化转化，鼓励总部在京津的人工智能企业采取"母子工厂"的方式在河北省开办生产和检测公司，在传统制造企业开展人工智能产品应用验证。采取"科创飞地"模式，按照"政府搭台、企业赋能、平台运维"的思路，在京津设立河北人工智能科创中心，充分利用京津优势创新资源，开展人工智能关键技术研发攻关。二是支持传统制造企业利用京津人工智能"借梯登高"。积极参与北京"通用人工智能产业创新伙伴计划"，支持河北省传统制造企业加强与京津人工智能科研机构和企业的深度合作，加快大模型在河北省生产线和机器人产品中的应用和迭代，促进河北省制造业智能化升级。三是推进京津冀数据资源跨区域"共享流通"。推动京津冀数据共享平台建设，建立数据安全管理和隐私保护机制，促进产业数据在区域内安全流通，为人工智能模型训练提供更丰富的数据资源，加速人工智能产品升级换代，为在传统产业中推广应用创造有利条件。

（三）开展人工智能推广应用机制创新

瞄准人工智能赋能产业转型升级的突出障碍，开展体制机制改革创新，打通淤点堵点，为产业智能化升级创造有利的制度环境。一是完善人工智能推广应用激励机制。用活用好"三首"产品支持政策，对应用人工智能的首台套重大技术装备加大财政奖励、税收优惠、金融支持、政府采购等支持力度。全面落实省级典型应用场景奖励政策，对推广应用人工智能产品的用户企业适当加大奖励力度，提高用户企业推广应用人工智能的积极性。二是建立人工智能推广应用风险共担机制。引导人工智能研发方、应用方签订合作协议，明确界定不同场景下各自承担风险成本的比例与责任范围。支持人工智能开发和应用企业共同建立风险基金，应对因人工智能推广应用产生的各类风险和成本，减轻单一主体的资金压力。支持保险公司针对人工智能推广应用开发专属保险产品，减少人工智能推广应用产生的各项损失。三是建立更加灵活、更加包容的监管机制。对人工智能创新和应用行为实行包容审慎监管，适当放宽准入限制，鼓励更多企业投入研发应用，为重大人工智能科技成果转移转化项目开辟绿色通道，为人工智能赋能产业转型升级营造更为宽松、更有温度的营商环境。

（四）培育壮大三大产业融合发展集群

以链群化、融合化发展为方向，以雄安新区、廊坊和唐山三地为重点，加快培育壮大人工智能产业与传统产业融合发展集群，为人工智能赋能产业转型升级提供核心载体。一是加快培育雄安新区人工智能产业集群。以雄安新区人工智能产业园为依托，以自主创新为主线，围绕新区数字城市建设和运行需求，开放场景、数据和算力，鼓励创新设备、模型和算法的训练迭代，加快人工智能技术在商贸物流和医疗健康领域的推广应用。二是发展壮大廊坊信息技术与人工智能产业集群。以廊坊开发区为依托，以润泽智算科技集团等龙头企业为引领，加快河北人工智能计算中心、润泽人工智能应用中心等重点项目的建设，按照世界先进标准布局智能算力，推进人工智能模型训练，汇聚产业链上下游企业，深度赋能高端装备制造、现代商贸物流等重点产业。三是智能化升级唐山特种机器人产业集群。依托唐山高新区，以智能化为方向，推动人工智能赋能机器人产业，加快相关智能机器人产品在钢铁、石油化工、应急救援等领域的推广应用，打造形成具有全国影响力的智能机器人本体制造和集成应用产业链。

参考文献

［1］范德志、于水：《生成式人工智能大模型助推实体经济高质量发展：理论机理、实践基础与政策路径》，载于《云南民族大学学报（哲学社会科学版）》2024 年第 1 期。

［2］耿子恒、汪文祥：《人工智能影响中国产业发展的路径与机制研究》，载于《工业技术经济》2022 年第 2 期。

［3］胡俊、杜传忠：《人工智能推动产业转型升级的机制、路径及对策》，载于《经济纵横》2020 年第 3 期。

［4］胡豫陇：《人工智能产业"冷静期"的行业转型机理、路径与配套政策》，载于《重庆理工大学学报（社会科学）》2021 年第 8 期。

［5］杨丽、黄骞萱：《人工智能对地区产业结构升级的影响》，载于《合作经济与科技》2024 年第 3 期。

［6］周松兰、李翠怡：《新科技革命下人工智能对产业结构的影响研究——以广东为例》，载于《科技创新与应用》2022 年第 2 期。

京津冀协同发展背景下河北省集成电路产业实现高质量发展的路径研究

于　恒*

摘　要： 集成电路产业是支撑经济社会发展和保障国家安全的战略性、基础性、先导性产业，也是京津冀地区协同打造先进制造业集群和关键核心技术攻关的重点领域。本文梳理了京津冀协同发展背景下河北省集成电路产业的发展现状与基础、发展机遇与挑战，提出在京津冀协同发展新形势下河北省应集中力量发展具有相对竞争优势的集成电路基础材料环节，通过明确产业分工定位、把握行业细分领域特征、融入区域产业集群等路径实现河北省集成电路产业在京津冀区域内的"强链""补链""延链"，以此为突破点带动全省集成电路产业实现高质量发展，逐步在国内市场乃至国际市场中确立竞争优势。

关键词： 集成电路产业　京津冀协同发展　基础材料

集成电路产业是信息技术产业的核心，是支撑经济社会发展和保障国家安全的战略性、基础性和先导性产业。其产品性能和产业规模决定着一个国家的电子消费品、现代工农业和国防装备的发展水平以及整个国民经济的竞争力，被称为信息产业的"粮食"和工业发展的"倍增器"。我国高度重视集成电路产业的发展。2018年中美贸易争端发生后，我国更是从战略层面加强了对集成电路产业的支持力度。党的二十大报告强调要加快实施创新驱动发展战略，建设包括集成电路在内的现代产业体系，实现高水平科技自立自强。党的二十届三中全会进一步提出要健全强化包括集成电路在内的重点产业链发展体制机

---

* 于恒，河北省社会科学院经济研究所助理研究员，研究方向为产业经济。

制，全链条推进技术攻关、成果应用。在此战略背景下，国家将集成电路作为事关安全和发展全局的基础核心领域，出台了一系列支持产业发展的政策，制定实施了一系列战略性的规划项目，促进了国内集成电路产业的迅猛发展。

2023 年 5 月，习近平总书记在深入推进京津冀协同发展座谈会上对河北省作出重要指示："要巩固壮大实体经济根基，把集成电路、网络安全、生物医药、电力装备、安全应急装备等战略性新兴产业发展作为重中之重，着力打造世界级先进制造业集群。"同时，随着京津冀协同发展战略加快推进，2023 年由工业和信息化部会同国务院有关部门联合制定的《京津冀产业协同发展实施方案》，将集成电路产业确立为京津冀地区协同打造先进制造业集群和关键核心技术攻关的重点领域。河北省集成电路产业的发展面临重要机遇。本文主要梳理了京津冀协同发展背景下河北省集成电路产业的发展现状与基础、发展机遇与挑战，并进一步提出了实现高质量发展的路径与对策。

一、京津冀协同发展背景下河北省集成电路产业的发展现状与基础

作为中国集成电路产业的重要基地之一，京津冀拥有雄厚的科技实力和产业基础。根据相关资料，截至 2023 年底，区域内共有 835 家集成电路企业，其中，规上企业 555 家，高新技术企业 314 家，上市和挂牌企业 49 家，总销售收入 2 667 亿元，占全国的 21.9%。① 在区域内部，北京市、天津市、河北省的集成电路产业呈现出不同的发展水平和特点。

（一）北京市：以集成电路设计业为龙头，其他环节全面发展，拥有雄厚的产业基础和竞争优势

北京市是全国重要的集成电路产业集聚地，也是京津冀地区的领跑者。北京市共有集成电路企业 516 家，其中国家高新技术企业 183 家，上市企业 35 家，在京津冀地区的占比分别为 61.8%、58.3% 和 71.4%。② 形成了以集成电

---

① 中商产业研究院：《2023 年京津冀地区集成电路产业链、现状、布局分析》，2023 - 08 - 24，https：//www. 163. com/dy/article/ICTFKI7U05198SOQ. html。

② 中商产业研究院：《2023 年京津冀地区集成电路产业链、现状、布局分析》，2023 - 08 - 24，https：//www. 163. com/dy/article/ICTFKI7U05198SOQ. html；前瞻产业研究院：《2023 年北京市集成电路产业链全景图谱》，2023 - 01 - 23，https：//www. qianzhan. com/analyst/detail/220/230119 - ea83af86. html。

路设计业为龙头，设备、材料、制造、封装测试乃至下游电子整机全面发展的完整产业链。拥有兆易创新、北方华创、恩智浦（北京）、中芯国际（北京）、威讯半导体等国内头部企业。拥有北京大学、清华大学、中国科学院微电子研究所、中国科学院半导体研究所等一流科研单位。集成电路产业主要布局在海淀区、亦庄经济开发区和顺义区。其中，海淀区以集成电路设计业为主，有270余家各类设计企业，中关村集成电路设计园产值400余亿元，占全市设计业总产值的50%左右。[①] 经济技术开发区依托北方华创、中芯国际等国内龙头企业重点布局集成电路设备和制造环节。顺义区以集成电路基础材料、第三代半导体为主，聚集了国内著名光刻胶生产商北京科华微电子材料、有研半导体材料等20余家企业。总体来看，北京市集成电路产业拥有雄厚的产业基础和竞争优势。

（二）天津市：集成电路制造业和封装测试业突出，产业链相对完备

天津市拥有相对齐全的集成电路产业链，在区域产业网络中占据着重要位置。根据相关资料，天津市共有集成电路企业262家，其中国家高新技术企业128家，两者在京津冀地区的占比分别为31.4%和40.8%。[②] 初步形成了上游集成电路材料和制造装备，中游集成电路设计、制造以及封装测试，下游电子整机应用均衡发展的全产业链格局。相比于北京市和河北省，天津市在制造和封装测试领域拥有相对优势。集成电路设计领域聚集了展讯通信、飞腾等国内领军企业；制造领域有中芯国际（天津）、诺思科技等大型企业；封装测试领域拥有恩智浦半导体、金海通等重点企业；设备和材料领域聚集了中环半导体、中电科46所、华海清科等企业。集成电路产业主要布局在滨海新区、西青区和津南区。其中，滨海新区以集成电路设计环节为主，西青区则依托中芯国际（天津）等大型芯片制造项目主攻集成电路制造和封装测试环节，津南区依托华海清科等企业主要聚焦于集成电路高端装备和材料等环节。

---

① 刘宪杰：《京津冀产业链分工与融合发展路径研究——以集成电路产业为例》，载于杨松主编《北京蓝皮书：北京经济发展报告（2023—2024）》，社会科学文献出版社2024年版。

② 中商产业研究院：《2023年京津冀地区集成电路产业链、现状、布局分析》，2023 - 08 - 24，https：//www.163.com/dy/article/ICTFKI7U05198SOQ.html；前瞻产业研究院：《天津市集成电路产业图谱》，2024 - 10 - 27，https：//bg.qianzhan.com/report/detail/2209151658195964.html。

（三）河北省：加快布局集成电路产业，在基础材料等领域初步形成产业基础和竞争优势

河北省将集成电路作为发展新一代信息技术产业的重要组成部分，依托驻冀央企和骨干企业，着力将集成电路产业打造为新的经济增长点。经过近年来的发展，在政策规划、产业布局、科研创新等方面初步形成了重点发展方向与思路，并在基础材料等领域具备了一定的产业基础和竞争优势。

1. 政策方面：持续加大支持力度，逐渐明确产业发展方向和政策着力点

近年来，河北省制定了一系列支持集成电路产业发展的政策，发展方向和政策着力点逐渐明确。从产业发展规划上看，前期（2016～2019 年）注重构建集成电路设计、制造、封测、设备、材料等全产业链条，中期（2020～2022 年）将产业发展重点范围缩小为专用集成电路设计、集成电路基础材料、集成电路封装测试三个领域，近期（2023 年）将发展重点进一步明确为基础材料和专用集成电路设计两个领域，并着重关注基础材料领域。从政策支持手段上看，前期的政策手段多为财税优惠、招商引资引智、基础设施建设等较为宏观的政策，近期则专门针对研发验证、成果转化、产品应用等环节出台较为具体的政策。从产业空间布局规划上看，石家庄市、保定市、邯郸市和廊坊市依托各自的优势企业成为产业布局的重点地区。河北省集成电路产业主要政策见表 3-1。

表 3-1　　　　　河北省集成电路产业主要政策汇总

发布日期	政策名称	主要内容
2016 年 11 月	《关于支持石家庄（正定）中关村集成电路产业基地发展的若干意见》	与中关村合作，支持集成电路全产业链建设，未明确提出集成电路产业具体发展方向
2018 年 5 月	《关于加快集成电路产业发展的实施意见》	支持高端集成电路研发（雄安新区）、专用集成电路设计（石家庄）、太赫兹产业（保定）研发、第三代半导体材料设计（廊坊）。引进集成电路制造、封测企业，构建全产业链条

续表

发布日期	政策名称	主要内容
2020 年 11 月	关于落实国务院《新时期促进集成电路产业和软件产业高质量发展的若干政策》的工作方案	在集成电路基础材料、专用集成电路设计和制造、集成电路封装测试等领域着重发力，通过政策引导，在雄安新区、石家庄、保定、廊坊等地形成产业集群
2021 年 11 月	《河北省新一代信息技术产业发展"十四五"规划》	在集成电路基础材料、专用集成电路设计和制造、集成电路封装测试、集成电路制造设备等领域扩大产业规模
2023 年 4 月	《加快河北省战略性新兴产业融合集群发展行动方案（2023 – 2027 年)》	重点布局"石家庄新一代信息产业集群"（集成电路材料、专用集成电路、集成电路封测）、"邯郸新型功能材料产业集群"（电子特气）；重点培育"秦皇岛信息技术产业集群"（专用集成电路）
2023 年 11 月	《关于支持第三代半导体等 5 个细分行业发展的若干措施》	对"第三代半导体""电子特种气体"两个与集成电路产业相关的细分行业进行重点支持

资料来源：根据河北省人民政府官网政策文件库整理。

2. 产业方面：整体规模较小，在基础材料领域初步具备竞争优势

截至 2022 年，河北省共有集成电路相关企业 57 家，业务收入 232.6 亿元，整体规模较小。集成电路企业集中在石家庄市、保定市、廊坊市和沧州市，主导产品涵盖基础材料、专用射频芯片与器件以及部分设备等。在河北省集成电路企业中，基础材料企业 29 家，占比 50.8%，营业收入上亿元的基础材料企业 12 家，占比 63.2%，2022 年基础材料企业主营业务收入约 199 亿元，占比 85.6%。[①] 在基础材料企业中，派瑞特种气体（中船集团下属企业）的六氟化钨、三氟化氮年产量分列世界第 1 和世界第 2，国内市场占有率超 60%；中瓷电子（中国电科 13 所下属企业）是光通信器件用高导热陶瓷薄膜基板唯一的国产化供应商；同光晶体的 6 英寸碳化硅单晶衬底填补了国内高端晶片市场空白；普兴电子是国内最大的半导体外延材料企业，8 英寸外延片打破了国

---

① 根据河北省工信部门调研资料整理。

外垄断。总体来看，河北省集成电路产业规模偏小、实力偏弱，但在基础材料领域表现突出，形成了一定的竞争优势。河北省集成电路主要企业情况见表3-2。

表3-2　　　　　　　　　河北省集成电路主要企业情况

领域	企业名称	主导产品	营业收入（亿元）
基础材料	普兴电子科技股份有限公司	8英寸硅外延片、碳化硅衬底	13.3
	河北中瓷电子科技股份有限公司	电子陶瓷产品	12.6
	有研稀土高技术有限公司	稀土金属、靶材，半导体发光材料	4.1
	固安鼎材科技有限公司	彩色光刻胶、OLED有机发光材料	1.5
	有研国晶辉新材料有限公司	锗单晶、砷化镓单晶片	22.6
	沧州信联化工有限公司	半导体材料—高纯试剂	3.1
	保定通美晶体制造有限责任公司	砷化镓单晶片	2.3
	河北同光晶体有限公司	碳化硅单晶衬底	0.96
	宏启胜精密电子（秦皇岛）有限公司	柔性线路板（FPC）等	99.4
	碁鼎科技	封装载板	11.7
	派瑞特种气体有限公司	三氟化氮等电子特气	20.5
	河北恒博新材料科技股份有限公司	高纯氧化铝，氧化锆粉，ITO氧化铟锡靶材	2.1
专用集成电路	河北博威集成电路有限公司	5G基站用GaN功放、射频电路等	12.1
	河北新华北集成电路有限公司	射频前端芯片、卫通芯片模块、电源管理芯片等	4.0
	河北晶禾电子技术股份有限公司	卫星导航芯片	1.7
	河北美泰电子科技有限公司	MEMS传感器；MEMS环行器	2.5
	唐山国芯晶源电子有限公司	石英晶体元器件	2.9
	中滦科技股份有限公司	各类煤矿用传感器	1.6
装备	三河建华高科有限责任公司	内圆切片机、曝光机等半导体装备	1.3
周边产品	同辉电子科技股份有限公司	SiC功率模块、SiC充电桩等	1.6

资料来源：根据企查查App、部分企业官网、河北省工信部门的调研资料整理。

3. 科研创新方面：以企业为主体，在基础材料、专用集成电路领域开展协同创新

河北省以企业为主体，联合地方高校、科研院所搭建了一系列重点实验室、技术创新中心、产业研究院等集成电路科技创新平台。根据河北省科技创新资源公共服务平台资料，河北省拥有 15 个与集成电路相关的科技创新平台，其中国家地方联合工程实验室 2 个，省级重点实验室 8 个，技术创新中心 4 个，产业研究院 2 个。从研究方向上看，基础材料类科技创新平台 6 个，专用集成电路类科技创新平台 8 个。从科研主体上看，大部分科技创新平台的依托单位是省内集成电路企业，拥有协作单位的科技创新平台较少，与京津地区的企业、科研机构合作较少。河北省集成电路产业主要科技创新平台情况见表 3 – 3。

表 3 – 3　　　　河北省集成电路产业主要科技创新平台情况

领域	平台名称	依托单位	相关研究内容
基础材料	半导体照明与显示关键材料重点实验室	河北利福光电技术有限公司	新型陶瓷导热材料及热传导技术
	新型半导体材料重点实验室	河北普兴电子科技股份有限公司	化合物半导体的生长机理和新型材料；大尺寸硅基外延材料关键技术
	集成电路用含氟新材料重点实验室	中船（邯郸）派瑞特种气体股份有限公司	集成电路用含氟新材料制备、纯化、关键设备与循环再利用技术研发
	碳化硅单晶材料制备技术创新中心	河北同光半导体股份有限公司	碳化硅单晶半绝缘化技术、多极化碳化硅单晶衬底加工工艺
	新型半导体电力电子器件技术创新中心	同辉电子科技股份有限公司	碳化硅衬底加工关键工艺技术、碳化硅电子芯片制备关键工艺技术等
	集成电路制程工艺化学品技术创新中心	河北凯力昂生物科技有限公司	光刻胶材料制备技术、光刻胶材料生产装置及工艺研发

续表

领域	平台名称	依托单位	相关研究内容
专用集成电路	微波光子学重点实验室	雄安创新研究院	核心光电子器件、光电子芯片仿真设计、光电融合集成技术
	先进激光技术与装备重点实验室	河北工业大学	第三代高功率半导体激光器、太赫兹激光探测技术等
	新型半导体光电子器件重点实验室	同辉电子科技股份有限公司	光电子外延材料生长机理；光电子器件结构和工艺技术等
	移动通信用射频集成电路重点实验室	河北新华北集成电路有限公司	移动通信用射频集成电路设计技术、射频集成电路制造工艺等
	河北省卫星通信射频技术创新中心	河北新华北集成电路有限公司	卫星通信射频前端芯片技术、卫星通信射频模块技术等
	半导体产业技术研究院	河北博威集成电路有限公司	氮化镓器件建模及设计技术、碳化硅电力电子模块设计技术等
	通信技术研究院	河北东森电子科技有限公司	基于第三代半导体氮化镓功率芯片的应用技术研究
	光通信产业技术研究院	河北圣昊光电科技有限公司	光通信芯片与器件研发、光通信芯片与制造装备研发
其他	高密度集成电路封装技术国家地方联合工程实验室	中国电子科技集团公司第十三所	微电子、光电子、MEMS、高端传感器和光机电集成微系统，电子封装、材料和计量检测等

资料来源：根据"河北省科技创新资源公共服务平台"公布的相关资料整理。

二、京津冀协同发展过程中河北省集成电路产业的发展机遇与挑战

（一）河北省集成电路产业的发展机遇

1. 创新驱动发展、京津冀协同发展、雄安新区建设等一系列国家级战略规划和项目，为集成电路产业的发展提供了政策机遇

从国家整体层面来看，国家对集成电路产业的重视程度提升到了前所未有

的高度，并向这一领域倾斜了大量的财政、科研、教育等资源。国家先后于2014年、2019年和2024年设立"国家集成电路产业投资基金"（以下简称"大基金"）一期（1 387亿元）、二期（2 041.5亿元）和三期（3 440亿元），①各地区优质集成电路企业获得了不同程度的支持，随着"大基金"三期开始新一轮的投资，全国集成电路产业面临巨大的发展机遇。从京津冀区域层面来看，京津冀协同发展战略实施已逾十年，当前正在向纵深推进，三地的产业合作与交流更加紧密，北京、天津的各类机构越来越多地转移到河北，集成电路企业和科研机构便是其中之一。随着雄安新区的建设不断推进，大量位于北京的央企总部、高校和科研机构进入，通过紧紧抓住疏解北京非首都功能这一"牛鼻子"，河北省可承接大量来自北京的集成电路产业转移。

2. 市场需求规模持续扩大、国产替代趋势不断加强，为集成电路产业的发展提供了市场机遇

从国际市场方面来看，集成电路产品的市场需求不断增长。根据世界集成电路协会公布的预测数据，随着人工智能等新兴产业对集成电路产品需求持续攀升，2025年全球集成电路市场规模可达6 971亿美元，同比增长11%。从国内市场方面来看，中国拥有全球最大的能源互联网、高速轨道交通、新能源汽车、移动通信、消费电子等应用市场，对集成电路产品的市场需求规模可达2 300亿美元，占全球市场规模的30%以上，而国内集成电路的生产规模只有400余亿美元，占全球生产规模的9%，市场缺口巨大。在日益严峻的国际形势下，国家不断强调提高集成电路产业的自主可控水平，集成电路各类产品国产替代空间广阔。即使河北省集成电路产业整体实力较弱，但依然面临广阔的市场空间。

3. 京津地区拥有大量优质企业、科研机构和孵化平台，为集成电路产业的发展提供了产业发展机遇

从产业集群的角度来看，北京市和天津市都拥有涵盖设备、材料、设计、制造、封装测试乃至下游应用市场的相对完备的集成电路产业链，初步形成了产业集群。对产业分工复杂且冗长的集成电路产业而言，产业集群可以有效降低成本，因而对于靠近京津地区的河北省而言，拥有吸引集成电路企业投资设厂的天然优势。从技术创新的角度来看，北京市和天津市拥有北京大学、清华大学、中国科学院微电子研究所、中国科学院半导体研究所、天津大学、南开

---

① 《一图了解：投向半导体芯片产业的"大基金"》，https://xueqiu.com/1774059495/292033891。

大学等国内顶尖集成电路研发机构，拥有近 90 家集成电路重点实验室、工程技术研究中心等创新平台，形成了较为紧密的科研创新网络。[①] 河北省借助靠近京津的优势，在石家庄、雄安新区、廊坊、秦皇岛等地成立了上述科研机构的分支机构，拥有大量可资利用的技术创新资源。从产业转移的角度来看，河北省借助雄安新区建设、京津冀协同发展、北京市疏解非首都功能等国家战略，逐步开始承接京津地区的集成电路企业（尤其是央企）和科研机构的转移，为河北省集成电路产业的发展提供了重要资源。

（二）河北省集成电路产业存在的问题与挑战

1. 产业分工定位和发展重点有待进一步明确

面对集成电路产业资本密集、技术密集的特征，河北省缺乏长期、可持续、大规模的资本投资能力，不具备全产业链布局的产业基础。集成电路经过几十年的发展和积累，各项技术变得极为复杂，需要体量惊人的资本投入以支持规模巨大的研发支出、设备采购和人才培养。以 14 纳米制程芯片为例，研发设计一款 14 纳米的芯片需投入超过 1 亿美元，投资建设一条月产量为 5 万晶圆片的生产线需要 100 亿美元，[②] 而这只是集成电路复杂产业链中的一个环节。这就需要地方拥有坚实的财政实力、完善的金融市场以及活跃的投资环境。河北省受制于自身的经济结构、财政收入和金融市场建设，在公共资本和私人资本方面暂时无法满足集成电路产业的要素投入要求。根据河北省近年来出台的集成电路产业规划和政策报告，河北省倾向于在集成电路产业的上中下游全面布局，构建相对完备的地区产业链，这并不符合集成电路产业的相关特性和本地区的实际情况。河北省需要进一步明确产业分工定位和发展重点。

2. 基础材料等相对优势领域有待进一步完善

面对集成电路基础材料品类繁多的特点，河北省在这一领域虽然具备一定基础，但是在行业内部有很多细分产品种类存在短板乃至缺失，无法形成规模集聚优势。集成电路材料位于集成电路产业的上游环节，是制造环节和封装环节的核心基础。这一产业细分领域的特点是产业规模相对较小、细分品类纷繁

---

① 张红、孙艳艳、苗润莲等：《京津冀集成电路产业协同创新发展路径研究》，载于《中国科技论坛》2022 年第 7 期。

② 冯锦峰、盖添怡：《芯镜：探寻中国半导体产业的破局之路》，机械工业出版社 2023 年版。

众多、技术含量较高。根据国际半导体产业协会公布的数据，2023年全球集成电路材料市场规模为667亿美元，在集成电路产业中占比12.5%左右，而在集成电路材料产业内部，又可以划分出20余类集成电路材料产品。因此，集成电路材料企业类型众多，但规模相对较小，呈现出"小而精"的特征。河北省在集成电路材料领域有一定的基础，在硅片、电子特气、封装载板等部分产品中有一定竞争优势，如派瑞特气的六氟化钨和三氟化氮两型特种气体、中瓷电子的陶瓷薄膜基板、同光晶体的碳化硅单晶衬底等。然而，这些产品在集成电路材料领域中只占一小部分，其竞争优势还不足以形成规模效应和品牌效应，还有大量的细分环节和细分产品存在短板（如光掩模、CMP材料、光刻胶、溅射靶材等领域均没有优势企业和产品的布局），覆盖整个集成电路材料领域的产品优势尚未建立。河北省在本来就具有产业优势的基础材料领域有待进一步完善。

3. 京津冀区域产业链、创新链有待进一步协同

面对京津地区相对富集的集成电路企业、科研机构和下游应用市场，河北省集成电路产业未能充分融入区域产业链、创新链。一是从区域产业布局来看，北京市和天津市都在积极布局集成电路产业各个环节，以此形成相对完备的集成电路产业链。其中，北京市顺义区正在依托第三代半导体材料及应用联合创新基地，着力打造集成电路材料产业，以此与海淀区的集成电路设计环节、亦庄经济开发区的集成电路设备、制造、封测环节相结合；天津市津南区则依托华科海清等知名企业，打造集成电路材料和设备产业，以此与滨海新区的设计、西青区的制造、封测环节相结合。这与河北省具有相对优势的集成电路材料产业相重合，从而削弱了京津冀集成电路产业协同发展的动能。二是从产业链网络合作来看，京津冀集成电路产业协同发展尚处于起步阶段，与长三角、珠三角等区域相比，河北省与京津地区的产业合作规模较小，现有的合作方式大部分表现为北京市、天津市集成电路产业园区或企业在河北设立分支机构，尚未形成真正意义上的产业链协同。另外，京津地区实力较强的大型龙头企业依托相对闭环的产业链网络，倾向于选择关系稳固的上下游企业进行合作，导致很多中小企业难以融入京津冀区域产业链。从创新链网络合作来看，北京市和天津市拥有相对雄厚的科研实力、产业规模和企业竞争力，在京津冀协同发展背景下，河北省集成电路产业理应借助区位优势和政策优势加快融入区域创新链之中，以此实现产业转型升级。然而，现实的发展距离理想状态还有较大差距。河北省所有与集成电路产业相关的科技创新平台中，只有1个属

于京津冀共建。在平台之间，河北省内的科技创新平台与京津地区的同类高端平台缺乏高质量的协作。

三、京津冀协同发展新形势下河北省集成电路产业的发展路径与政策建议

（一）明确区域分工定位，在产业优势上"强链"

集成电路产业链复杂冗长，在河北省打造完备的"全产业链"既不现实还会造成重复建设、资源浪费。因此，在京津冀协同发展的背景下，河北省首先要根据自身的产业基础和区位特征明确产业分工与定位。结合集成电路产业的特性以及河北省的现实基础，基础材料领域应该成为河北省实现集成电路产业高质量发展的集中突破环节。

1. 优化完善顶层设计，将产业政策注意力集中到基础材料领域

一是制定专项政策实施细则。在继续落实《关于支持第三代半导体等 5 个细分行业发展的若干措施》的基础上，对标北京、深圳、苏州等地，制定河北省集成电路材料产业转型政策实施细则，对初步具有产业基础和竞争优势的硅片、电子特气、掩模版等环节进行集中支持，提升对科技成果转化落地和中小企业技术创新的支持力度，持续扩大竞争优势。二是成立河北省集成电路材料专项办公室。可成立由省领导任组长，工信、科技、发改等分管部门人员组成的集成电路材料产业发展工作专班，统筹全省集成电路材料产业发展。同时组建集成电路材料产业专家咨询委员会，聘请全国集成电路材料领域知名技术专家、政策专家和企业家，在产业发展方向、发展重点、产业布局、政策导向等方面提供决策咨询、评估和其他智力支持。三是建设河北省集成电路材料产业联盟。与中国集成电路材料产业联盟、中国半导体行业协会、第三代半导体产业技术创新联盟以及下游行业组织紧密合作，搭建产业协同合作网络。

2. 整合培育已有产业资源，着力提升优势企业的竞争力

一是推动已落地项目提质增效。加快大项目、大企业建设速度，鼓励企业扩产增效。加快推进同光晶体年产 20 万片碳化硅单晶衬底、信联电子材料光刻胶及配套试剂等项目建设，安排专人负责协助企业办理税收扶持、减免、物流中心配套等手续，督促企业按照签约工期动工投产。二是分类型设立企业培育基金。对中瓷电子、派瑞特气、普兴电子等领军性企业设立专项基金，鼓励

项目落地；对同光晶体、中创燕园等已经具有一定规模，具有较高成长性的"小巨人"企业，设立企业库，对入库企业给予成长激励基金；对具有潜力的中小企业，建立集成电路材料中小企业发展基金，重点支持具有一定技术优势和市场优势的中小微企业发展。三是鼓励重点企业加大研发投入。政府做好协调服务和指导工作，切实落实国家鼓励企业创新投入的政策。对研发投入高的企业，通过以奖代补的方式给予支持。鼓励重点企业与国内外重点院校、科研单位建立产学研技术合作联盟，开展联合技术研发，共建协同研发平台。依托同光晶体、普兴电子等优势企业，加快突破 8 英寸导电性碳化硅衬底、8 英寸碳化硅外延技术研究。依托中国电科 13 所等优势企业，提高光通信陶瓷外壳、高导热陶瓷薄膜基板等产品的生产能力和技术能力。依托中船（邯郸）集团派瑞特气等优势企业，扩大电子特种气体的技术研发和品类供应。

3. 推动传统产业转型升级，引导具有一定技术基础的化工企业进入集成电路材料行业

集成电路材料在基础技术、生产工艺等方面与传统化工产业、新兴光伏产业有很多共通之处，很多企业拥有相应的设备、厂房、人才、生产管理经验等方面的基础，可通过转型升级进入盈利能力更高的集成电路材料产业。例如，国内光刻胶生产头部企业江苏雅克科技通过与韩国企业合作进行技术升级，从传统的化工行业进入集成电路材料行业。作为传统化工产业聚集区之一，河北省可适当引导本省具有技术基础的化工企业通过转型升级进入与传统产品技术工艺相关的集成电路材料产业，在推动企业转型升级的过程中实现集成电路材料产业的发展。

（二）把握行业细分领域特征，在产业短板上"补链"

集成电路材料产业具有规模小、细分品类繁多、技术要求高等"小、繁、精"的特点。河北省在电子特气、硅片、封装基板等部分产品领域有一定基础，在光刻胶、光掩模、CMP 材料、溅射靶材以及其他细分领域存在短板乃至缺失。要建立起相对完备且具有竞争力的集成电路材料产业集群，需要针对产业链上各细分环节、品类的具体特征，结合河北省各地产业基础进行综合布局。

1. 把握集成电路产业特性，精准制定产业政策

一是要研究各细分领域的技术特征和建设要求，为制定产业政策提供科学依据。根据集成电路材料的 13 个主要细分领域（硅片、光掩模、光刻胶、光

刻胶辅助材料、湿电子化学品、抛光材料、靶材、引线框架、封装基板、陶瓷基板、键合丝、包装材料、芯片粘结材料）的技术特性，梳理其在资本、人才、技术、基础设施、环境污染与废弃物处理、原料供应、产品应用等方面的具体要求，以此为基础制定符合产业发展的政策。二是要研究各细分领域的市场信息与企业动态，为制定产业政策提供现实支撑。针对集成电路材料产业各细分领域，搜集整理相关领域头部企业和优质创新创业团队名单，确定重点招商引资引智名单，紧盯相关企业和团队投资建设动态，分析预判潜在需求，通过政府、企业、中介机构、科研机构等渠道与之建立常态化联系，促成短板领域项目落地河北。三是要研究国内外产业园区的先进经验和发展规律，为制定产业政策提供路径指导。学习借鉴苏州工业园区、宁波余姚市集成电路产业园、成都先进材料产业园、无锡宜兴市集成电路材料产业园等材料产业较为成熟的地区的经验，把握材料产业园区的共性做法，结合自身实际，精准制定产业政策。

2. 把握集成电路企业动向，精准开展招商引资

一是对接国家战略，推动央企项目落地河北。围绕雄安新区建设、北京市疏解非首都功能区等国家战略工程，积极对接中国电子科技集团、中国电子信息产业集团、中国船舶集团、中国中化集团等与集成电路材料产业相关的央企，承接相关集成电路材料项目落地河北。二是对接市场动态，推动行业头部企业投资河北。紧盯国内外集成电路材料领域的龙头企业、骨干企业，建立集成电路材料重点企业名单，与名单上的企业加强联系，设定重点企业、重点项目认定标准，引进一批投资总量大、技术含量高、带动作用强的重大项目。三是对接优质产业孵化平台，推动有潜力的中小企业发展壮大。充分利用中关村、深圳湾等成熟产业园区的载体建设，通过河北省软件和集成电路中关村（石家庄）协同创新中心、中关村·保定创新中心、深圳湾（保定）创新中心等产业园区载体，锚定集成电路材料产业链短板，利用市场化手段内培外引，集中力量和资源吸引企业落地河北。

3. 把握集成电路人才需求，积极打造地区品牌

一是制订系统、有序的宣传推介计划。积极参与国内外集成电路产业领域的各类行业活动，提升地区知名度和影响力，树立"投资环境好、管理效率高、发展空间大"的地区形象，不断增强对集成电路材料领域优秀团队和人才的吸引力。二是定期举办或参与新材料高峰论坛。充分利用我国集成电路产

业蓬勃发展、自主发展的契机，围绕集成电路材料业发展趋势等主题，组织省内企业以展会等形式推介河北的材料业，同期举办材料产业发展研讨会、技术交流会等活动。三是搭建多种宣传平台，充分利用纸媒、网站、微信、微博等宣传平台，积极参加半导体市场年会、IC China、中国集成电路产业发展促进大会等影响力较大的论坛和展览，向政府、国内外企业和用户宣传和推介河北省集成电路产业的发展环境、投资环境、产业载体、优秀企业和重要产品，扩大河北省集成电路材料在国内集成电路产业的知名度和影响力。

（三）融入区域产业集群，在产业协同上"延链"

作为技术密集型产业，集成电路材料产业需要在"技术研发—成果转化—产品应用—反馈修正—技术研发"的循环中不断迭代发展，需要产业链上下游进行紧密合作、高效协同。要紧紧抓住京津冀协同发展带来的战略机遇，融入区域产业链、创新链。

1. 在政策规划上与顺义区、津南区加强协调，错位发展

北京市顺义区、天津市津南区均在规划发展集成电路材料、第三代半导体等产业，河北省可与之进行合作，错位发展。廊坊市拥有有研稀土、有研国晶辉新材料等集成电路材料企业，建有中国科学院半导体研究所廊坊基地，在第三代半导体材料方面有一定的产业和科研基础。同时，廊坊市与北京顺义区、天津津南区的距离均较近，可以利用区位优势和产业基础实现三个地区在材料产业上的集聚和协同发展。通过政策规划方面的协调，可将顺义区、津南区作为集成电路材料的研发、实验与销售中心，将廊坊市作为生产中心。

2. 在产业应用上助力企业进入大型制造、封测厂商的供应链

集成电路材料产业的主要应用市场是集成电路制造、封测产业。在京津地区，拥有中芯国际、燕东微电子等大型制造企业和威讯半导体、恩智浦等知名封测企业，为河北省集成电路材料产业提供了广阔的潜在应用市场。一方面，河北省可以借助京津冀协同发展战略，联合北京市、天津市打造产业应用协同服务平台，建立省内集成电路材料企业与中芯国际、燕东微电子、恩智浦等应用市场的沟通渠道，努力促进省内企业进入大型企业集团的供应链网络，形成有效的产品应用协调机制，助力材料企业的应用示范。另一方面，联合北京市、天津市打造产业信息交流服务平台，构建集成电路产业信息库和资源数据库，提供政策研究、产业运行分析与预测、信息查询、项目分析评估和综合运用等服务，通过报纸、网络、微信、微博等多元化手段向政府、企业、社会推送产业信息。

3. 在科研创新上助力研发机构进入大院大所的创新网络

北京市、天津市拥有清华大学、北京大学、天津大学、南开大学、中国科学院微电子研究所、中国科学院半导体研究所等知名集成电路科研机构，为河北省集成电路产业的技术创新提供了坚实的要素资源保障。一是搭建创新服务平台。在继续依托中国科学院半导体研究所廊坊基地、京津冀军民融合半导体产业联盟等已有协同创新载体的基础上，引导河北省优势企业和科研机构融入以大院大所为核心的区域创新链网络，为企业的技术创新和产业升级赋能。二是打造共性技术联合攻关平台。借助京津冀协同发展战略，联合北京市、天津市出台政策，依托骨干企业，通过企业共建产业联盟等形式，鼓励企业、高校、科研院所联合建设共性技术攻关平台，开展共性技术、关键技术、配套技术以及前沿技术的研究，提升京津冀地区集成电路产业本土化、自主化生产水平。三是打造知识成果转化服务平台。依托中关村产业园等载体，建立高等院校、科研机构参与的成果转化平台，吸引新材料领域的知识产权资源，搭建以科技成果转化服务、科技风险投资、技术认定与评价为主要功能的科技创新服务平台，提供科研、检测、转化、交易、孵化、会展、商务等公共服务功能。

参考文献

[1] 陈芳、董瑞丰：《"芯"想事成——中国芯片产业的博弈与突围》，人民邮电出版社 2018 年版。

[2] 杨松：《北京蓝皮书：北京经济发展报告（2023—2024）》，社会科学文献出版社 2024 年版。

[3] 张红、孙艳艳、苗润莲等：《京津冀集成电路产业协同创新发展路径研究》，载于《中国科技论坛》2022 年第 7 期。

[4] 张贵、孙晨晨、刘秉镰：《京津冀协同发展的历程、成效与推进策略》，载于《改革》2023 年第 5 期。

[5] CSIS. China's Uneven High-Tech Drive：Implications for the United States [DB/OL]. 2020，http：//www. jstor. com/stable/resrep2260.

[6] CSIS. China's Techno-Industrial Development：A Case Study of the Semicon-

ductor Industry［DB/OL］. 2021, https：//www. jstor. org/stable/resrep31646. 6.

［7］Zhang. State Policy Regime and Associational Role in Technology Development：A Tale of Two Metropolises［J］. Politics and Society, 2022, 50 (1)：1 - 36.

京津冀文旅产业数智化发展研究

陈　滢*

摘　要：数智化是推动文旅产业高质量发展，培育新消费、新业态的强大动力。京津冀5G网络建设及技术应用优势显著，在数字博物馆、智慧旅游平台、智慧旅游场景建设方面卓有成效，具备发展数智化文旅的卓越条件，但还需要解决文旅要素利用率不足、缺乏统一的标准和平台、应用场景不够丰富、人才短缺等问题。推动京津冀文旅产业数智化发展，需要布局完善京津冀数字文旅产业链、创新链、交易链，打造数字文旅新平台、新场景，推动行业标准的制定和实施，培养具备数字文旅相关知识和技能的专业人才。

关键词：文旅产业数智化　京津冀　智慧旅游

党的二十大报告提出"实施国家文化数字化战略"，2024年全国两会进一步强调"深入推进国家文化数字化战略"。2023年文化和旅游部颁布《关于推动在线旅游市场高质量发展的意见》，提出大力发展数字经济，深入发展智慧旅游，鼓励以数字技术赋能文旅产业高质量发展。京津冀三地地缘相近，功能上协同互补，在经济、交通、文化、资源等领域联系紧密，具备发展数字文旅产业的雄厚基础。在发展技术层面，三地新型基础设施建设为传统文旅产业转型构筑了坚实的数字技术基础；在文旅要素层面，京津冀区域众多城市历史悠久、文化底蕴深厚、山水风貌各具特色；在发展环境层面，京津冀共同提出《京津冀数字文化产业倡议》等多项合作协议，保障了数字文旅产业的健康有序发展；在产业受众层面，丰富的文化旅游资源对区域内外游客释放了源源不

---

* 陈滢，天津社会科学院数字经济研究所副研究员，研究方向为数字经济和区域经济。

断的强大吸引力。

一、京津冀文旅产业数智化发展基础

（一）京津冀文旅产业数智化的技术基础

1.5G 网络建设与技术应用优势显著

京津冀地区 5G 和算力网络建设已经走在全国前列，依靠强大的数字技术优势，京津冀地区实现了信息传输的高速度和大数据处理的高效率，为文旅产业的数字化升级奠定了坚实的基础。截至 2024 年 4 月底，北京全市累计建成 5G 基站 11.45 万个，居全国首位，每万名居民拥有 52 个 5G 基站。5G 移动电话用户数达 2 127.3 万，普及率高达 99%，居全国第一。[①] 截至 2023 年底，天津全市 5G 基站累计数量为 7.3 万个，城市家庭千兆光网覆盖率和 500Mbps 及以上用户占比等关键指标长期保持全国第一，入选全国首批"千兆城市"。固定宽带用户下载速率、移动宽带（4G/5G）用户下载速率分别位于全国第二位和第三位。[②] 截至 2024 年 8 月底，河北省省际出口带宽达 8.49 万 G，光缆总长达 277.1 万公里。累计建成 5G 基站 19.3 万个，5G 移动用户 4 953.4 万户，居全国第七；[③] 三地利用 5G 技术实现了城市管理智慧化升级，拓展了智慧社区、智慧交通等智慧应用场景，开通了 5G + V2X 车路协同示范路段和 5G 技术智能救护车，商业化运营"熊猫"智能公交，推动了 5G 慢直播应用、5G 高清视频、5G + AR、海河·谛听言语交互意图理解大模型、5G 智能游客热力图、5G + 北斗智慧游船等创新应用，为京津冀文旅数智化发展提供了新保障。

2. 综合算力指数居全国前列

京津冀三地通过构建新型基础设施服务体系，完善算力网络布局，促进了

---

① 《北京 5G 发展继续领跑全国，副中心是标杆区域 通州 5G 基站年底达到 6 700 个》，载于《北京城市副中心报》，2024 年 6 月 7 日，https：//www.bjtzh.gov.cn/bjtz/fzx/202406/1715785.shtml。

② 《人工智能：天津发展新质生产力的路径与引擎——写在 2024 世界智能产业博览会即将召开之际》，载于《天津日报》，2024 年 6 月 17 日，https：//gyxxh.tj.gov.cn/ZWXX5652/GXDT9285/202406/t20240617_6654306.html。

③ 《坚定信心 勇挑大梁·产业新亮点 | 河北综合算力指数何以全国居首》，河北省人民政府，2024 年 10 月 31 日，http：//www.hebei.gov.cn/columns/580d0301 - 2e0b - 4152 - 9dd1 - 7d7f4e0f4980/202410/31/b366269e - 0cd2 - 4527 - b138 - 64adac3c661a.html。

区域内的信息共享和资源优化，整体区域综合算力指数居全国前列。北京市上线算力互联互通和运行服务平台，启动"京津冀蒙"算力供给走廊项目，构建了"跨地域、跨主体、跨架构"的算力互联网基础架构。据北京市经济和信息化局数据，北京市成立了文旅数据专区创新联合体，文旅数据专区已收集超过 30 个数据目录，数据总量超 200TB。天津已投产数据中心 34 个，算力总规模达到 5 300P。① 河北省张家口市投运服务器达 160 万台，算力规模约 2.28 万 P，成为国家"东数西算"工程京津冀算力枢纽节点之一。② 中国信息通信研究院《中国综合算力指数报告（2024）》显示，截至 2023 年底，河北省综合算力指数排名全国第一，北京市位列第五，在城市算力分指数排名上，廊坊市、张家口市分别位居全国第一和第二。

（二）京津冀文旅产业数智化的文旅要素基础

1. 拥有底蕴丰厚的文化资源

京津冀文旅产业协同发展需要将北京、天津和河北的文旅资源进行有效整合，打造具有地方特色的文旅产业集群，进而推动文旅产业的创新与升级。京津冀地区历史底蕴深厚，文化遗产丰富，图书馆、博物馆等文化设施众多，且拥有大量文物藏品和非物质文化遗产代表性项目。截至 2023 年底，据北京市文化和旅游局统计，北京市共有公共图书馆（含国家图书馆）20 个，北京城市图书馆具备世界最大的单体图书馆阅览室、国内藏量最大的智能化立体书库，图书馆数字资源总量达 3 080TB，电子图书总量达 1 567.2 万册，另外北京共有国家档案馆 18 家，备案博物馆 226 家，文化馆 18 个，拥有文物藏品109.8 万件（套），国家级、市级非遗代表性项目分别有 144 个、303 个，国家级、北京市级非遗代表性传承人分别有 87 人、140 人。据天津市统计局数据，天津市共有文化馆 17 个，博物馆 76 个，公共图书馆 20 个。据河北省统计局数据，河北省有博物馆 231 个，公共图书馆 181 个，综合档案馆 179 个，文化馆 182 个。深厚的文化基础为数字博物馆、数字图书馆等场景构建提供了海量的文化要素资源。

---

① 《人工智能：天津发展新质生产力的路径与引擎——写在2024世界智能产业博览会即将召开之际》，载于《天津日报》，2024 年 6 月 17 日，https：//gyxxh. tj. gov. cn/ZWXX5652/GXDT9285/202406/t20240617_6654306. html。

② 《坚定信心 勇挑大梁·产业新亮点 | 河北综合算力指数何以全国居首》，河北省人民政府，2024 年 10 月 31 日，http：//www. hebei. gov. cn/columns/580d0301 – 2e0b – 4152 – 9dd1 – 7d7f4e0f4980/202410/31/b366269e – 0cd2 – 4527 – b138 – 64adac3c661a. html。

2. 拥有独具特色的旅游资源

京津冀地区在文化资源和旅游发展方面具有独特优势和协同发展的潜力。北京作为京津冀地区的核心城市，不仅是国家的政治、文化、国际交往和科技创新中心，还是中国四大古都之一，拥有丰富的历史文化资源和世界级的旅游吸引力。天津以其海洋文化、洋楼文化、民间艺术和传统手工艺闻名，拥有泥人张彩塑、杨柳青年画、风筝魏等国家级非物质文化遗产代表性项目，拥有古今交融、中西合璧的城市底色。河北省是全国唯一兼具海滨、高原、山地、丘陵、盆地、平原等地貌的省份，拥有山海关、正定古城、避暑山庄等蕴含丰富文化特色的旅游资源。三地在文化产业、旅游产业方面有机融合，共同形成了一个具有丰富文化内涵和特色旅游韵味的活力区域。

（三）京津冀文旅产业数智化发展的环境基础

1. 文旅市场一体化建设持续加强

京津冀三地文化和旅游部门紧密合作，成立了 9 个文旅领域联盟，签署了文化、演艺和群众艺术等领域的多项专项协议，共同推动文化旅游市场一体化发展，区域发展内生动力和活力得到有力激发。京张体育文化旅游带和长城、大运河国家文化公园建设等国家战略得到稳步推进，京津冀文旅试点示范区建设成效显著。通过北京文旅资源交易平台为京津冀三地文旅企业和文旅项目招商、融资、股权、产权转让、资源对接、合作推介等提供专业化服务，累计发布文旅项目 1 942 个，促成 381 个项目达成投融资交易，金额约 342 亿元。① 三地文旅资源的共享与合作拓宽了京津冀文旅产业的协作范围，促进了文旅产业的良性循环。

京津冀地区在旅游标准化、文旅行业信用体系和公共文化服务示范走廊建设方面不断完善。通过签订《京津冀协同发展文旅营销战略合作框架协议》《京津冀地区信用＋旅游协同共建合作协议》《京津冀自驾驿站服务规范》等合作协议，推进"信用＋应用场景"落地及"信息互通、资源共享、监管联动、服务协同"四位一体的文旅市场信用监管体系的建设，促进了京津冀旅游集散功能优化和京津冀旅游市场协同建设，对推动京津冀文旅市场一体化的健康发展起到了积极作用。

---

① 王伟杰、刘淼、李秋云等：《奏响京津冀文旅协同发展新乐章》，光明网，2024 年 3 月 13 日，https：//baijiahao. baidu. com/s？ id ＝1793373100648985432&wfr ＝ spider&for ＝ pc。

2. 文旅区域合作与品牌建设持续加深

京津冀地区已形成 1 ~ 1. 5 小时周边游交通圈，开通了 7 条连接北京、天津至河北的旅游直通车线路。① 河北省廊坊市与北京合作，开通了良乡大学城旅游专线。北京公交集团开通了直达金山岭长城和丰宁马镇草原旅游度假区的两条节假日专线。天津市交通集团开通了直达唐山宴和河头老街等热门景点的 12 条旅游直通车线路。② 通过整合交通、景区、食宿等资源，京津冀三地推进了区域文旅产业一体化发展，优化了游客在景区的游玩体验。京津冀地区还依托中国旅游产业博览会和服贸会等平台，集中展示文旅消费的新发展、新场景和新体验。共同推出多条旅游精品线路和"欢乐京津冀一起过大年""平谷金海湖 + 兴隆溶洞"等跨京津承特色旅游协作线路，通过联合举办第十三届中国艺术节、京津冀优秀文艺节目展演、首届北京国际非遗周、京津冀甘黔湘非物质文化遗产创新创意大联展、京津冀鲁辽油画作品邀请展等活动，共同打造了丰富的文旅产品和品牌，吸引近 20 万人走进剧场、美术馆、博物馆、展览馆，超 3 亿人共享数字盛宴，③ 进一步促进了区域文旅消费的新发展、新体验。

（四）京津冀文旅产业数智化的受众基础

1. 区域对外吸引力不断增强

随着京津冀一体化战略的深入实施，三地在交通、文化、旅游等领域的合作不断加强，旅游产品和服务的供给质量显著提高。三地还通过联合营销、共同打造旅游品牌等方式，进一步提升了区域旅游的整体竞争力和影响力，区域吸引力日益增强。中国旅游研究院监测数据显示，2014 ~ 2023 年，京津冀三地的国内旅游人次和旅游收入分别增长了 7. 9% 和 9. 0%，分别是全国平均水平的 1. 91 倍和 1. 40 倍。2023 年，北京共接待游客 3. 29 亿人次，增长 80. 2%；实现旅游收入 5 849. 7 亿元，人均消费 1 778. 0 元/人次。北京接待的外省来京游客人数达到 1. 81 亿人次，增长 118. 4%，人均消费 2 814. 3 元。天

① 贾楠：《一卡畅游一车直达一码通行 京津冀在文旅协同中手越牵越紧》，河北省人民政府，2024 年 7 月 9 日，http：//www. hebei. gov. cn/columns/580d0301 - 2e0b - 4152 - 9dd1 - 7d7f4e0f4980/202407/09/a4182113 - cb83 - 4c8a - 906c - 3950f08d8469. html。

② 褚夫晴：《天津推出 12 条特色文旅直通车线路》，央广网，2024 年 4 月 28 日，https：//www. cnr. cn/tj/tjyw/20240428/t20240428_526685054. shtml。

③ 王伟杰、刘淼、李秋云等：《奏响京津冀文旅协同发展新乐章》，光明网，2024 年 3 月 13 日，https：//baijiahao. baidu. com/s? id = 1793373100648985432&wfr = spider&for = pc。

津市全年共接待国内游客 2.36 亿人次，国内旅游收入 2 215.41 亿元。河北省全年共接待国内游客 8.44 亿人次，同比增长 154.4%，创收（旅游总收入）10 116.2 亿元，同比增长 236.2%。

2. 区域客流内循环日益频繁

随着京津冀一体化的深入推进，由高速铁路、城际铁路和高速公路等构成的便捷交通网络不断完善，三地之间的人员往来更加便捷，越来越多的人选择在周末或假期出行，享受不同地区的文化与美食。此外，京津冀区域政策持续优化，三地政府推出了多项旅游优惠政策，如京津冀旅游一卡通、跨区域旅游年票等，进一步促进了区域内的旅游消费。根据中国旅游研究院的监测数据，2023 年，北京的主要客源地是河北和天津，分别位列第一和第二。天津接待的外地游客中，来自河北和北京的游客占比达到 49.1%。在旅游目的地选择上，河北和天津分列北京游客出游目的地第一和第三，河北和北京也是天津游客的主要目的地，游客数量占天津游客外地出游总数的 52.7%。截至 2024 年 7 月，京津冀旅游一卡通累计发行 600 余万张，带动近 5 000 万人次出游打卡，不仅提升了居民的出行体验，也带动了沿线城市的经济发展，形成了良性的区域经济循环。

京津冀充分利用三地在数字技术、文旅要素、发展环境、产业受众等方面的优势，积极推动数智化赋能文旅产业，促进了京津冀文旅产业的创新性发展。

二、京津冀文旅产业数智化发展现状

（一）让文物"活"起来——数字博物馆建设

京津冀三地通过数字化手段加强文物保护和利用，提升博物馆的吸引力和文化传播能力，通过智慧导览和数字平台让文物和文化遗产以更生动的方式"活"起来。如北京市通过上线"北京博物馆云"微信小程序和建立首个公益性非遗体验中心，推动了博物馆数字化进程，通过推出"故宫以东"数字文旅消费地图和 Funfly 环游天地数字消费新地标促进了新消费业态的形成，通过融合中华特色文化与数字科技的线上展览和互动体验，将博物馆的教育功能进行延伸，吸引了更多年轻群体的关注。天津在法国公议局旧址设立天津数字艺术博物馆，并推出"天津数字文博展"和"梵高的世界——全景数字艺术互动大展"，利用数字化手段让观众欣赏到天津博物馆的镇馆之宝等历史文化遗产。天津博物馆还利用互动性数字交感技术，通过数字展览"鸣沙遗墨——天津博物馆藏敦煌文献特展"等提升博物馆的吸引力。河北省实施了文物建筑数字化项目，完成了987处文物保护单位的数字信息采集，[1] 开发了"河北省文物保护单位数字化平台"，为文物保护维修和展示利用提供了数据支撑。此外，河北博物院持续完善三维数据和影音资源内容建设，搭建了藏品管理、数字化保护等平台，并以观众需求为导向，开发了数据资源共享等功能，提升了文物数字化采集管理和展示利用水平。河北省文物局链接文物与人们的文化旅游生活，推出了《跟着文物游河北》智慧语音导览图和"文物畅游冀"微信小程序，以及《国保在冀》智慧语音导览册页和国保智慧在线系统，通过共同推动文化遗产的保护与传承，为京津冀地区的文化旅游数智化发展提供了新的平台。

（二）让旅游"智"起来——智慧旅游平台建设

京津冀通过数字技术对文旅产业赋能，积极构建智慧旅游平台，为游客提供更加便捷、个性化的旅游体验。如"北京智慧旅游地图""文旅北京""海·河"智慧文旅融合平台、"云上和平"App以及"乐游京津冀一码通"微信小程序，支持通过视频和VR技术深入了解目的地，并提供旅游导览和攻略分享服务。通过科技与文化旅游的深度融合，为游客提供个性化旅行建议和规划，实现旅游消费的闭环体验。通过数字化技术、网络流量、现实景区的连接赋能，实现数字经济核心产业与文旅产业的协同运作。特别是"乐游京津冀一码通"平台，通过"一码通三地"的便捷服务，提升了游客的体验和满意度。截至2023年底，该平台已整合京津冀三地的文旅企业941家，累计发放了价值亿元的消费券，注册用户数量已超过150万人，[2] 有效推动了京津冀地区文旅品牌共建、产品共同推广以及市场共赢。

（三）让场景"动"起来——智慧旅游场景构建

京津冀地区通过积极推进5G技术在智慧旅游领域的应用，呈现形式多样

① 史晓多：《文旅融合 打造河北文化新引擎》，河北省文化和旅游厅，2024年8月13日，https://whly.hebei.gov.cn/c/2024-08-13/577881.html。
② 宋瑞、杨淑君、杜一方：《打造1亿人"说走就走"的旅游圈——京津冀文旅协同发展观察》，新华社新媒体，2024年2月5日，https://baijiahao.baidu.com/s? id=1790047310595051308&wfr=spider&for=pc。

的旅游场景。在智能网联旅游交通场景构建方面，中新天津生态城成功试运营了国内首批智能网联旅游公交车，不仅提高了游客的出行效率，还为绿色低碳出行提供了新的应用场景。在智慧旅游服务场景构建方面，河北省推出了"云游山海关"智慧旅游服务体系，并上线了河北省红色旅游数字地图。白洋淀智慧景区实施了 5G + 北斗智慧旅游试点项目，通过 5G 和北斗导航技术的结合，为游客提供精准的位置服务和导航，大幅提升了游览体验。在沉浸式演出场景构建方面，河北省打造了被列为全国智慧旅游沉浸式体验新空间培育试点的《无界·幻境》和《只有红楼梦·戏剧幻城》等项目，秦皇岛鸽子窝景区打造了"智慧旅游 + 剧本游"项目。智慧旅游系列场景通过 5G 技术，令游客可以在景区内享受到高速的网络连接，实现无缝的实时互动和信息获取，为游客带来更加便捷和高效的旅游服务，推动了旅游业与科技的深度融合。

（四）让文化"灵"起来——文化产业与多领域跨界合作

京津冀三地通过文化产业与其他产业的跨领域合作，成功打造了一系列具有地方特色的文化产品和服务，科技的介入使文化传播更加高效，创新性地推动了文化产业的发展。如北京市构建"天工 SkyMusic"音乐大模型、数字燕墩项目等创新案例，搭建"西城消费"文化平台，实施了公共数字文化服务项目，并设立了非遗万象馆、"数剧京韵"京剧文化数字资产库，有力推动了泛动画产业、文创产业的繁荣发展。数字化、网络化的传播方式让传统文化更加普及，天津市各大文博场馆利用网上展览、在线教育、网络公开课等多种形式，研发并投放了"革命文物进校园数字资源包"，推出了"红色记忆——百场直播进校园"系列课程，以及革命文物讲故事 H5 长图视频等，实现了文博资源与红色教育互通互融。文博场馆与教育、旅游、商贸、传媒等领域的跨界融合催生了新消费、新业态，极大地丰富了文旅产业的内涵，为区域经济的发展注入了新的活力。

京津冀在文博场馆、旅游平台、旅游场景等诸多方面实现了与数字化的深度融合，取得了丰富的实践经验，但随着数字技术的不断提升，以及游客对个性化、精准化旅游服务需求的增长，京津冀文旅产业数智化发展也遇到了一些瓶颈。

三、京津冀文旅产业数智化发展的瓶颈

（一）数字文旅产业发展协同效应不强

京津冀数字文旅产业的发展优势尚未得到充分发挥和利用，数字文旅产业的协同发展能力还有提升空间。一是缺乏有效的协调机制与统一的发展规划，文旅产业数字化发展低质重复和区域不平衡问题日益凸显，产业环节的缺失与重复造成京津冀数字文旅产业链不完整、不均衡，不能充分发挥区域整体竞争力，减弱了京津冀数字文旅产业可持续发展的能力。二是缺乏统一的标准和平台。京津冀区域数字文旅产业尚未形成统一的标准规范，三地在文旅数智化建设方面存在差异。由于缺乏统一的平台，各旅游平台之间的数据格式不一，难以互通。游客在京津冀区域内进行旅游活动时，旅游服务提供者往往无法充分获取和分析游客的消费行为、偏好和需求，游客在不同地区的旅游体验不能得到无缝衔接。三是数据共享机制不完善，京津冀数字文旅产业要素在流动过程中仍存在行政壁垒和市场流动堵点，无法实现跨区域自由流动，文旅资源较为分散，难以形成合力，无法有效推动整个区域文旅产业的发展。

（二）数字文旅要素的利用率不足

京津冀地区拥有大量的文化资源和旅游要素，然而这些宝贵的资源和要素尚未得到充分开发和利用，其潜在的巨大价值也未能得到充分挖掘与发挥。一是未能充分将传统文化与现代科技相结合。数字内容缺乏与京津冀历史文化的深度结合，未能充分展现各地独特的风土人情和山川地貌，丰富的文化资源未能有效地转化为能够吸引游客的现代数字内容和服务。二是数字文旅应用场景不够丰富。现阶段京津冀文旅产业数字场景设计同质化现象较为严重，尚未达到多样化和深入化的理想状态，游客在体验过程中难以获得丰富而深刻的感官享受和文化认知。场景设计创新性不足，内容更新缓慢，缺乏持续吸引游客的新鲜元素，游客在参与过程中难以感受到强烈的新奇感和吸引力。三是数字化内容的创新技术和创意设计存在不足，缺乏多样化的互动体验项目，导致游客的参与感不强，不能充分调动游客游玩的积极性和参与互动的兴趣。

（三）缺乏对用户行为数据的深入挖掘

现代游客越来越倾向于通过数字化手段获取旅游信息和规划行程，并希望在旅游过程中享受到高科技带来的便利和乐趣。由于缺乏创新和有效的资源整合，京津冀地区的文旅产业不能提供精准化的服务和体验，在一定程度上制约了其发展潜力和竞争力。一是对于用户行为数据的分析和利用存在不足，难以精准把握游客的真实需求。游客在旅游过程中无法获得量身定制的服务和体验，在一定程度上降低了游客的满意度和重游率。二是缺少熟悉文旅行业运行流程的数字化技术应用、数据分析与数字化服务相关人才。随着消费者对个性化和定制化服务需求的增加，旅游企业越来越依赖于数据分析来优化客户体验和运营效率。但由于缺乏能够理解和运用大数据技术的专业人才，许多文旅企业难以充分利用数据资源，进而在市场中失去竞争优势。数字化转型的缓慢也导致了旅游产品和服务的创新速度落后于其他行业，在一定程度上限制了文旅行业的快速发展。

为此，建议进一步促进京津冀数字文旅资源融合，推动行业标准的制定和实施，培养更多具备数字文旅相关知识和技能的专业人才。通过场景设计、智慧平台的不断改进和创新，为游客提供更加丰富、深入和精准的服务，让数字文旅产业协同助推京津冀高质量发展。

四、数智化赋能京津冀文旅产业的对策建议

（一）加强顶层设计，布局完善京津冀数字文旅产业链、创新链、交易链

完善京津冀数字文旅产业链。加强顶层设计，完善协调机制，建立统一的发展规划，推动区域数字文旅产业一体化进程。充分挖掘梳理三地数字文旅产业发展优势，整合数字文旅要素资源，取长补短，打造更完善的京津冀数字文旅产业链。借助北京全国文化中心、科技创新中心的功能，发挥技术创新和内容创新优势，塑造数字文旅创新和文化运营国际品牌。调动天津首批国家级文化和科技融合示范基地、国家动漫园公共技术平台等科技文化企业力量，发展数字旅游、数字出版、数字影视、数字装备、动漫游戏等产业。利用河北地域优势及雄安新区的政策优势，积极承接京津文化企业、数字产品输出，利用京

津冀大数据创新应用中心等机构承担数字文化产品储存、播发、交易等功能，夯实产业链基础，把京津冀地区打造成具有国际竞争力的国家级数字文旅产业承载区。

布局京津冀数字文旅创新链。建设京津冀数字文旅创意产业园，打造文旅创意发展平台，通过创建孵化中心和创新实验室，为有志于数字文旅领域的创业者和小企业提供试验场和平台支持，从人才储备、资金扶持等多个角度给予优惠政策，优化营商环境，鼓励开发具有创新性的产品和服务。发挥产业园区的集聚效应，引进和培育元宇宙、Web3.0等高科技头部数字文旅企业入驻，并以磁石效应汇集数字内容开发、视觉设计、策划和创意服务等关联领域企业，营造良好的数字文旅创意产业生态。

整合京津冀数字文旅交易链。建立健全文旅数据交易制度，挖掘文旅数据潜在价值。完善京津冀数字文旅数据共享机制，推动资源的优化配置和深度整合。建设京津冀文旅大数据分析应用平台，通过京津冀智能算力中心、京津冀大数据创新应用中心等机构对文旅康养、文旅休闲娱乐、文旅体产业、文旅消费、文旅房地产等数据进行采集、存储、分析，在大数据交易中心成立文旅数据流通交易专区，将经过筛选的文旅数据以单独或综合数据包的形式进行交易，形成涵盖"数字化采集—网络化传输—智能化计算—规范化交易"的文旅数据交易链条。

（二）促进京津冀数字文旅资源融合，打造京津冀数字文旅新平台

搭建京津冀数字阅读平台。人民对文化需求的不断增长为数字阅读产业带来了新的发展机遇，北京是中国四大古都之一，天津拥有独特的津派文化，河北是华夏文明的重要发祥地，数千年的历史形成了丰厚的区域文化。建议搭建京津冀数字阅读平台，引入人工智能模型，为作者提供创作、数据运营等辅助服务。鼓励创作者结合京津冀特色历史与传奇人物故事，挖掘历史珍馐，创作原创作品，培育原创 IP，发展数字阅读产业。

搭建京津冀数字文创平台。将京津冀传统文化数字化，形成多产业联动。支持鼓励国家动漫园公共技术平台等对京剧脸谱、杨柳青年画、泥人张等传统民间艺术品进行数字化描摹，将传统文化中的人物、动物等元素以动漫形式展现。鼓励创作者结合京津冀特色历史与传奇人物故事，创作电影电视作品、动漫、游戏等，并与泡泡玛特、TOPTOY 等文化企业合作，进行玩具、盲盒等文

化创意衍生产品的开发、设计与生产。鼓励博物馆、图书馆等文化机构授权其他企业、平台，设计制作展品、图书相关文化周边产品和数字人模型等，通过直播的方式在数字平台对京津冀相关数字文创产品进行宣传、销售，多产业联动助力京津冀数字产业向规模化、品牌化、特色化发展。

搭建京津冀数字旅游平台。将京津冀旅游元素融合，建设京津冀旅游资源数据库，搭建智慧交互型旅游平台，将三地旅游资源统筹规划、统一标准、数据共享、协同发展。在乐游京津冀一码通的基础上，完善京津冀文旅数字平台，除文化场馆、旅游景点、酒店信息外，充实北京、天津、河北当地餐饮、娱乐、游客评价等信息。建立涵盖管理、监督、预测、分析等模块的监管平台，运用大数据、数字孪生等技术建立风险预警系统。加强对用户行为数据的分析和利用，更准确地把握游客的需求和偏好，提供更加个性化和精准化的服务，如根据用户出行规划定制个人出行 VR 地图场景等。

（三）促进京津冀文旅产业虚拟与现实融合，打造京津冀数字文旅新场景

打造文化场馆漫游交互式体验场景。实施传统文化场景集成创新工程，提升博物馆、图书馆、美术馆、文化馆等的数智化水平。构建 3D 数字空间，拓展 VR 数字游览场景，通过实景三维技术在数字平行世界重建历史文化场景，营造交互式空间。打造真人形象克隆、3D 卡通形象、3D 写实风格、AI 虚拟主播等多模态数字人导游和服务场景，开发交互式数字人和相关趣味小游戏，增强与用户的线上互动性，并为现实体验式场景引流。针对用户阅读规律和喜好，集合碎片化时间，为用户定制个性化数字图书馆场景。

打造历史文化虚拟沉浸式体验场景。场景设计融入更多京津冀文化元素和历史背景，使游客在体验过程中不仅能够感受到视觉和听觉的愉悦，还能深入了解京津冀地区的文化和传统。运用互联网、大数据、云计算等技术，建立数字文化特色主题公园，布局沉浸式体验场景和智能互动场景。以传统历史建筑为核心，利用裸眼 3D、数字孪生、虚拟现实（VR）、增强现实（AR）等技术构建虚拟街区，发展智慧商圈，打造商旅文体融合的新型消费空间。注入 IP 内容生产、文旅直播，引进电竞文化、游戏体验、电商直播、音乐互动体验等新型文化创意模式，布局多场景沉浸式体验空间。

（四）推动行业标准的制定和实施，培养具备数字文旅相关知识和技能的复合型人才

充分利用现代信息技术，如大数据、云计算和人工智能等技术，建立跨部门、跨行业的京津冀协作平台，共同制定涵盖技术标准、服务标准和管理标准等多个维度的评价体系。通过税收减免、资金支持、荣誉表彰等方式鼓励行业头部企业积极参与标准的制定和执行。加强行业监管，定期对标准进行评估和更新，以适应文旅数智化行业的快速变化。通过定期检查、质量认证和违规处罚等措施，确保标准执行的严格性和有效性，以促进行业健康有序发展。

在京津冀高等学校、高职院校中增设数字文旅相关专业课程，鼓励跨学科学习研究，培育熟悉旅游学、信息科学、艺术设计等多领域知识的跨学科复合型人才，以期在文旅数智化领域产生更多融合创新。鼓励开设数字文旅相关专业学校与京津冀文旅企业合作，让学生在实践中获得实际操作经验。通过政府和行业协会组织的定期培训和研讨会，为在职人员提供更新知识技能的继续教育机会。建立人才激励机制，通过奖学金、研究资助和职业发展路径规划等措施吸引和留住优秀人才，为文旅数智化行业的持续发展提供坚实的人力资源支撑。

参考文献

［1］《2023 年北京市文化和旅游统计公报》，北京市文化和旅游局，2024 年 7 月 5 日，https：//whlyj. beijing. gov. cn/zwgk/tzgg/202407/t20240705_3739877. html。

［2］《北京 5G 发展继续领跑全国，副中心是标杆区域通州 5G 基站年底达到 6 700 个》，载于《北京城市副中心报》，2024 年 6 月 7 日，https：//www. bjtzh. gov. cn/bjtz/fzx/202406/1715785. shtml。

［3］陈滢：《数字文化产业特色化发展的机遇及路径——以天津为例》，载于《北方经济》2022 年第 7 期。

［4］河北省统计局、国家统计局河北调查总队：《河北省 2023 年国民经济和社会发展统计公报》，2024 年 3 月 1 日，http：//www. hebei. gov. cn/columns/3bbf017c - 0e27 - 4cac - 88c0 - c5cac90ecd73/202403/06/c5cd8698 - 2ec9 - 40d5 - 9a4b - 5f4128266b0d. html。

［5］刘畅：共建共享大数据分析体系为旅游业深度融合注入新动能，载于《天津日报》，2024 年 6 月 13 日。

［6］天津市统计局、国家统计局天津调查总队：《2023 年天津市国民经济和社会发展统计公报》，2024 年 3 月 18 日，https：//www. tj. gov. cn/sq/tjgb/202403/t20240319_6564208. html。

［7］吴巧君：《人工智能：天津发展新质生产力的路径与引擎》，载于《天津日报》，2024 年 6 月 16 日。

［8］《〈中国综合算力指数报告（2024）〉河北省综合算力指数跃至第一》，载于《经济观察报》，2024 年 9 月 29 日，https：//news. qq. com/rain/a/20240929A02QJE00？media_id&suid。

促进京津冀生命健康产业一体化和链群化发展研究

邹玲芳 *

摘　要：随着京津冀协同与生命健康产业融合发展，京津冀生命健康产业取得了长足进步。依托产业链和创新链的深度融合，推动京津冀生命健康产业集群持续壮大。2022年，"京津冀生命健康产业集群"获批成为国内唯一跨省（市）联合建设的先进制造集群，与长三角、珠三角地区成为我国生命健康产业发展的三大主要集聚地。本文一方面对京津冀生命健康产业集群发展的现实需求和推进基础进行总结，分析了产业集群发展面临的制约因素；另一方面对京津冀与先进地区发展生命健康产业链群化的发展模式和成功经验进行了分析比较，并从京津冀加快推进生命健康产业的一体化和链群化发展、构建生命健康产业全产业链生态体系的角度提出若干建议。

关键词：生命健康产业　京津冀　一体化　链群化

京津冀协同发展战略的实施及《"健康中国2030"规划纲要》的制定提升了生命健康产业的战略地位。京津冀积极布局生命健康产业，提升生物医药与健康产业的融合与升级态势，进一步促进经济结构转型升级，成为京津冀区域新的经济增长点。京津冀生命健康产业发展的市场潜力较大，产业规模不断增长，呈现出高科技化、精准化、智能化、融合化及国际化的发展趋势，这对京津冀生命健康产业的创新发展提出了更高要求。在京津冀协同与生命健康产业融合发展格局中，应发挥三地资源优势，实现生命健康产业链的一体化和链群化融合，引领京津冀区域的生命健康产业集聚，逐渐向生命健康产业的医疗医药研发生产、智慧医疗、康养服务等关联领域拓展，形成具有较强创新能力的

---

* 邹玲芳，河北省社会科学院经济所副研究员，主要研究方向为产业经济。

京津冀生命健康产业链群，推动京津冀区域经济高质量发展。

一、京津冀生命健康产业发展的现实基础

（一）京津冀生命健康产业集群初具规模

京津冀抓住协同发展与《"健康中国 2030"规划纲要》实施的机遇，推进区域医药、医学资源、人力资源、自然禀赋与健康产业的发展，生命健康产业中的主导产业如生物医药产业、中医药产业、智慧医疗产业、康养产业的规模总量、企业数量均已进入快速发展阶段。

1. 北京生命健康产业创新优势突出

北京经济发展基础好，居民购买力较强，医疗资源和健康产业创新资源丰富，拥有众多实力雄厚的医疗机构和大量高端人才，聚集了许多健康产业和龙头企业。一是北京生命健康产业中的优势产业主要是生物医药产业、医药研发外包服务业、健康服务业。2023 年，北京医药健康产业实现营业收入 9 761 亿元，较 2022 年增长 9.48%，为实现万亿级产业跃升奠定了基础。[①] 二是北京产业布局形成了"一南一北、各具特色"的生命健康产业空间发展格局。南部的生命健康产业集中在北京经济技术开发区和大兴生物医药基地，通过生物医药、医药研究、医疗服务及医疗器械等产业和项目集中布局，提升生物医药高端制造产业的聚集优势。北部包括中关村生命科学园以及海淀区、昌平区的研发创新中心，发挥中关村生命科学园在医药健康基础研究和前沿技术中的科研优势，形成对生命健康产业基础研发的支撑。

2. 河北生命健康产业基础优势明显

河北省地理位置优越，工农业基础优厚，还拥有张家口、白洋淀、北戴河等优质康养资源，同时拥有生物医药产业集群，具有发展生命健康产业的优势。一是河北生命健康产业的优势产业主要包括医药医疗制造业、中医药产业、康养产业。2023 年，河北生物医药产业营业收入达到 1 247.04 亿元，同比增长 2.5%，高于全国医药制造业 12.5 个百分点。[②] 二是河北生命健康产业

---

① 张璐：《北京：推动医疗大模型开发和落地应用》，载于《新京报》，2024 年 6 月 7 日，http://epaper.bjnews.com.cn/html/2024-06/07/content_844824.htm。

② 《生物医药产业向"新"提"质"》，载于《河北经济日报》，2024 年 6 月 7 日，http://gxt.hebei.gov.cn/shouji/xwzx12/mtzb54/954844/index.html。

主要集中在石家庄、沧州、保定、秦皇岛、廊坊等地区。其中，石家庄依托自身雄厚的基础条件，构建起高新区生物医药核心区。石家庄的生物医药产业规模占全市规上高新技术产业的比重超过60%，形成了以石药集团、以岭药业、华北制药、石家庄四药、神威药业等为龙头的生物医药产业发展集群。三是河北生命健康产业发展各具特色。首先，以环首都生命健康产业聚集区为支撑，打造环京津康养产业圈。其中秦皇岛的北戴河生命健康产业创新示范区是国家在北方布局的唯一一个国家级生命健康示范区，也是国内唯一一个涵盖"医、药、养、健、游"全产业链条的生命健康产业园区。四是加强中医药产业在生命健康产业中的传承创新发展。河北实施"扁鹊计划"，挖掘利用河北中药材产业区和中医药文化资源，推动中医药文化产业与休闲旅游、康养保健深度融合，推进建设生命健康产业园和示范区。保定安国现代中药工业园区的主导产业包括现代中药和保健食品。

3. 天津生命健康产业发展竞争优势持续提升

天津的经济发展基础较好，具有制造业突出、生命健康产业资源丰富的优势。一是天津生命健康产业优势集中在健康制造业和医疗健康科技领域。2023年，天津生物医药产业营业收入超过970亿元；产业规模以上工业企业200余家。[1] 二是产业总体布局较为分散，主要在经济技术开发区、静海区和北辰区聚集，形成了以滨海新区为核心，武清医疗保健产业园、北辰现代中药产业园、西青现代医药产业园、天津开发区西区生物医药产业园、天津健康产业园等各具特色的发展格局。

（二）生命健康产业集群壮大，集聚效应显现

京津冀已基本实现原料药、化学药、生物药、医疗器械和第三方服务等产业链全覆盖，同时京津两地的医药、护理和生物工程等专业科研院所以及科教和文卫资源等创新链不断升级，为三地生物医药协同合作、开展跨区域联合培育生物医药产业集群提供有力支撑。一是生命健康产业集群逐步壮大。2022年医药工业总产值超过4 000亿元，占全国比重超过20%。[2] 二是集聚效应显现。充分发挥科技创新和产业发展资源富集优势，推进产业由集聚发展向集群

① 《好政策打造天津"沃土"助推生物医药产业茁壮成长》，天津市工业和信息化局，2024年10月21日，https：//gyxxh.tj.gov.cn/ZWXX5652/GXDT9285/202410/t20241021_6756992.html。
② 曹雅丽：《协同合作 打造京津冀健康产业创新和先进制造高地》，中国工业新闻网，2023年11月29日，https：//www.cinn.cn/p/276635.html。

发展，集聚效应显现。京津冀作为国家级生物医药产业集聚区，主要包括北京昌平生物医药产业园、北京大兴生物医药产业基地、天津经开区生物医药产教联合体、京津冀特色细胞谷以及石家庄生物医药产业园。其中，中关村大兴生物医药产业基地引聚企业 600 余家，[①] 成为北京打造生命健康领域千亿级产业集群的支柱力量。

（三）产业发展链条融合延伸，链群培育初见成效

京津冀充分利用生命健康产业发展中的医药医疗资源、卫生临床资源、中医药资源以及人才集聚等优势，加强三地生命健康产业链上下游配套协作，补齐产业链短板，助力更多生物医药产业的创新成果、服务平台在京津冀落地。一是产业发展链条融合延伸。2023 年，京津冀发布了生物医药产业链图谱，进一步促进构建京津冀生命健康产业的创新链、产业链、供应链融合体系。以京津冀生命健康产业龙头企业为支撑，推动区域内原料药等传统产业、创新药械等新兴产业补链强链。2023 年，北京医药健康产业上市企业已达到 84 家，[②] 为产业的发展奠定了基础。石家庄国际生物医药园以生物医药产业为主导，已形成包含研发、孵化、产业化、销售、配套服务等环节的全产业链条。截至 2023 年，石家庄市拥有生物医药企业 1 299 家，其中石药、华药等营业收入超 10 亿元的企业有 17 家。[③] 二是链群培育初见成效。京津冀加快产业链和创新链、价值链等多链融合。2024 年，京津冀·沧州生物医药产业园内集聚了北京企业 36 家，天津企业 9 家，河北企业 12 家，[④] 初步形成"医药中间体 + 原料药 + 制剂"产业链条，已投产原料药产品 100 余个。

（四）产业创新体系日益完善，科技与数字化赋能

京津冀持续推进区域内创新策源、技术转化和先进制造的协同发展，以科技和数字化赋能拓展新业态、新产业、新服务，实现产业数字化转型，促进全产业链创新发展。一是产业创新体系逐步完善。京津冀生命健康产业注重产业

---

① 《建设具有国际影响力的"中国药谷"》，北京市大兴区人民政府，2023 年 3 月 15 日，https：//www. bjdx. gov. cn/bjsdxqrmzf/zhyw/dxdt13/2023582/index. html。

② 田杰雄：《北京医药健康产业冲刺万亿级，产业规模增速达 9.48%》，载于《新京报》，2024 年 11 月 14 日，https：//www. bjnews. com. cn/detail/1731549449129154. html。

③ 《石家庄生物医药跃上千亿量级》，河北新闻网，2024 年 1 月 29 日，https：//hebei. hebnews. cn/2024 –01/29/content_9133695. htm。

④ 杨文、郭方达：《"链"上融合 京津冀产业链澎湃新动能》，载于《经济参考报》，2024 年 10 月 25 日，http：//www. jjckb. cn/20241024/ebfd418fbb0a49919c134b9b261c46cf/c. html。

链关键环节和重要产品持续创新，推进新一代抗体、细胞与基因治疗、数字医疗等创新研发形成集聚，提升高端医疗设备的生产制造水平。北京的研发创新能力处于国内前列。2023 年，京津冀生命健康产业共获批国家一类新药 17个，创新型医疗器械 60 个，"小巨人"企业 82 家，国家级技术创新平台 33家。其中，北京获批上市的创新医疗器械有 50 个，AI 三类医疗器械产品有 31个。① 河北的创新产业体系以创新药、抗体药、现代中成药和医疗器械为主。2023 年度中国医药工业百强榜，河北的石药、华药、以岭、神威、石家庄四药位列其中，体现了河北医药产业创新优势。二是科技与数字化赋能。首先，北京依托生物医药、医疗器械领域高端研发的优势，以科技赋能，加快人工智能技术、脑机接口等前沿科技的开发和应用，丰富产业发展渠道。其次，河北加快数字化赋能，助力传统医药产业发展新业态。2024 年，河北安国在中医药领域以数字化赋能，启动"京津冀（安国）中央云药房"项目，通过 AI 赋能的数智化大平台建设，将形成集数字化交易、品种保供、全程溯源质控、物流配送、信息化管理于一体的创新平台，加速构建中医药健康服务新业态。

（五）区域政策协同联动不断深化，康养产业快速发展

一是区域政策协同和联动不断深化。京津冀生命健康产业通过深化区域政策协同联动，探索建立区域政策协同、信息联通和监管联动等产业管理协调机制，同时推进共建产业园区、创新联盟以及产业投资基金等多方面建设，不断放大京津冀生命健康产业一体化和链群化的溢出效应。京津冀生命健康产业发展模式更加注重加强创新与"三医联动"的协同，着力壮大医药、医疗器械、康居养老等基础板块，延伸生命健康产业链群。二是康养产业快速发展。随着"三医联动"的协同推进，京津冀加强医联体建设，推行三地一卡通，区域内的医疗保障逐渐实现京津冀一体化就医，有效推进了京津冀地区医疗服务协同发展，也促进了环京津康养产业发展。2024 年，京津冀医疗联合体增至 70 个，② 跨区域医联体平台的建设实现了河北设区市全覆盖。河北实施协同养老示范带创建行动，打造京津冀康养产业示范区。其中，北戴

---

① 曹雅丽：《协同合作 打造京津冀健康产业创新和先进制造高地》，中国工业新闻网，2023 年 11月 29 日，https：//www.cinn.cn/p/276635.html。

② 耿建扩、陈元秋：《河北：京津冀医联体实现 11 个设区市全覆盖》，光明网，2024 年 4 月 19日，https：//m.gmw.cn/2024－04/19/content_1303716826.htm。

河阿卡康养小镇、涞源白石山温泉康养小镇已经入选康养产业的全国示范案例标杆项目。

二、京津冀生命健康产业发展面临的制约

（一）区域协同治理体系待完善

一是政策体系不健全。生命健康产业协同发展的相关政策制度以及配套服务体系不健全，在实践中依然存在政策制度设计问题和具体操作性不强问题。二是长效机制还未建立。产业链和创新链的跨区域合作机制主要面对短期目标或单一产业链规划，缺乏全产业链的长效发展机制，如跨区域税收、产值利益共享机制还在探索中，京津冀深度协同的一体化发展格局还没有形成。三是京津冀跨区域管理机制有待深化。京津冀生命健康产业要合理规划产业布局与规划衔接，整合区域产业资源，深化跨区域管理机制。北京·沧州渤海新区生物医药产业园以"共建、共管、共享"的原则建立，开启了生产在河北而管理在北京的跨区域管理产业的实践创新。

（二）创新链和产业链融合衔接待提高

一是产业链有待继续延伸。京津冀生命健康产业链虽然涵盖了生物医药、医疗器械、中医药、智慧康养、健康管理等诸多领域和企业，但产业链上下游企业、产业的资源分布较为分散，产业集群的配套和协作关系不够紧密，区域间产业链的割裂状态依然存在，产业链有待继续延伸。二是创新链有待深度融合。在创新资源方面，京津冀三地存在较大梯度，相较于京津两地，河北省的创新资源明显不足。生命健康产业链与创新链融合度不够高，如河北传统龙头药企的营收贡献占比大，创新企业的数量与质量在创新链中还处在中低位。受限于创新实力不足、资源不对等、协同度不够等因素，京津冀生命健康产业实现创新链跨界融合存在一定困难。

（三）龙头企业带动效应待强化

一是龙头企业带动效应有待强化。一方面，京津冀地区生命健康产业园区布局较为分散，共享平台较少，不同产业园区之间以及企业间的联系与合作不够紧密，产业聚集效益较弱，无法实现资源流动与共享。河北较大规模的医药

产业园区只有石家庄和渤海新区等少数医药产业园，缺少龙头企业带动效应，集聚效应没有发挥出来。另一方面，龙头企业引领作用有限。龙头企业的引领对促进人才、技术、资金、数据等创新要素向企业集聚有重要作用。截至2023 年，河北的生物医药规上企业达到 470 家，[1] 但具有影响力的龙头企业和上市公司较少，对产业发展的引领作用有限。二是跨界融合有待拓展。生命健康产业集群要充分发挥自身优势，实现医疗资源和科技资源共享，同时带动相关产业跨界融合发展。但京津冀生命健康产业存在融合不够、行业之间相互割裂、多元化发展不足等问题，跨界融合有待拓展。

三、长三角生命健康产业链群发展的经验和启示

（一）长三角生命健康产业链群发展现状

长三角地区经济发展与都市圈融合水平居全国领先地位。生物医药产业方面，长三角地区生物医药产业产值接近全国的 30%。长三角生命健康产业依靠良好的产业基础和不断完善的产业链条，已形成以上海为核心，江苏、浙江为两翼的生命健康产业布局。从区域产业分布看，上海市生物医药企业数量占长三角地区的 40.43%，苏、浙两省的占比分别为 35.27% 和 19.92%，安徽省占比为 4.38%。[2]

1. 上海市生命健康产业发展

上海市作为长三角地区生命健康产业链群的领军者，创新生态完备，在上市企业数量、技术创新平台数量、医疗临床试验资源和研发投入力度等多个指标上居于国内领先地位，对于长三角生命健康产业发展具有重要的引领和带动作用。上海市聚焦抗体药物、细胞治疗、创新化药、研发外包等领域，形成"聚焦张江、一核多点"的发展格局，成为我国生物医药产业创新高地。2023年上海生物医药产业规模为 9 337 亿元，同比增长 4.9%。[3]

---

① 袁立朋：《河北生物医药产业：以新引领 以质赋能》，载于《河北经济日报》，2024 年 4 月 1 日，http://www.hbjjrb.com/system/2024/04/01/101298807.shtml。

② 长三角与长江经济带研究中心：《2023 年长三角生物医药产业链、布局及现状分析》，2024 年 4 月 28 日，https://cyrdebr.sass.org.cn/2024/0428/c7514a569094/page.htm。

③ 上海市科学技术委员会：《对市政协十四届二次会议第 0176 号提案的答复》，2024 年 11 月 6 日，https://www.shanghai.gov.cn/gwk/search/content/06cf3135ba8b4d1dac40a2c2af73f39f。

2. 江苏省生命健康产业发展

江苏省凭借雄厚的经济基础和强大的科研能力，一直积极探索医疗康养结合、智慧养老等康养产业发展创新路径，同时维持着高水平的健康养老投入。医药方面，江苏省聚焦生物药、创新化药、中药、医疗器械等领域，医药产业综合实力强，产业规模全国领先，门类体系完整齐全，企业竞争能力强，重点区域特色鲜明。2023年江苏生物医药产业产值达4541亿元，产业规模占全国的14.8%。[1]

3. 浙江省生命健康产业发展

浙江省坚持推进中国科学院杭州医学研究所、良渚实验室、浙江大学等创新平台建设，培育医药龙头企业，形成涉及生物医药、化学药、中医药以及医疗器械的完整产业链，生物医药产业总规模处于全国第一梯队。2023年，浙江省生物医药产业全年实现营业收入2629亿元；2023年度中国医药工业百强榜中，浙江省共15家企业上榜，上榜数首次居全国第一，呈现出较好的发展韧性和活力。[2]

4. 安徽省生命健康产业发展

安徽省正着力构建国内领先的现代医药产业体系，重点推进以亳州现代中药、阜阳太和现代医药、合肥生物医药等为代表的产业基地建设。2023年亳州现代中医药产业规模达1852.5亿元，同比增长11.3%；规上医药制造业产值426亿元，同比增长19.5%。2024年，亳州入选国家中医药传承创新发展试验区。[3]

（二）推进生命健康产业链群发展的经验和启示

1. 精准政策提供长效支持，区域协同助力产业发展

一是精准政策提供长效支持。为了促进长三角地区生命健康产业链群化发展，各省市均出台相应政策予以支持。例如，上海市2022年10月出台《上海市加快打造全球生物医药研发经济和产业化高地的若干政策措施》，明确了上

---

① 江苏省药监局办公室：《省药监局承接生物医药工程评审工作》，2024年8月14日，https：//www.jiangsu.gov.cn/art/2024/8/14/art_84323_11331533.html。
② 浙江省经济信息中心：《医学科技创新"浙江生态"是如何培育的》，2024年7月20日，https：//zjic.zj.gov.cn/zkfw/szhfn/202407/t20240705_22520776.shtml。
③ 安徽省科学技术厅：《安徽因地制宜发展新质生产力》，2024年11月30日，https：//kjt.ah.gov.cn/kjzx/mtjj/122601631.html。

海2025年初步形成全球生物医药研发经济和产业化高地发展格局，2030年进一步凸显高地地位的基本目标，针对研发经济规模、地位以及创新药、医疗器械等方面也提出了基本要求。二是区域协同助力产业发展。长三角为加快生命健康产业区域协调发展，围绕基本目标和要求，提出并实施了关于提高创新能力、研制创新药品、引进创新型总部、建设孵化平台、促进相关生物医药知识产权交易等众多具体措施。江苏省2024年1月印发《进一步完善医疗卫生服务体系实施方案》，明确了健全分级诊疗制度，强化医保政策支撑，促进医保、医疗、医药协同发展和治理，以及大病不出省等目标，在妇幼养老健康网建设、医防协同与急救体系、医疗服务连续性与质量控制、人事制度与薪酬设计、医保政策支撑等诸多方面提出具体的方案与措施。各地政府多措并举，出台政策提供长效、全方位、全流程的保障与便利，推动长三角地区生命健康产业结构升级和链群化发展。

2. 跨区域医卫协同助力产业链群迸发活力

一是整合医疗资源，推进跨区域医卫协同。为了加快整合优质医疗资源，长三角四地超百家医院组建了社会团体"长三角城市医院协同发展战略联盟"，提高医疗同质化管理水平的同时，加快了区域医卫协同发展。逐步实现分级诊疗、区域医联体、转诊互通等机制，旨在实现资源共享、优势互补与合作共赢。二是以产业跨界融合聚合产业链群。首先，中医药产业方面，长三角地区在发展中医药产业的过程中坚持以区域协同合作与利益共享为核心，发挥中医药龙头企业的带动作用，搭建品牌化、国际化的交流平台，提升长三角地区中医药产业的影响力。其次，康养产业方面，长三角地区各省市先后签订了《长三角区域养老合作与发展·上海共识》《长三角区域养老一体化服务协作备忘录》《深化长三角区域养老合作与发展·合肥备忘录》等多份康养合作协议，旨在加强区域间的服务资质互认、标准互通，为解决异地养老问题、人才培养、产业发展等多方面的合作提供便利。2024年11月，首届长三角康养产业发展研讨会在安徽省举办，多方签署了打造生态康养游精品线路倡议书，创新实践康养项目、文旅资源的跨界融合，助力区域生命健康产业链群化发展。

3. 核心区域引领，聚集资源与技术

一是强化核心区域引领。长三角地区以上海为支点，依托优越的地理位置和经济高地地位，充分利用各类资源优势，发展成为我国较完善的区域生命健

康产业集群。上海市积极引进创新型医疗总部以及大型医疗企业与机构入驻，世界医药、医疗器械企业前 20 强中的 16 家选择在上海设立区域总部或研发总部，① 上海已成为世界各地药企进入中国市场的重要站点。二是聚集资源与技术。长三角地区汇集众多聚焦于细分领域产业技术的园区，如上海张江生物医学园、虹桥国际医学中心、苏州生物医药产业园以及杭州医药港等创新药研发和产业化高地；医疗器械方面则有上海国际医学园、江苏医疗器械科技产业园。产业园区分工明确，助力长三角生命健康产业链群化发展。三是长三角地区依托自身丰富的文旅资源，积极探索多产业多模式融合发展，打造生态康养游精品线路，与当地的旅游业形成良好配合。

四、京津冀生命健康产业一体化和链群化发展策略

（一）深化产业协同合作，推进产业一体化发展

一是优化京津冀生命健康产业布局。京津冀应充分利用生命健康产业的区位、政策、空间等比较优势，有序推进产业升级与区域间梯度转移，形成以北京为产业轴心、天津与河北协同发展的区域格局。北京主要集聚生命健康产业的企业总部以及创新研发、市场准入等部门，充分发挥高端人才、创新资源、资金支撑等优势。天津和河北集聚的药企致力于中试放大、医药医疗的研发生产以及仓储贸易，进一步利用在土地、劳动力和产业环境等方面的优势。其中，河北作为京津生物健康产业转移的承接地，具备产业基础优势、资源优势和成本优势。自京津冀协同发展战略实施以来，河北省吸引了汽车、医药、新材料等疏解项目，2024 年上半年，河北省吸纳京津技术合同成交额 371.2 亿元，同比增长 52.6%。② 二是共建协同创新载体与平台。京津冀通过共建协同创新载体与平台，构建生命健康产业一体化生态，实现区域产业创新合作，放大区域协同集聚效应。通过共建协同创新基地、共建产业园区、共建创新联盟、共建产业投资基金等协同创新载体与平台，强化区域生命健康产业资源的整合及扶持，为深化与京津冀生物医药产业的协同合作和一体化发展提供支

---

① 龚雯：《上海生物医药产业总规模达近 9 000 亿元》，新华网，2023 年 10 月 7 日，http://www.news.cn/local/2023－10/07/c_1129903203.htm。
② 潘文静、冯阳：《纵深推进，京津冀协同发展动力澎湃》，载于《河北日报》，2024 年 11 月 13 日，https://hbxw.hebnews.cn/news/489313.html。

撑。京津冀三地正共同推进北京·沧州渤海新区生物医药产业园、天津·沧州渤海新区生物医药产业园建设。

（二）打造全产业链和强链补链，引领产业链群化发展

京津冀产业协同发展的重点是以"六链五群"为突破领域，推进京津冀产业链、创新链、供应链三链融合，激发区域经济的整体活力。一是以打造生物健康全产业链为核心，壮大产业集群规模和能级。京津冀生命健康产业已初步形成产业链群，各具优势领域。北京在生物药、医疗器械领域优势明显，天津在化药和中药领域形成规模，河北省主要布局在中药创新药、高端原料药、疫苗及佐剂等领域。应充分利用三地在生命健康产业发展中的特色资源优势，强化协同联动，打通产业链上下游，促进大中小企业在产业链群中融通发展，打造生物健康全产业链。继续推进化学原料药、中药领域的产业链群建设。化学原料药领域的产业链群通过石家庄、沧州环渤海沿岸、天津经开区等串联形成；中药领域的产业链群主要围绕北京大兴、天津西青、河北石家庄、保定安国等建立。二是推动重点领域强链补链。以京津冀生物医药产业链为基础，推动重点领域延链补链强链。聚焦生物药、化学药、中药、医疗器械产业等重点领域，打造产业子链条，增强产业链供应链的韧性和安全。细化实施产业链政策，通过一链一策，支持链主企业在京津冀区域跨链融合发展，带动产业链配套企业就近布局。加强在组织企业技术攻关、联合招商引资以及企业梯队培养等配套工作的推进力度，推动京津冀生命健康产业聚链成群。

（三）以产业链跨界融合，拓展医养、数字化新业态

一是跨界融合，拓展新业态。积极把握生命健康产业创新、跨界融合的发展趋势，构建环京津康养产业新格局。鼓励康养产业与医疗、文化、旅游、体育等领域融合，延伸产业链，培育多业态深入融合的京津冀康养综合体。一方面，推进区域康养产业发展。现阶段河北正构建环京 6 市 24 县养老核心区，秦皇岛、唐山、石家庄高铁 1 小时养老服务圈，燕山、太行山、沿海康养休闲产业带的"一区一圈一带"康养产业发展格局。另一方面，拓展新业态。保定市通过建设国际医疗基地，加强与京津医疗机构合作，打造国家生命健康产业创新示范区，促进医疗服务、医美、保健食品、智慧医疗等相关产业融合发展，形成生命健康产业的新业态。二是强化科技赋能，推进产业数字化转型。通过生命健康产业与互联网、大数据、云计算和智能硬件等新技术的融合，培

育生命健康产业新业态。围绕生物医药产业链建设在线数字化平台，创新资源的虚拟集聚，实现区域内资源实时共享，帮助园区内企业提升创新效能，实现生物医药产业数字化转型。推动人工智能、大数据、大模型在医药、医疗、养老、医疗器械等医疗健康领域的应用。聚焦"AI + 新药研发"和"AI + 医疗器械"两大核心领域，推动智能医疗场景化试点应用。加速培育数字化赋能生命健康产业的新途径，构建京津冀生命健康产业数字化产业链。

（四）以产业链群协同联动机制强化，增强产业发展动力

一是建立和完善京津冀重点产业链协同机制。共建产业协同联动机制，实行产业链"链长制"，形成国家、省市、部门以及企业等协同联动体系。2023年，京津冀启动了三地共建产业集群工作机制，着力解决行业共性问题，创新优化审批服务，补充完善三地产业链配套，形成产业链群协同创新的良好生态。二是构建促进协同发展的政策机制。加快管理职能协同协作，进一步完善生命健康产业项目、技术服务平台建设落地的资金、空间、人才等方面的配套措施。推动实现企业资质标准互认互信，优化税收政策，创新跨区域利益共享机制。2023年7月，河北省出台《关于支持生物制造产业发展若干措施》和生物医药产业"1 + 3"政策措施，加快河北生命健康产业创新驱动的进程。由三地联合发起的"京津冀基础研究基金"持续运作，为区域企业的基础研发、科研成果转化提供助力。三是发挥产业协会、联盟等平台的服务功能。依托生命健康产业集群的协会、联盟平台，组织产业链群的专业会议、活动，是实现行业标准的制定、促进产业的探讨交流、协调管理、推介引导及对外合作等工作的有效途径。通过协会、联盟开展资源整合、产学研合作、项目招商引资等对接服务，加快由政府"定链"向市场"成链"的转变。2024年京津冀成立生物医药融合创新联盟，组织三地高校科研团队为生物医药产业提供服务。2024年10月，天津举办了京津冀产业链供应链大会，有力促进了生命健康产业协同创新、链式互通的进程。

参考文献

[1] 曹雅丽：《协同合作 打造京津冀健康产业创新和先进制造高地》，中国工业新闻网，2023年11月29日，https：//www.cinn.cn/p/276635.html。

［2］董微微：《京津冀生命健康产业发展的优势、挑战与对策》，载于《中国发展观察》2023 年第 5 期。

［3］高颖、周杨：《上海市生物医药产业发展对长三角城市的经验启示》，载于《安徽科技》2024 年第 9 期。

［4］胡丽华：《杭州医药港如何撬动万亿级目标？生物医药产业探索"链式＋集群"发展新模式》，载于《21 世纪经济报道》，2022 年 12 月 12 日。

［5］荆文娜：《生物医药产业集聚发展造就万亿市场》，载于《中国经济导报》，2023 年 6 月 17 日。

［6］李静、刘莉：《长三角地区中医药区域创新共同体的构建模式与路径探索》，载于《中国医药导报》2024 年第 21 期。

［7］马彦铭：《推动河北生物制造产业高质量发展》，载于《河北日报》，2024 年 12 月 11 日。

进一步推动河北省产品和服务融入央企产业链供应链的对策建议

苏玉腾 *

摘　要： 中央企业是我国现代化产业发展的牵引力量和重要力量，推动央地产业链供应链融合发展，是增强河北省产业链供应链韧性、提升安全水平、构建新发展格局的重要支撑。本文整理了先进省份推动本土产品和服务融入央企产业链供应链的先进经验及成功案例，分析了河北省产品和服务融入央企产业链供应链的难点问题、融入模式及路径，从打造央企产业链配套集成服务基地、加强政策扶持牵引本土企业"转靠要"、对标央企质量标准提升产品竞争优势、强化央冀企业合作常态化对接服务、搭建平台推动与央企的深化协同等方面提出对策建议。

关键词： 对接央企　产业融合　协同发展

河北省 2024 年政府工作报告中提出主动对接央企，让更多的河北产品和服务进入央企的产业链、供应链。现阶段，京津冀协同发展呈现新气象，与京津签署新一轮战略合作协议，形成更加紧密的协同推进格局，重点领域合作走深走实。河北省应坚持在对接京津、服务京津中加快发展自己，强化协同创新和产业协作。产业链供应链是动态变化的，实质上就是资金、劳动力资源、生产资料等众多要素的快速流动，而龙头企业的牵引带动作用尤为关键，能使上下游企业跟着动起来、活起来，央企是创新的重要源头，让河北省的优势产品与服务深度融入央企产业链供应链，将加快构建优势互补的区域创新链产业链供应链，提升区域协作水平，推动产业转移对接与转型升级。因此，研究如何

---

* 苏玉腾，河北省社会科学院经济研究所助理研究员，主要研究方向为区域经济学。

进一步推进河北省产品与服务深度融入央企产业链供应链，对于促进央冀企业合作、增强河北省产业发展活力具有重要意义。

一、全国先进省份推动本土产品和服务融入央企产业链供应链的先进经验及成功案例

（一）先进经验

1. 通过建立健全央地合作机制聚链延链

多地政府通过建立健全央地合作机制拓展合作领域，围绕拉长产业链深化合作，一是建立协同投资对接机制。如重庆市招商投资局设立"央地协同投资专业委员会（西南专委会）"，旨在通过央地携手合作，落实成渝地区双城经济圈建设国家战略，推动地方高质量发展，这类平台通过签署战略合作框架协议，在多个领域展开全面合作，共同推动区域经济发展。二是建立央地项目推进合作机制。如辽宁省建立领导联系联络重大项目机制，实行央地合作重点项目调度服务清单模式，推进省市县三级投资项目联动调度。三是建立中介机构推进对接机制。如山东省发挥省内外专业机构、商业协会和智库的作用，从产业、区域、市场等多角度开展产业链调研摸底，绘制产业链全景图谱，促进供需高效匹配，产销精准对接。

2. 通过共建相关平台载体引链固链

与央企共建平台载体，对于促进地方经济发展、加强央地合作、推动产业升级和技术创新具有重要意义。一是搭建央地交流合作平台。如福建省通过世界闽商大会、数字经济建设峰会、"9·8"投洽会等平台促进央地携手合作，推动央企项目在闽签约、落地、开工、投产，促进引链固链；山东省实施"十链百群万企"融链固链行动，聚焦重点产业链，支持以链主企业为主体梳理形成产业链供应链协作需求清单，分行业、沿链条遴选一批专注于细分市场、突破关键核心技术、具有核心竞争力的中小企业，形成产品供给和服务能力清单。二是组建央地企业合作联盟或协会。如江苏省镇江市搭建镇江央（国）企合作联盟，由驻镇央（国）企和镇江市属国有企业组成，旨在打造地市级央（国）企交流合作平台，通过信息资源互联互通，帮助企业解决成长中的烦恼，推动央企与地方国企在科技创新、产业协同、项目建设、人才交流、国际化经营等方面孕育更多的高质量合作成果。三是建设产业协同发展载

体。如苏州市由政企合作建立的长三角绿色智能制造协同创新示范区，旨在打造长三角一体化示范区排名前列的超大规模智能制造产业园项目，实现先进制造业、现代服务业落地与城市可持续发展充分融合。

3. 通过共建投标或创新联合体融链织链

一是通过组建投标联合体促进央地企业的产品融链织链。如浙江嘉兴在推进重大产业项目建设中鼓励央企、市外大型国企与本地企业组成联合体投标，加强企业间产品与服务的融合相嵌。二是通过央地企业共建创新联合体攻关技术难题，形成完整的产业链生态。如山东省推动央地企业共同研究解决产业链关键技术难题，推动"揭榜挂帅"现场对接；广东省、福建省、湖南省等地围绕重点制造业产业链，通过引入央企等龙头企业，合力推进关键核心技术攻关，带动上下游配套企业集聚发展。

4. 通过扶持本土企业"转靠要"植链共链

各省通过扶持本土企业"转靠要"（即向央企产业链配套产品转型、向央企需求靠拢、主动跑办争取与央企合作），提升与央企产品和业务的融合度。一是专精特新中小企业处于产业链供应链的关键环节，应积极扶持这类企业转型升级。如青岛市民营经济局出台了鼓励小微企业转型升级为龙头企业后提供配套零部件产品和技术的相关政策，对新增配套额达到 200 万元以上的项目，按新增配套额的 5% 予以补助，鼓励专精特新企业通过创新能力的不断提升来巩固产业链配套竞争力；浙江嘉兴海盐县工商联联合相关部门举办发展合作论坛，成立专精特新共富联盟，推动中小企业与央企优势互补、资源共享、合作共赢，促进地方经济高质量发展。二是建立供应链融通模式。由央企等大企业对配套中小企业在工艺技术、质量管理、标准体系等方面进行带动提升，双方高效协作，共同形成竞争优势。如江苏徐州经济技术开发区的工程机械产业链，依托全球化、智能化、绿色化供应链体系建设，打通采购、物流、生产、营销等环节，促进上下游同盟军业务高度协同与提升，鼓励供应商开展产品研发早期介入，带动工程机械领域中小企业不断提升技术水平，助力中小企业加快质量管控、数字化转型升级。三是推动解决企业融资难问题。如山东省组织供应链金融机构开展特色金融服务，对接龙头企业和专精特新企业资金需求，推介专属供应链金融产品，帮助企业降低成本；辽宁省安排专项资金支持氢能等清洁能源产业的发展以及新型储能示范项目的实施，推动能源结构转型和产业升级。

（二）成功案例

1. 中国商飞依托大飞机产业园促进全产业链集聚

中国商飞公司联合上海市启动了大飞机园规划建设，围绕飞机总装，梳理了发动机、机载系统、原材料、标准件、工装设备等多个领域的产业配套需求，已经实现了全产业链条集聚，形成了以主制造商为"集聚源"，以批产提速为"集聚力"的集聚发展模式。

此案例可借鉴的做法如下。一是由产业链引领带动。大飞机园以大飞机总装制造为牵引，以主制造商复材结构件配套为带动，从而形成产业集群。二是央地合作、联合体攻关。通过央地合作、联合体攻关，面向大型民用飞机产业化发展需求，加速推进国内企业突破关键核心技术，提升供应链关键核心环节的创新水平，加速推进产业集聚。三是全产业链集聚发展。以大飞机园为核心，向外辐射，实施圈层式深度产业布局，在全国范围内建立园区联盟，吸引供应商落户大飞机园，同时充分发挥各地产业发展的优势与特点，合作布局航空产业链供应商，形成航空全产业链发展的格局。

2. 青岛市民营经济发展局推动专精特新企业与龙头企业的对接合作

青岛市民营经济发展局围绕青岛市 24 条重点产业链和先进制造业产业链龙头企业，与专精特新企业持续开展对接活动，通过"链主"企业行、标杆企业行、高校院所行、融资机构行、服务机构行，解决了一批合作"中梗阻"的问题，推动专精特新企业实现进一步融链固链。

此案例可借鉴的经验做法如下。一方面是搭建平台为企业入链提供有力服务。建平台、用平台现已成为中小企业竞争成长的关键环节，只有不断搭建服务平台、强化要素供给，营造"灌木丛生"的成长环境，才能快速提升中小企业的竞争力。另一方面是加强政策落地。建立覆盖全市的企业政策服务专员队伍，依托青岛政策通平台政策服务枢纽，将政策服务延伸至区（市）、镇街，扎实做好政策宣传、解读和申报的辅导工作。

3. 广东省工业和信息化厅开展大中小企业对接活动，建立融通发展长效机制

广东省政府征集大型骨干企业及中小企业的需求，每年组织 5 次中小企业走进大型骨干企业活动，以及 5 场以上的大中小企业现场对接活动，为大中小企业提供现场交流和沟通的机会和平台，进行双方的需求匹配，然后通过行业

协会等纽带，不断加强彼此间的交流，使大中小企业达成更多合作，实现创新融通发展。

此案例可借鉴的经验做法如下。一是要定期开展需求调研，向有关企业发出供需情况调研问卷，了解企业的项目需求及合作意向，建立企业对接需求库。二是依托大企业整合各类创新要素资源，建立联合开发、优势互补、成果共享、风险共担的联合创新机制。联动以实体经济为主体的中小企业的技术、产品、业态等模式的创新，促进中小企业加快转型升级，增强竞争力，实现平稳健康发展。三是以行业协会为纽带和平台，形成企业对接的长效机制。

二、推动河北省产品和服务融入央企产业链供应链的难点问题

（一）产业基础与央企需求的匹配度不高

一是需求落差大。河北省本土企业的市场竞争力和品牌知名度不够高，与央企存在较大的需求落差，央企在选择合作伙伴时，更倾向于选择具有雄厚产业基础和品牌竞争力的地区。例如，一些央企选择与河北钢铁企业合作，看中的是其世界一流的生产线，但河北省在高新技术产业的承接能力上相对较弱，这限制了更多产品和服务的融入；二是产业结构差异。河北省的产业结构以传统产业为主，如钢铁、石化、装备制造等，而央企在产业链布局上更注重战略性新兴产业和先进制造领域。这种产业结构的差异使河北省的产品和服务在融入央企产业链时面临一定的挑战。

（二）企业技术和创新能力不足

河北省大部分企业的市场竞争力和品牌知名度不够高，技术创新能力相对较弱，缺乏与央企配套协作的能力，存在"接不住""融不进"的问题。一方面是部分企业的生产技术和能力有限，无法满足央企对产品质量的要求，难以进入央企的供应商序列；另一方面是企业的创新能力相对较弱，难以开发出具有核心竞争力的产品，现阶段很难承接央企提出的技术需求或技术攻关合作需求。

（三）合作机制与对接平台不完善

一是本土企业融入央企产业链的合作机制仍不完善。企业作为市场主体的

积极性尚未完全发挥，在与央企合作的过程中存在重点不明确、"一盘散沙""恶性竞争"等问题，影响了河北省产品和服务在央企产业链中的融入效果。二是央地企业融通激励机制还不健全。现阶段央企普遍缺乏系统吸纳当地企业融入自身供应链的机制，也缺乏在融通创新方面可以落地的实施政策，产业链中小企业培育支持路径不畅。三是缺少与央企的对接服务平台。与央企的接洽往往是战略性的合作，细化到产品和服务还有待强化。

三、河北省产品和服务融入央企产业链供应链的模式选择

（一）"央企链长 + 地方跟进 + 支撑保障"共建模式

对于央企在冀投资的重点项目，央企担任链长角色，负责统筹协调产业链上下游企业，协调推进重点产业链的发展；项目属地政府要加强跟踪服务，通过设立项目专班、提供"一对一"服务等方式，协调各方资源，解决项目实施过程中遇到的问题，推动本地企业的产品和服务融入项目建设，为重点项目提供全方位的支持和保障。此模式实施路径包括明确目标定位、建立合作机制、制定政策措施、加强人才培养、推动技术创新等。这种模式具备以下优势：一是促进产业升级，通过央企链长的引领作用推动产业链的技术创新和产业升级，提升产业链的整体竞争力；二是优化资源配置，地方政府和央企链长的合作能够优化资源配置，提高资源利用效率，促进产业链的协同发展；三是增强创新能力，共建模式能够集聚上下游企业的创新资源，形成协同创新机制，推动产业链的创新发展；四是提升服务质量，地方政府和企业链长的合作能够提升政府服务效率和质量，为产业链的发展提供更好的服务保障。

（二）"1 + 1 + 1 + N"融通发展模式

"1 + 1 + 1 + N"（政府 + 服务对接平台 + 央企 + 多家河北省企业）融通发展模式即政府提供政策支持及基础设施服务，引导和支持各方参与融通发展，服务对接平台作为桥梁和纽带，整合各方资源，提供信息交流、项目对接、融资支持等服务，为河北省企业的产品和服务融入央企产业链构建赋能体系，多方合力推动产业融合。在该模式中，政府扮演着重要的角色，负责提供政策支

持和引导，为各方合作创造良好的环境和条件。政府可以通过制定相关政策、提供财政补贴、优化营商环境等方式促进各方合作的顺利进行。对接服务平台是政府、央企和河北省企业的桥梁和纽带，负责收集和整理各方需求，提供信息交流和资源共享，促进各方的合作与交流。通过服务对接平台，可以更加高效地匹配各方资源，实现互利共赢。央企作为大型企业，具有雄厚的资金实力、先进的技术水平和丰富的管理经验。在该模式中，央企可以发挥自身优势，为河北省企业提供技术支持、管理咨询和市场拓展等方面的帮助，推动河北省企业的转型升级和高质量发展。河北省企业作为模式中的主体之一，可以根据自身的需求和优势，与央企展开合作，更好地融入央企产业链供应链。

（三）"央企投资＋技术赋能＋全面孵化"模式

央企投资：选择与央企自身企业价值观和品类匹配度高、具有发展潜力的中小企业，着重考察企业的创新能力，由央企和政府引导基金共同投资，帮助企业加大研发投入。

技术赋能：推动央企整合开放多年积累的技术、资金、人才、市场、应用场景、供应链等优质资源，为河北企业提供全方位、全要素、全链条的优质资源服务。借助河北企业深耕细分市场、需求快速响应、创新组织灵活的优势特点，加快构建以自身为核心、中小企业协作支撑的产业生态。

全面孵化：由央企从研发、设计、供应链、销售等维度分门别类组建服务小组，面向被投资企业提供资源能力赋能，助力其加快产品化速度。

这种模式的优势在于：一是资源整合，央企能够整合多方面的资源，包括资金、技术、市场、渠道等，为被投资的企业提供全方位支持；二是风险降低，央企的投资和技术赋能有助于降低被投资企业的创业风险和市场风险；三是产业升级，通过技术赋能和全面孵化，央企能够推动被投资企业实现产业升级和高质量发展。

（四）"应用场景创新＋创新资源共享＋创新联合体"共建模式

应用场景创新是共建模式的核心驱动力之一。它强调将创新技术应用于实际场景，通过实践检验技术的可行性和实用性，从而推动技术的不断迭代和优化。在此模式中，央企向河北省中小企业提供创新要素支撑，河北省中小企业向央企输送技术创新成果，形成常态化双向赋能机制。同时央企通过组建创新联合体等方式，共享资金、技术、品牌、应用场景、前端供应商等核心资源，与河北省企业实现点对点的资源共享和供需对接，有效提升创新资源配置效率，缩短创新成果转化路径，实现创新产品快速迭代升级。河北省企业围绕央企创新需求开展新技术和新产品的研发、试用和推广，助力央企以较低创新成本和市场风险获得核心领域的创新能力，完成新兴领域提前布局。

四、河北省产品和服务融入央企产业链供应链的路径

（一）打造集成服务基地，加快发展新质生产力

在河北省打造集成服务基地，面向当地或周边特色产业、优势产业和急需发展产业，统筹运用质量基础设施相关要素资源，推动解决产业发展，特别是产业链供应链韧性和安全水平提升中的重点质量技术问题，把质量第一的理念贯穿产业链各环节和供应链各流程之中。以质量支撑加快发展新质生产力，以集成服务助力产业强链，以机制创新实现供需有效对接，让集成服务基地试点作用得到充分发挥。综合运用计量、标准、认证认可、检验检测等质量工具，打造"1+3+N"服务网络，即一个核心服务平台，三个服务中心（如计量、标准、检验检测中心）以及多个特色服务载体，形成协作顺畅、服务高效的联动机制，引导河北省企业做出精品，唱响河北制造和河北品牌，推动产业质量竞争力提高和产业链供应链质量联动提升。

（二）推进重点产业合作，形成完备产业生态

围绕河北省新一代信息技术、人工智能、生物医药、新能源、新材料、高端装备等战略性新兴产业，以及各市重点产业的产品和服务，支持河北企业参与央企供应链体系，以组建产业联盟、共建产业园区等方式，与央企展开深度合作，促进产业链上下游企业的协同发展，形成产业集群效应以及较为完备的"龙头+配套"产业生态。以装备制造产业链为例，可围绕中车石家庄车辆有限公司建造车辆产业园，围绕铁路货车、城轨车辆、新能源汽车、环保新材料、冷链物流装备等产业板块，梳理原材料、标准件、工装设备等多个领域的产业配套需求，规划产业功能，凝聚车辆行业上下游配套企业，吸引供应商落户车辆园，打通从应用基础研究、技术研发、产品开发到产业化的链条，通过统筹创新资源和产业资源促进产业链发展。

（三）构建全链条融合体系，强化产业发展协同

组建各产业联盟，强化产业发展协同协作，充分发挥专业招商团队作用，围绕传统优势产业和战略性新兴产业发展需求，瞄准大型央企和行业领军企业，全面构建"创新平台＋成果转化＋创新生态＋产业培育"的全链条创新体系。同时，提升河北省企业创新发展能力，利用中央企业在自主创新和产学研用融合领域的综合优势，借助其研发能力、仪器设备、试验场地等各类创新资源要素，通过央企的生态构建、基地培育、内部孵化、赋能带动、数据联通等方式解决河北省中小企业创新动力不足和支撑不够的难题，加快培育优质中小企业，以智能制造、工业强基、绿色制造、高端装备等领域为重点，加大产业链中小企业培育力度，促使中小企业科技力量发展壮大。

（四）培育河北省特色集群，建设央企供应链联盟

深入开展河北省中小企业特色集群促进工作，以新发展理念为引领，以中小企业为主体，培育产业聚焦、优势特色突出、资源要素汇聚、协作网络高效、治理服务完善的优质企业。不断完善支持政策，加快制定出台促进集群发展的若干措施，引导地方完善集群梯度培育体系，定期开展企业诊断服务，适时推进集群建设指南、成熟度评价标准等指导性、导向性文件，组织行业专家、服务机构走进集群开展诊断评估，把脉集群创新化、数字化、绿色化等发展水平。同时，建设央企供应链联盟，在央企发布配套采购需求后，积极引导河北省企业精准强链补链延链，形成市场导向的供应链联盟和产业配套基地，提升产品和服务的质量水平。

五、河北省产品和服务融入央企产业链供应链的对策建议

（一）打造央企产业链配套集成服务基地

聚焦河北省经济社会发展的市场需求和央企承担的现代产业链链主的责任，结合当前的政策导向、产业基础及未来发展趋势，河北省可以重点打造以下四个方面的央企产业链配套集成服务基地。一是围绕雄安新区高标准建设，依托中国建筑、中国建材、中国交通建设集团等央企，在保定、廊坊、石家

庄、沧州、唐山等地布局打造服务雄安建设的央企建材产品供应基地。二是聚焦国家原材料战略需求，在唐山曹妃甸、沧州打造中石化、中石油的石油化工储备及精细化工产品供应基地，适时推动建设新一代炼化一体化循环经济项目群。三是承接航天航空和电子信息产业链中下游产业技术的溢出，瞄准中国航天科技、中国航空工业、中国卫星网络、兵器工业、中国电子科技集团等央企布链需求，在雄安新区、石家庄、保定、廊坊、邢台等地布局建设空天信息、集成电路、电力装备等产业链配套产品制造基地。四是突出京津冀绿色食品安全保障的职能要求，依托中粮集团、中国农业发展、中国林业集团等央企，打造"粮油菜果蓄"绿色健康食品全产业链生产和服务基地。

（二）加强政策扶持，激励本土企业"转靠要"

一是设立特派员制度。针对中小企业不敢转、不会转、不能转的痛点，邀请央企专家作为产业特派员为企业问诊把脉，根据不同转型阶段的中小企业需求，提供涉及诊断、咨询、规划、实施等全流程的转型方案。二是制定出台中小微企业融入央企产业链扶持政策。鼓励中小微企业面向央企产业链需求实现产品转型升级。组织企业参加各种展会活动，搭建产品、技术展示平台，加大宣传力度，提高品牌影响力和美誉度。采取线下采销洽谈、线上云展会等方式，吸引央企来冀采购，推动河北省中小企业加快融入央企供应链。三是加强供应链融资服务。开展供应链融资，推动金融产品和服务模式创新，全面实施应收账款、订单、仓单和存货融资等供应链金融服务。

（三）对标央企质量标准，提升产品竞争优势

一是实施"卡位入链"常态化服务。瞄准央企相关产业链，紧盯央企发布的产品和服务采购计划以及输出的配套产品标准和质量管理体系，推动河北企业提升产品质量，实现"卡位入链"。二是推进河北省企业开展相关行业质量体系认证。坚持以认证促整改，以过程质量促产品质量的方针，推进河北省企业开展相关行业质量体系认证（如汽车行业企业可开展整车质量体系 QCA 认证），鼓励央企对河北省企业生产的过程质量、市场质量以及质量索赔实施严格的全周期全链条封闭管理。三是推动央企对河北省配套企业实施严格的全周期全链条封闭管理，定期开展 PDCA（计划、检查、执行、处理）跟踪管理，帮助本土企业提升技术能力、供应能力和管理水平。四是完善供应商评价机制。协同央企成立专家小组，从技术、质量、交付、成本、响应五个板块制

定供应商评价机制，依照行业质量标准完成对供应企业的评价，制订整改清单和改善计划。

（四）强化央冀企业合作常态化对接服务

一是健全政府的指导和服务职能。设立工作专班，发挥省内外专业机构、行业协会和智库的作用，制定河北产品服务融入央企产业链供应链的方案，绘制产业链"四图五清单"（四图包括产业链概述图、主要产品图、技术路线图、区域分布图；五清单包括重点企业清单、重大项目清单、产业问题清单、政策清单、产业集群清单）。二是举办央冀企业对接活动。向央企等大型企业展示河北省处于供应链关键位置、发展前景好、带动能力强的优质企业，展示河北产业链供应链的优势和发展成果，向河北企业宣讲央企供应商名单（库）入围标准。坚持事前精准准备、事中充分对接、事后跟踪服务，健全政府指导、平台保障、双向互动机制，持续围绕重点产业链推动河北企业与央企对接。三是常态化组织开展专精特新产品发布。建立河北省专精特新企业新品库，健全专精特新企业新品先入库再择优发布的机制，按行业或产业链进行新品信息发布和展示，并择优定期举办专精特新企业产品（技术或服务）发布对接活动。四是持续完善央地共链信息化服务平台。持续跟进链主央企，及时在平台发布央企的供应链配套、协同创新等需求，加强对河北企业产品与服务的宣传，实现政府对重点企业的分类精准帮扶。

（五）搭建平台推动与央企的深化协同

一是搭建融入地方经济的发展平台。政府部门要积极开展"驻冀央企助力河北高质量发展"等系列活动，引导河北省国有企业及大型企业深入对接各产业布局，推动重点合作项目落地实施，发挥现代产业引导基金作用，与国有"链主群主"企业形成合力，助力包括驻冀央企在内的企业在河北省内扩大投资、增加产能和设立新公司。二是搭建对接合作的交流平台。相关部门可以以驻冀央企党建关系为纽带，以产业项目合作为载体，组织开展党建工作座谈会、产业对接会、产业调研等多种形式的对接交流活动，并探索建立各级企业的资金、人才、技术等共享机制，推动河北省企业融合发展、合作共赢。三是搭建解决问题的服务平台。成立"融双链 强集群"工作专班，梳理调度企业存在的问题和困难，实行清单化管理，采取"一事一议""一企一策"的方式，积极协调相关部门提出具体解决措施，争取更多政策支持。

参考文献

［1］安磊：《新时期大中小企业融通发展的内涵研究、动力分析和实践探索》，载于《中国科技产业》2020 年第 7 期。

［2］康源：《中央企业与中小企业加速融通创新发展》，载于《中国企业报》，2022 年 8 月 9 日。

［3］李锋、李志鸿、韩燕妮：《以行业领军企业促进专精特新企业发展》，《宏观经济管理》2024 年第 2 期。

［4］徐铭辰：《中央企业培育新质生产力：责任使命、现实挑战和优化路径》，载于《当代经济管理》2024 年第 12 期。

［5］张贵：《以"链长制"寻求构建新发展格局的着力点》，载于《人民论坛》2021 年第 2 期。

［6］张贵林、常义、周俊：《深入推动大中小企业融通创新》，载于《中国中小企业》2022 年第 S1 期。

推动京雄空天信息产业廊道高质量
发展的场景创新与对策建议*

高自旺　程洁冉　徐　园**

摘　要： 空天信息产业是战略性新兴产业的关键部分，也是新质生产力发展的重要载体，具有带动京津冀产业协同发展的重要作用。本文阐述了空天信息产业对区域新质生产力发展的重要作用，总结了先进地区空天信息产业布局经验，分析了空天信息产业创新场景与典型样本，提出了打造国家航天装备智能增材制造高地、创设全国首个"太空实验室"场景先行区、打造卫星数据"处理、确权、交易"一体化中心、打造全国首个沉浸式航天主题乐园等推动京雄空天信息产业廊道高质量发展的对策建议。

关键词： 空天信息　商业航天　场景创新　产业廊道

2023 年，习近平总书记在深入推进京津冀协同发展座谈会上提出，河北要发挥环京津的地缘优势，从不同方向打造联通京津的经济廊道。在 2023 年京津冀产业链供应链大会上，京津冀三地工信部门提出联合打造"五群六链五廊"以推动产业协同发展，其中，京雄空天信息产业廊道是京津冀三地联合打造的五条产业廊道之一。与此同时，2023 年 12 月，中央经济工作会议提出要打造生物制造、商业航天、低空经济等若干战略性新兴产业，这是首次在中央层面明确支持商业航天产业发展。2024 年，国务院政府工作报告中明确

---

* 基金项目：2024 年河北省社会科学发展研究课题"金融科技赋能新质生产力发展的理论机制与对策建议"（202403071）。

** 高自旺，河北省社会科学院经济研究所助理研究员，研究方向为区域经济；程洁冉，石家庄学院教师教育学院讲师，研究方向为人力资本；徐园，河北省教育考试院高等学校考试招生部助理研究员，研究方向为人力资本。

提出积极打造生物制造、商业航天、低空经济等新增长引擎。这是继中央经济工作会议后，国家层面再度重点提出发展商业航天产业，并将其定位为我国经济增长的新引擎。商业航天产业作为战略性新兴产业，创新水平高、带动能力强、发展潜力大，对于发展新质生产力、推动产业优化升级具有重要意义。因此，发展商业航天、空天信息产业是推动京雄空天信息产业廊道发展建设、促进京津冀产业协同度提高以赋能中国式现代化建设京津冀篇章的关键举措。

一、空天信息产业赋能区域新质生产力发展

2023 年 9 月，习近平在新时代推动东北全面振兴座谈会上提出要积极培育新能源、新材料、先进制造、电子信息等战略性新兴产业，积极培育未来产业，加快形成新质生产力，增强发展新动能。生产力进步是推动人类社会发展的重要依仗，新质生产力是赋能现代化建设的重要动力，其对于经济结构、产业发展、增长模式等方面具有变革性作用。新质生产力是以科技创新为动力的先进生产力的质态，既体现在新技术、新要素、新产业方面，又体现在高质量、高效率、高效能方面，是数字生产力、绿色生产力、高端生产力等多维度的综合。从产业载体来看，遵循劳动密集型产业、资本密集型产业、科技密集型产业、战略性新兴产业、未来产业演进路线，产业载体逐渐高端化，战略性新兴产业和未来产业是支撑新质生产力发展的重要产业载体。从新技术来看，前沿技术、颠覆性技术、关键核心技术等原创性技术是发展新质生产力的重要科技力量，繁荣发展的人工智能、区块链、物联网、云计算、大数据等新一代信息技术是发展新质生产力的前沿技术领域，更是我国实现赶超欧美的重要科技领域，而"网力""算力"也早已成为助力中国式现代化建设的关键核心力量。从新要素来看，在劳动力、资本、土地、自然资源等传统生产要素之外，数据等新要素正在深刻改变产业业态和经济发展模式。

随着商业卫星和信息技术的发展，航空航天和新一代信息技术产业融合的空天信息产业逐渐进入高速发展阶段。空天信息产业主要包括卫星互联网与卫星制造产业链，以及低空经济两大领域，涉及"空""天"两大场景的所有关联产业。空天信息产业包含数据、太空两大新型生产要素，是重要新型基础设施，也是关键未来产业，其横跨一、二、三产业，是领域融合型的经济新形态，是新质态的生产力，更是世界各国抢占未来发展制高点的关键举措。根据赛迪顾问数据，2023 年全球共进行了 223 次航天发射，比 2022 年多了 37 次，

其中美国 Space X 公司发射次数占全球总发射次数的 45%，该公司发射航空器数量占全球发射总量的 87%。从产业链领域来看，空天信息产业包含商业航天、卫星应用、深空探测、低空经济等领域。商业航天主要有卫星研发制造、卫星发射、火箭制造、商业航天配套等环节；卫星应用主要指利用卫星技术开展商业服务，如北斗导航在自动驾驶汽车领域的应用；深空探测主要指太空资源、太空制造、太空实验等太空探索活动；低空经济是指低空制造、低空飞行、低空保障等产业，包含 eVTOL、无人机等高科技设备，可以催生"低空经济 + 农业""低空经济 + 交通""低空经济 + 旅游""低空经济 + 城市管理""低空经济 + 物流"等"低空飞行器 + 各种产业形态"的经济新场景。

空天信息产业是产业发展的新赛道和经济增长的新场景，对交通产业、物流产业、通信产业、装备制造等领域都具有深刻影响，空天信息产业需要新材料、新能源、新技术等材料和技术的支撑，有助于拉动关联产业发展，可以为产业、经济引入空域资源、太空资源等新的生产要素，有助于壮大新兴产业，构建现代化产业体系。一方面，空天信息产业可以发挥场景牵引的作用，通过提供新的应用场景，为关联产业发展注入新的活力，如太空旅游、无人机配送等新场景有望带动新模式发展；另一方面，空天信息产业通过跨界融合促进产业优化升级。如太空制药、"低空 + 农业"等新业态的发展促进了创新性、互补性、融合性新质生产力的发展，打破行业间的原有壁垒，推动不同行业跨界融合，催生新业态、新功能，提高产业整体竞争力。此外，空天信息产业是多元化主体协作的结果，有助于为社会经济注入新劳动者，推动新劳动者参与新质生产力发展，如商业航天发展除需要政府、军工部门，更需要民营资本介入，而行业协会、联合体等组织也为产业发展注入了新动能。

二、先进地区空天信息产业布局分析与经验总结

在卫星轨道和频率资源采用"先申报先使用"的规则下，近地轨道受到运行卫星上限制约，轨道和频率资源是各强国争抢的重要资源。在这种背景下，推动空天信息产业发展是各国发展航空航天、数字经济乃至维护国家安全的重要抓手。"十四五"期间，各地政府高度重视发展空天信息产业，如北京、上海、重庆、湖北、广东、济南等地出台专项政策或规划，支持空天信息、商业航天产业发展进入"快车道"。梳理分析《安徽省推动空天信息产业高质量发展行动方案》《北京市加快商业航天创新发展行动方案（2024－2028

年)》《湖北省突破性发展商业航天行动计划（2024－2028年)》《山东省航空航天产业发展规划》《济南市空天信息产业高质量发展行动计划（2024－2027年)》、上海市《促进商业航天发展打造空间信息产业高地行动计划（2023－2025年)》、重庆市《关于加快推进以卫星互联网为引领的空天信息产业高质量发展的意见》《广东省推动商业航天高质量发展行动方案（2024—2028年)》等空天信息产业规划文件，总结各地布局经验如下。

（一）推动空天信息科技创新

先进省份瞄准空天信息重点领域、关键环节，开展关键核心技术攻关，注重航天领域科技成果转化，加快构建空天信息科技创新体系，以赋能空天信息产业高质量发展。如安徽省实施空天信息创新领航工程，围绕航天运载、卫星及载荷、卫星测控运营、卫星终端、低空经济等诸多领域进行创新支持，对相关项目研发费用予以20%的补贴，成立安徽省空天信息标准化技术委员会，推动空天信息领域标准化建设，对主导制定相关标准的企业予以奖补，依托合肥综合性国家科学中心、深空探测实验室等科技机构建设科技创新体系。山东省重点打造齐鲁科创大走廊、中科院济南科创城、空天信息领域国家技术创新中心，支持空天信息大学建设，以及通过重点实验室、企业技术中心、院士工作站等平台建设，打造空天综合试验装置群。湖北省支持航天企业联合高校院所组建各类联合创新平台，打造一批商业航天领域标杆孵化器，通过定向委托、揭榜挂帅等方式加强重大科研设施设备开放共享，推动关键核心技术突破。上海市构建了北斗联合创新实验室、低轨气象星座工程研究中心、智能化遥感大数据中心、卫星互联网车载应用创新联盟以及卫星互联网应用技术研发平台、服务平台与成果转化平台。广东省也提出加快成果转化，促进航天科技研发与产业应用紧密衔接。

（二）推进商业航天建链集聚

先进省份围绕提升火箭、卫星制造能力，以及商业航天配套、标志性商业航天产品打造来加快布局。山东省提出"三核引领、多点支撑"的布局，济南市、青岛市、烟台市分别打造空天信息产业核心集聚区、通用航空及卫星通信产业核心集聚区、商业航天产业核心集聚区，其中济南市主要依靠中科院济南科创城等院所，加快建设国家级空天信息创新高地和航空航天智造产业基地，依托3D打印技术加快发展火箭发动机整机制造；烟台市利用东方航天港发射保障能力，集聚产业链上下游环节。上海市构造"一体两翼"格局，以上海航天城为核心，以浦东卫星互联网研究院、临港微小卫星研制基地为载体打造"东翼"卫星科研生产集聚区，围绕松江 G60 科创走廊和卫星产业基地打造"西翼"特色产业园区。重庆市提出实施智能机动快响运载火箭研发项目，打造智能快响火箭研发制造基地以加快空天信息核心制造业强链补链。北京市提出"南箭北星、两核多园、津冀联动"的发展格局，强化北京市内"南箭北星"的格局，在打造"北京火箭大街"、中关村科学城"星谷"的同时，发挥北京市的辐射带动能力，深化京津冀星箭产业链融合，推动航天领域创新成果在雄安新区转化。同时，广东省、湖北省高度重视商业航天领域企业发展，招引重点企业落地发展，广东省还提出了打造"粤星粤箭"品牌。

（三）探索卫星应用场景创新

加强卫星应用场景建设是推动航天、卫星商业化的关键环节，是商业航天发展的重要动力。如安徽省提出建设天地融合网络，在生态监测、灾害预警、应急、科考等领域打造天地融合应用场景。加强"通导遥"卫星融合技术在应急救灾、消费电子、智能网联汽车、智慧交通等领域的深度应用。北京市也提出构建空天地信息一体化、通导遥深度融合的城市时空数字基座，加强空天地信息与新一代信息技术深度融合，加快推动创新场景示范应用。湖北省支持企业围绕卫星数据开发应用，研发设计软件和终端产品，每年遴选 10 个省级卫星应用示范项目，对建设单位予以补助。重庆市也支持天地网络融合技术，建设全球通道数据运营平台，打造西部陆海新通道空天信息互联网络。

（四）拓展低空经济应用领域

安徽、山东、重庆等将低空经济纳入了空天信息产业发展规划，是空天信息产业发展的重要组成部分。如安徽省提出实施"低空＋"应用场景工程，通过规划编制低空飞行航图、建立低空三维数字化、网格化地理信息系统统筹省市县飞行服务平台以加快拓展低空应用场景。在"低空＋工业应用""低空＋农林作业""低空＋物流运输""低空＋公共服务""低空＋应急救援""低空＋城市应用""低空＋文旅消费""低空＋教育培训"等领域率先开展"低空＋"应用场景建设。再如重庆市提出建设低空智联网运营服务中心以及开展低空智联网＋通航/无人机应用示范，围绕"空域放得开、无人机管得住、低空经济快速发展"加快打造标杆区域。此外，多地出台了低空经济领域的专项规划，如《山东省低空经济高质量发展三年行动方案（2025－2027年）》《杭州市低空经济高质量发展实施方案（2024—2027年）》等。同时，中央空管委将在合肥、杭州、深圳、苏州、成都、重庆六个城市开展eVTOL（电动垂直起降飞行器）试点，将600米以下空域管理权力授予地方政府，这对刺激低空经济加快发展起到了根本性作用。

整体上，空天信息产业领域的先进省份在顶层设计方面正在逐渐完善起来，其注重产业资源的汇集与利用，积极打造空天信息产业链，建设支持产业发展的科创平台与创新体系，积极谋划空天信息产业领域新场景。但是，在先进省份空天信息产业发展过程中仍存在一些挑战。如"通导遥"一体化技术仍存在难题，遥感卫星的地面配套设施不足制约了快速响应需求。产业生态建设方面，我国单颗卫星制造成本是Space X公司的六倍，这反映出我国航天产业链不够完善，特别是民营航天企业发展相对滞后，制约了空天信息产业生态建设成效。此外，空天信息相关数据分布在不同政府部门，将这些数据融合起来存在一定困难，而且当前空天信息产业与其他产业融合，对传统产业赋能仍然不足，这都需要可落地的示范场景拉动。

三、空天信息产业创新场景与典型样本分析

（一）建设新模式链主企业，推动航天智造产业链革新

民营商业航天企业正在加快整合传统制造业与航天制造业的生产能力。吉利汽车创立的时空道宇科技有限公司自主研发设计了全球首个用于出行服务的低轨卫星星座，采用汽车生产中的批量化生产、供应链生态、标准化组件等生产理念和模式，推动卫星制造与汽车自动化生产线深度融合，打造国内首个卫星智能AIT（总装、集成和测试）中心，创新卫星量产AIT模式，生产车载卫星互联网终端和车规级高精度融合定位终端，其可以实现年产卫星500颗，产能已经追上全球领先企业。时空道宇科技有限公司深度布局消费电子、智能网联、智慧出行、智慧物流、智慧航运等业态，打造了集卫星星座、卫星制造、卫星服务于一体的空天信息产业生态。同时，中国科学院微小卫星创新研究院也在探索卫星批量化生产新模式，在卫星设计研发、供应链管理、整星生产等环节加快变革，设计现代化的卫星生产流水线，推动研制全流程数字化，促使卫星生产低成本工业化。运载火箭制造商Relativity Space正在扩大其3D打印

火箭的生产规模，着力将 3D 打印技术融入火箭、卫星制造领域，推动商业航天制造业变革。

（二）抢抓太空商业新场景，培育壮大未来产业

返回式卫星是航天事业、航天产业发展的重要组成部分。2019 年，"中国商业返回式卫星应用发展论坛"和"中国首颗商业化小型天地往返飞行器发布暨应用仪式"在京召开，发布了中国首颗商业化小型返回式卫星"方舟 3号"，这标志着精准服务于各行业需求的"太空巴士"将带动各行业超前发展，"航天＋农业""航天＋生物医药""航天＋新材料""航天＋科普"等各种太空商业新场景都变为可能，这也是未来产业的重要支撑点。北京航天方舟空间技术有限公司是国内第一家开展商业化小型返回式飞行器研发应用的高技术企业，其积极探索"太空巴士"商业航天服务模式。同时，北京东方红航天生物技术股份有限公司也利用神舟系列飞船、实践十号卫星搭载了辅酶 Q10菌株等数十种微生物菌种，基于航天生物成果开发了一系列健康产品。中国科学院微小卫星创新研究院首创空间新技术试验卫星，为前沿基础研究实验室提供空间试验机会。2023 年美国瓦尔达航天工业公司研制的小型太空返回舱——"太空工厂"利用太空微重力成功制备利托那韦等药物。随着"北极星黎明"号发射升空，Space X 公司将游客送上太空并安全送回的业务更是开辟了"太空旅游"商业航天新场景。

（三）发展火箭发射基地，牵引火箭及卫星产业链集聚

东方航天港是中国第五处火箭发射基地，凭借独特的地理位置和港口设施，其发射基地在烟台市海阳市布局建设。东方航天港是国内首个在海上发射的，涉及星箭制造、高端配套、空天信息、航天文旅等多个领域深度布局、全产业链发展的独特商业航天产业基地和商业航天场景群。"东方航天港号"海上发射船是国内首艘专业化海上卫星发射工程船，政府持续投入资金，保持该工程船的研发投入、技术迭代。航天发射需要特殊的地理条件，除了在酒泉、太原、西昌、文昌、烟台之外，宁波正在谋划建设国际商业航天发射中心。商业航天发射需求增加，给增设航天发射中心带来机遇。宁波象山地处北纬 30度，对火箭发射较为有利，并且这里净空条件、交通设施、产业配套优秀，火箭残骸的掉落区域是海洋，这为宁波建设航天发射基地带来重要契机。宁波国际商业航天发射中心已被列入《浙江省重大建设项目"十四五"规划》，在规

划建设年发射 100 发商业航天发射基地的同时，也规划了千亿元级的商业航天配套产业基地，可见其备受浙江省委、省政府的关注。通过围绕航天发射中心打造航天产业集群，是独特地理条件区域值得关注的重要发展路径。

四、推动京雄空天信息产业廊道高质量发展的创新场景布局

（一）打造国家航天装备智能增材制造高地

增材制造技术（3D 打印）融合了先进制造、智能制造和绿色制造技术，具有广阔的应用前景。金属增材制造技术在航天领域有着得天独厚的优势，可以实现航天装备复杂结构件的轻量化、一体化、个性化制造，缩短制造周期，提升零件合格率。当前 Launcher、SpaceX、北京星河动力、蓝箭空间等国内外龙头商业航天企业大量应用增材制造技术，推动快速化、低成本研制火箭，已取得阶段性成功。2023 年工业和信息化部公布的 27 个工业领域增材制造典型应用场景中有 6 个是航天领域。同时，吉利汽车将汽车工业基础转化为年产500 颗卫星的制造能力。河北省可以依托京雄空天信息产业廊道建设，发展航天装备"AI + 增材制造"（AI – 3D），探索融合增材制造与工业基础，实现"星箭"制造及配套能力跃升。

一是率先在京雄空天信息产业廊道沿线的固安、涿州、高碑店、霸州、徐水、任丘等制造业强县（市、区）布局若干个与北京"南箭北星"格局配套的航天领域智能增材制造"微基地"，规模化发展火箭及卫星零部件增材制造，组团打造国家航天装备智能增材制造高地。二是积极引入航天三院 159 厂等优质增材制造服务商，发挥北航增材制造国家工程实验室雄安基地的作用，搭建智能增材制造创新服务平台，支持"微基地"内具备一定基础的制造业企业加快发展增材制造材料和智能增材制造生产线，建成基于数字化成型、智能监控、智能物流技术的增材制造"智慧工厂"。三是支持将航天增材制造技术研究和产业项目纳入河北省基础研究重大项目、年度重点建设项目等重大项目名单，大力支持智能增材制造技术研发和创新成果转化。

（二）创设全国首个"太空实验室"场景先行区

中国空间站建成的国家太空实验室已实施了 130 多个科学研究与应用项

目，利用空间站独特的在轨太空环境开展新能源、新材料、生物技术、生命科学等领域的科学实验和技术试验。随着商业航天的发展，除火箭与卫星制造民营化外，太空制药、太空制造、深空探索等领域也将吸引民营企业加入。据36氪报道，当前全球已有60多个研发中心、70多家投资机构和70多家企业致力于太空医学，但是大部分投资机构都在欧美国家。2024年世界经济论坛与麦肯锡公司联合发布的《太空：全球经济增长1.8万亿美元的机会》（*Space: The $ 1.8 Trillion Opportunity for Global Economic Growth*）中指出，2035年后，太空医疗保健、太空制造、太空食品饮料等行业的市场潜力将达到每年数十亿美元。

当前各地都还未重视太空实验经济发展，建议政府相关部门高度关注商业太空试验兴起所引致的"太空经济"，率先采取措施超前布局这一重要的未来产业赛道。一是对接中国航天科技集团和风投机构在雄安共同组建研制"太空实验室"（可重复使用的试验航天器）的航天装备公司，与医药企业、生物公司等企业接洽获取其前沿需求，超前布局太空制药、太空育种、太空制造等各类专用航天器的研发生产，提供各类太空实验服务，支持雄安创建全国首个"太空实验室"场景先行区。二是支持中国空间技术研究院、中国科学院太空制造技术研究室等研发机构在雄安创建一批与"太空实验室"相关的细分领域概念验证中心，制定概念验证项目、资金及人才等专项配套支持政策。三是建设一批航天科技成果转化基地。立足前沿航天科技产业化，在京雄空天信息产业廊道沿线产业园区设立若干航天科技成果转化基地，成立基地规划、建设、运营的专业机构，打造融合设计、研发、制造、生活的"航天创客空间"，举办"场景汇·航天科技赛"，推动全国航天科技、"太空实验室"成果在雄安及周边地区转化。

（三）打造卫星数据"处理、确权、交易"一体化中心

卫星数据运营是空天信息产业的核心环节。世界上所有可被获取的数据中，80%以上数据信息都和空间位置相关。随着商业卫星的增加，会有更多私营卫星的时空数据用于交通、气象、应急、自然资源、智慧城市等公共领域，以及石油、化工、电力、航运、航空等产业领域。

河北省应积极开展卫星数据运营，助力空天信息产业、数字经济发展。一是建设卫星大数据交易中心，搭建多源卫星数据收集获取、处理分析、应用定制、资产确权、交易共享的全链条平台。二是探索卫星数据大模型研发，对

接中科星图公司"数字地球"等卫星数据创新项目，围绕卫星数据处理和分析任务，布局进行设计和训练的大规模人工智能模型以及配套卫星算力资源，打造"卫星数据超算工厂"。三是创新卫星数据应用场景，成立一批卫星数据处理工作室，研发一批卫星数据产品，推动卫星数据平台研发、生态运营、产业投资多维一体发展。如建设卫星碳汇监管系统，创新基于"卫星数据 + AI 大模型 + 碳测度"的碳汇分析工具，服务"双碳"工作。

（四）谋划建设航天主题大型文体旅综合体，打造全国首个沉浸式航天主题乐园

中国航天文旅消费需求极为旺盛。每次重大航天任务都能吸引数以亿计的网民观看直播，第一次"天宫课堂"直播吸引了 6 000 多万名中小学生收看，超过 50 万游客现场观看了问天实验舱发射，这都是人们"航天梦"的体现，更凸显了航天文旅经济的巨大潜力。但是，现有航天文旅项目多是以航天科普、参观展览为载体的低端业态，其模式单一、创意稀缺、文化产品匮乏、吸引力不足，航天主题大型文旅综合体建设仍然空白，难以满足大众的航天文旅需求。河北省应积极谋划航天文旅创新工程，着力建设全国首个航天文体旅全生态体验项目。

一是引入文旅战略投资者、中国航天科技集团文创部门在京雄高速沿线选址打造全国首个集"科、教、文、玩、吃、住、游、购"于一体的航天主题乐园，策划一场植入《流浪地球》《星球大战》或我国航天故事的沉浸式体验作为主打项目，建设航天 VR/AR 游戏、航天影视拍摄、航天手办 DIY、航天科普、太空科技、太空运动（零重力墙等）、太空住宿（"火星营地"）、太空餐饮（航天员菜单及经典太空影视食物还原）等项目群，形成航天主题大型文体旅综合体。二是探索联合元宇宙公司建立航天主题乐园全景式元宇宙，打造科技与文化融合的样本项目。三是策划面向全国的"太空基地"联票，接洽全国范围内的航天、太空主题文旅项目运营机构，联合设计供游客打卡、"集邮"式体验的"太空基地"路线图。

（五）策划跨区域低空经济新场景，打造区域协调发展新样本

低空经济发展需要占用空域资源，而北京市、天津市对空域资源管理严格，京津冀低空经济发展主要依赖河北省空域资源，在这一背景下，河北省要积极联合京津加快开拓空域资源，创新低空场景，赋能区域产业协同发展。

一是探索京津冀"空中交通"应用场景示范。依托机场和 CBD 等重要区域，布局短途飞行、商务飞行、旅游飞行等跨区域低空航线，建设京津冀低空空中走廊，争创跨区域 eVTOL 试点。二是策划京津冀安全应急低空保障服务，围绕京津冀各类安全应急需求，预设低空保障服务方案，搭建低空保障服务平台。三是京津冀联合打造低空经济产业链。瞄准低空设备研发设计、制造、维修等全产业链环节，三地政府部门应联合打造若干低空主题产业园区或基地，加强联合布局实验室、技术创新中心、中试中心、孵化器等科创平台，支持链主企业牵头建设产业链，组建创新平台，推动低空经济发展壮大，促使京津冀产业链协同发展。

五、促进京雄空天信息产业廊道高质量发展的对策建议

（一）优化完善顶层设计，加快构建产业廊道建设推进机制

一是完善京雄空天信息产业廊道发展规划。政府相关部门牵头组建以相关领域专家为主的空天信息产业战略咨询委员会，梳理京雄沿线重点平台载体、产业企业分布，明确产业发展目标、重点方向、主要任务等，研究制定《京雄空天信息产业廊道发展规划》，加快出台《河北省低空经济发展行动计划》《河北省空天信息产业发展规划》等相关规划，编制产业廊道产业链、企业、园区、招商项目等清单。二是支持京雄联合组建领导小组，推进京雄空天信息产业廊道重点项目、重点任务加快落实。三是建立空天信息产业资源跟踪捕捉机制。发挥空天信息产业战略咨询委员会、行业协会作用，动态捕捉国内外相关领域新技术、新业态、新场景等方面的信息，及时向政府部门反映并提出工作建议。

（二）完善产业资源保障，着力构建产业廊道政策扶持体系

一是打造空天信息人才集聚高地。借鉴济南市空天动力人才政策经验，围绕引进中国科学院航空航天学科系所人才，加快建设博士后创新实践基地和省级人才平台，增强对人才的吸引力。以校企合作、柔性引才、项目合作、项目委托、学术论坛举办、人才称号政策等方式，吸引、汇集一批空天信息领域专业人才，与优秀的空天领域人才建立联系，推动河北省企业与高技能人才建立合作关系。济钢集团有限公司就是因为有了中国科学院、航天科技集团等部门

人才的加入，才培育出了济钢空天这一未来产业领域子公司。二是加强投融资模型匹配支持。根据产业廊道建设项目不同，选择专项债、PPP、EPC + 投资人、信贷等不同投融资模式或多项模式组合，解决产业廊道内园区基地、厂房等建设融资问题。针对引进北京市空天信息领域企业，可以联合北京市制定减免税政策以及迁移补偿机制，推动空天信息领域企业在雄安新区周边建设。三是实施"算力券"政策。卫星数据应用是空天信息产业发展的重要部分，可以借鉴前期京津冀科技创新券经验，创设"算力券"政策，按算力服务费用的一定比例进行补贴，服务中小企业使用京津冀算力资源，搭建"算力券"申领平台，推行即领即享模式，率先在京雄空天信息产业廊道开展试点。

（三）畅通成果转化渠道，搭建科技创新赋能产业链机制

抓住央企布局科技成果转化中心、国企布局概念验证与中试验证平台的黄金机遇，加快对接央国企争取高能级科创平台、尖端成果在京雄沿线区域落地。建议抓住全国高校创新资源配置改革机遇，联合京津成立"全国高校区域技术转移转化中心（京津冀）"，搭建全国高校开放共享的"一站式""全链条"公共转化平台，汇聚全国高校科创资源。积极谋划"产业技术研究院 + 众筹科研""央企科技成果转化中心 + 河北产业园区""概念验证中心 + 京津科创平台""全国高校区域技术转移转化中心（京津冀） + 科创企业""对接成果持有人 + 投出转化基金"等空天信息科技创新成果转化新渠道。

参考文献

[1] 嘉兴市发展和改革委员会课题组：《推进嘉兴低空经济高质量发展的建议》，载于《浙江经济》2024 年第 10 期。

[2] 金怀雪、许丰娜：《浙江省商业航天发展现状分析》，载于《卫星应用》2024 年第 10 期。

[3] 郭朝先、陈小艳、彭莉：《新质生产力助推现代化产业体系建设研究》，载于《西安交通大学学报（社会科学版）》2024 年第 4 期。

[4] 刘维德、周泽鹏、范强：《重庆市航天政策与产业发展浅析》，载于《卫星应用》2024 年第 10 期。

[5] 刘先江、宋丹、徐政：《以低空经济打造新质生产力发展新引擎》，

载于《北京航空航天大学学报（社会科学版)》2024 年第 5 期。

［6］欧阳日辉：《低空经济助推新质生产力的运行机理与路径选择》，载于《新疆师范大学学报（哲学社会科学版)》2025 年第 1 期。

［7］任保平、豆渊博：《新质生产力：文献综述与研究展望》，载于《经济与管理评论》2024 年第 3 期。

［8］王海义：《推动安徽省空天信息产业高质量发展研究》，载于《中国工程咨询》2024 年第 10 期。

［9］张辰等：《北京市低轨卫星产业发展路径探索》，载于《卫星应用》2024 年第 10 期。

‖ 热点专题研究 →

"十五五"时期河北省产业增长点
影响因素及培育路径研究[*]

杨　华　王素平　苏凤虎　张宏兴　赵丹扬[**]

摘　要："十五五"时期，河北省产业增长支撑要素、面临环境和所处阶段都将发生深刻变化，给培育新增长点、拓展增量空间带来巨大影响和挑战。因此，必须科学选择和确定未来产业增长潜力较大的领域和方向，分析借鉴国内外先进国家和地区培育产业新增长点的经验做法，在此基础上，提出河北省培育新增长点的主要路径，即实施产业技术创新攻坚，激活技术核心要素；推动产业延链拓链补链，实现链式聚力倍增；打造标志性拳头产品，塑造河北特色制造品牌；突出数字赋能，构建智能制造新模式。

关键词："十五五"时期　增长点　数字化　路径

长期以来，河北产业增长模式主要为资源驱动型，钢铁、化工、建材等资源型产业对经济增长的贡献较大。随着我国进入新发展阶段，高质量发展成为时代主题，河北省资源型产业产能受到约束和限制，逐渐触碰"天花板"，对经济增长的贡献持续下降，而高新技术产业的规模贡献虽不断提升，但由于总量较小，远不能弥补资源型产业下滑的缺口。因此，分析并提出"十五五"时期河北省产业增长点的影响因素，找到未来产业增长点所在领域，提出培育新增长点的主要路径，对于推进新型工业化、加快建设制造强省具有重要意义。

---

　* 基金项目：河北省社会科学基金项目《京津冀产业链创新链双向融合与河北省制造业升级路径研究》（项目批准号：HB21YJ025）和河北省宏观经济研究院2024年度院立课题《"十五五"时期河北省制造业增量空间及发展对策研究》的阶段性成果。

　** 杨华，河北省宏观经济研究院副研究员，主要研究方向为宏观经济；王素平，河北省宏观经济研究院研究员，主要研究方向为宏观经济；苏凤虎，河北省宏观经济研究院研究员，主要研究方向为区域经济；张宏兴，河北省宏观经济研究院副研究员，主要研究方向为产业经济；赵丹扬，河北省宏观经济研究院研究实习员，主要研究方向为产业经济。

一、产业增长的影响因素及变化趋势

影响制造业①增长的因素主要有内、外两方面，其中，内部因素主要包括产业自身的发展规律和支持发展的生产要素水平等；外部因素主要指产业所在地的经济社会环境、发展政策、市场供需形势等。本部分从产业发展要素变化、发展环境变化和发展阶段变化三个维度入手，分析"十五五"时期影响因素的变化及对制造业产生的影响。

（一）发展要素变化

根据柯布-道格拉斯（Cobb-Douglas）生产函数，决定制造业发展水平的核心要素是投入的劳动力数量、资本数量和应用的技术水平，本部分重点从这三个方面进行深入分析。

1. 技术要素

当前，以人工智能为代表的新一代科技革命和产业变革加速演进，激发全球产业之变和时代之变。人工智能赋能工业生产全过程，不仅促进生产工具加速更替，刺激 AI 芯片与算力、网络通信、智能机器人、AR/VR 硬件等关联产业发展，而且加速赋能传统产业，带动智能制造、智能安防等产业和业态升级焕新，催生新的经济增长点。据《全球人工智能产业发展白皮书（2024 年度）》数据，2023 年全球人工智能产业规模达 7 078 亿美元，同比增长 19.3%。截至 2024 年 6 月，我国人工智能企业已经超过 4 500 家，人工智能核心产业规模接近 6 000 亿元。人工智能与其他战略性产业紧密耦合，已经成为牵引产业升级、拓展增量空间的原动力和新引擎。"十五五"时期，人工智能和智能制造业将迎来较大增长空间。

2. 资本要素

在贸易保护主义和"逆全球化"回潮、供应链调整、国际投资环境复杂多变等因素的作用下，资本要素供给呈现一系列新变化、新特征。一是全球资本由美流出预期增强，美联储降息信号持续释放，美元降息意味着美元资产的收益率相对下降，为避免汇率风险和资产缩水，投资者可能会将资金转移出美

---

① 河北是制造大省，制造业对经济发展的作用和贡献至关重要，为了突出制造业的特点和地位，本文对产业影响因素及增长点的分析均以制造业为主要对象。

国，导致资本向其他政治经济稳定、利率较高的国家流动。二是国内货币增速放缓，我国货币政策持续发力推动经济复苏。截至 2024 年 4 月末，我国广义货币（M2）余额达到 301.19 万亿元，几乎相当于美国、欧元区和日本的总和，随着经济恢复和结构调整，M2 的增长可能会放缓，但金融对实体经济的支持力度仍将持续加大。三是国内经济稳健修复、汇率压力显著缓解等积极因素有望支撑中国资产的吸引力提升，促进外资继续回流。总之，“十五五”时期，受国际国内经济运行态势、跨国投资乏力和金融限制等多重因素影响，资本活跃程度有可能保持低位运行，以风投资金投入支持为主的高科技领域、新兴产业及新兴模式可能受到限制。

3. 劳动力要素

当前，我国劳动力规模和结构都发生了深刻变化，对经济增长产生了深远影响。一是劳动年龄人口持续减少。根据国家统计局发布的数据，近二十年我国劳动年龄人口（特指 15~64 岁，下同）经历了先增后降的变化过程，在 2013 年达到峰值后开始持续下滑，截至 2023 年已经减少 5 000 多万人（见图 8-1）。二是劳动力受教育程度逐步提升。根据国家统计局抽样调查数据，2022 年全国具有大专及以上文化程度的人口占比达到 19.5%，较 2020 年增长 2.3 个百分点，2020 年每 10 万人中拥有大学文化程度的人数为 15 467 人，是 2010 年的 1.73 倍，人口受教育水平的不断提升意味着我国“人才红利”将逐渐释放。伴随劳动力规模下降的趋势，“十五五”时期，纺织服装、玩具制造、电子装配等劳动密集型产业将受到一定负面影响，企业可能面临招工难、用工成本上升等困境。

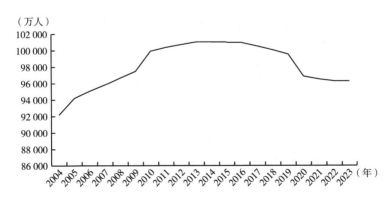

图 8-1　2004~2023 年全国劳动年龄人口变动情况

（二）发展环境变化

当今国际格局和国际体系深刻调整，全球治理体系加速重塑，国际力量对比发生革命性变化，我国制造业发展面临的环境要素发生深刻变化，对制造业各领域产生不同影响。

1. 政治环境

当前，中美关系已逐步成为全球地缘政治的核心，以美国为首的西方国家对我国高科技产业的围堵和打压日渐升级。如美国通过政府采购限制、军民两用产品出口管制、投资限制等手段加大对我国半导体和微电子、量子信息技术、人工智能等领域领军企业的限制力度，通过原材料、设备、开发工具、市场应用等多种途径切断我国高科技企业的产业链供应链。未来一段时间尤其是"十五五"时期，我国人工智能、尖端芯片、半导体和微电子等领域的发展将受到一定影响。此外，俄乌冲突旷日持久，巴以冲突愈演愈烈，美国在亚太地区排出"五四三二"阵势，我国周边地缘政治冲突风险加剧，军事安全和应急安全领域相关产业发展可能因此受到一定刺激并进一步加快发展。

2. 贸易环境

近年来，受疫情、大国博弈等多方面因素影响，全球贸易环境不断恶化，保护主义及单边主义全面抬头，国际贸易体系和全球产业链受到严重冲击。一方面，全球需求整体趋弱，受新冠疫情"疤痕效应"的影响，全球2023年经济增速由2022年的3.5%下降至2.8%，根据世界银行预测，2024年全球经济增速将会继续放缓，与疫情前的发展水平仍存差距，预计"十五五"时期，全球经济仍将低速发展，贸易需求整体趋于弱化；另一方面，区域贸易格局出现重大调整，中美贸易往来呈减少态势，根据世界银行数据，2023年我国对美国货物出口额降至5 002.91亿美元，同比下降13.1%。我国对俄罗斯、南非、越南等部分国家的经贸合作逐步强化，有望为我国贸易增添新动力。总体而言，"十五五"时期，我国与以欧美为首的西方国家之间的贸易可能受到更大的冲击，双方贸易额有可能进一步下滑，虽然有东盟、俄罗斯以及共建"一带一路"国家的支撑，但由于基数相对较小，尚无法弥补发达国家份额下降的缺口，因此，我国以出口为重点方向的产业可能受到较大影响，以机械、电子、纺织服饰、家电为代表的出口型工业将受到抑制。

3. 政策环境

多年来特别是"十四五"以来，国家和各省（市）顺应形势变化和产业发展趋势，围绕推动制造业高质量发展这一目标，连续制定出台一系列政策文件，形成了全方位、多层次、系统性的政策体系。以《中国制造2025》为统领，制定出台《关于加强产融合作推动工业绿色发展的指导意见》《新产业标准化领航工程实施方案（2023—2035年）》等指导文件，确定制造业的未来发展方向；围绕重点区域加快发展，制定出台《长三角一体化三年行动计划（2024－2026年）》《粤港澳大湾区发展规划纲要》等政策文件，京津冀地区提出携手打造"五群六链五廊"；围绕工业绿色发展，制定出台《2030年前碳达峰行动方案》《工业领域碳达峰实施方案》和钢铁、化工、建材等行业的具体实施方案，对制造业推进"双碳"发展作出系统谋划和具体部署。从多个层面提出的政策来看，"十五五"时期制造业发展将重点围绕三方面展开，即促进钢铁、化工、建材等传统产业转型升级，推动新一代信息技术、新能源、新材料等战略性新兴产业加快发展，推进量子信息、机器人、生成式人工智能等未来产业发展壮大。

（三）发展阶段变化

"十五五"时期是我国面向2035年基本实现现代化承上启下的关键时期。科学认识这一时期的阶段性特征，厘清我国城镇化、工业化、绿色发展和消费阶段的变化特征，将为确定产业增长点奠定基础。

1. 城镇化阶段特征

预计"十五五"时期，我国城镇化发展主要呈现的特征如下。一是城镇化率增长速度放缓。2023年我国常住人口城镇化率已经达到66.2%，基本进入城镇化发展的后期阶段，[①] 2023~2028年我国城镇化率将保持约0.8%的增长速度，后期可能会进一步放缓。二是以都市圈为主的发展形态成为主流。截至2023年，我国已有14个城市圈获得国家批准，城市发展由各级城市竞相发展转变为以核心城市与周边城市互动交流为主要形态。三是城市发展模式更新。城镇开发模式由外延增量式扩张逐步转向增量扩张、存量更新并重的内涵式提升。"十五五"时期，受城镇发展形态和模式的影响，建筑钢材、建筑材料等以城镇建设为支撑的产业增长空间将受限，对环保材料、化工新材料等材料的需求将进一步增加。

---

① 数据来自2024年7月31日国务院发布的《深入实施以人为本的新型城镇化战略五年行动计划》。

2. 工业化阶段特征

经过改革开放四十多年的发展，我国工业化取得显著进展，已步入工业化后期阶段。依靠高投资、重化工业主导的高速增长模式已经结束，潜在经济增长率自然回落，迫切需要转化增长动能，实现高质量发展。与此同时，为了顺利完成"到2035年基本实现新型工业化"的目标，"十五五"时期，我国制造业比重需保持相对稳定，增长速度要基本与经济发展速度持平甚至略高于经济增速。因此，由传统要素支撑的钢铁、建材、纺织、化工等产业将面临增长压力，战略性新兴产业由于受到国家发展政策、科技要素的加持，将面临较好的增长前景。

3. 消费阶段性特征

未来绿色消费、健康消费成为可持续发展理念下的消费新趋势。《中国居民消费趋势报告（2023）》显示，有73.8%的消费者会在日常生活中优先选择绿色环保的产品或品牌。根据中国汽车工业协会数据，2023年，我国新能源汽车产销量分别达958.7万辆和949.5万辆，分别同比增长35.8%和37.9%，市场占有率达31.6%。这表明以新能源汽车为代表的绿色消费品具有较大增长潜力，正在成为拉动制造业新一轮增长的重要力量，未来新能源汽车等绿色产业发展将迎来广阔空间。此外，健康消费市场规模也不断扩大，巨大的市场规模为生物医药相关产业发展带来新机遇。

4. 绿色化阶段特征

当前，绿色化已经成为全球经济社会发展的共识，全球应对气候变化的要求不断提高，各国持续推进能源转型。国际能源署2024年发布的报告显示，为实现气候变化目标，2030年全球可再生能源总装机容量需至少达到1.1万吉瓦，而在此前提交的194份国家自主贡献报告中，只有14份总计约1 300吉瓦的总装机容量目标得以明确，这表明全球可再生能源发展缺口大、潜力足、前景广。"十五五"时期，风能、太阳能等新能源开发、新能源装备制造、新型储能等产业仍具有巨大增长潜力。

综合来看，通过分析上述三大影响因素在未来发展的趋势变化，可以看出在"十五五"时期，潜力较大的产业领域主要包括信息智能、新能源、新能源和智能网联汽车、生物医药、新材料、3D打印、低空经济、无人机、安全应急装备、节能环保、健康食品等；而受到抑制的产业领域主要包括燃油汽车、传统机械、电子、纺织服饰、以家电为代表的出口型工业和以钢铁、建材、石化为代表的资源依托型产业等。

二、河北省产业增长点识别与选择

（一）确定产业增长点的总体要求

1. 突出数字化网络化智能化的时代特征

当前，智能制造已成为全球制造业科技创新的制高点，推动制造业数字化、网络化、智能化融合应用也成为全球制造业变革的必然趋势。为赢得未来发展先机，抢占世界科技和产业竞争制高点，以美国、欧盟、日本为代表的发达经济体纷纷立足本地区优势领域和产业特色，加大突破性技术研发创新，布局发展量子制造、人工智能和人形机器人、基因生物等智能制造业。我国是制造大国，发展以数字化、网络化、智能化为特征的智能制造也成为建设制造强国的主攻方向。河北省培育增长点、推动产业高质量发展，要顺应科技发展的时代潮流，将数字化、网络化、智能化作为制造业发展的主攻方向，加快推动制造业深度转型升级。

2. 遵循京津冀产业协同发展的战略指引

京津冀三地产业发展应当符合京津冀协同发展的功能定位和目标要求。在京津冀产业协同中，河北被赋予"全国现代商贸物流重要基地"和"全国产业转型升级试验区"的功能定位，承担着与京津共同构建"五群六链五廊"高精尖产业格局的历史使命。未来河北选择和培育产业增长点，拓展制造业增量，要遵循京津冀产业协同发展战略的目标要求，加快发展新一代信息技术、新能源和智能网联汽车、生物医药、氢能、空天信息和卫星互联网等战略性新兴产业和未来产业，缩小与京津产业的梯度差，提高与京津产业发展的同步性和协调性。

3. 明确绿色低碳转型的目标要求

当前，新工业革命的主要目标之一是推动工业绿色转型，实现产业低碳发展，而绿色制造已经成为先进制造业发展的重要方向。世界上多个国家和地区都制定出台政策措施支持制造业绿色转型，我国也将绿色发展作为推进新型工业化的坚实基础。河北省选择和培育产业增长点，需要将绿色低碳的发展理念贯穿于产品生产、流通和消费等环节，加快与绿色制造密切相关技术的攻关和产业化，打造制造业绿色产业链供应链，建设高效率、低排放的绿色智能制造体系，推动制造业高质量发展。

4. 把握产业跨界融合的发展趋势

党的二十大报告提出，要推动现代服务业同先进制造业、现代农业深度融合，促进数字经济和实体经济深度融合。选择和培育产业增长点，应顺应融合发展趋势，积极探索产业跨界融合新路径、新模式，打造产业融合发展新优势。一方面，加快推动先进制造业和现代服务业深度融合，培育服务型制造新模式，鼓励企业开展跨界技术合作，打造产业跨界融合示范标杆；另一方面，加强数字经济与实体经济的融合，依托数字化、智能化技术的深度嵌入，对制造业生产技术和生产方式进行全方位、全链条的改造，推动传统制造业数字化转型升级。

（二）产业高增长领域和方向

以第一部分确定的产业增长潜力较大的领域为重点，结合河北省产业发展基础和条件，遵循着眼未来、创新驱动、协同京津、融合发展的导向，确定"十五五"时期河北省高增长领域为"4＋4"产业，即信息智能、生物医药、新能源、新材料四大新兴产业和空天信息、智能机器人、智能网联汽车、基因与细胞四大未来产业。

1. 扩容倍增新兴引领产业

新兴产业是经济新增长点的重要源头。近年来，河北省加快推进产业结构调整，大力培育新兴产业，在信息智能、生物医药等领域形成了一定规模和技术基础。未来要把握产业发展趋势，围绕规模倍增目标，选择培育重点新兴产业，打造支撑河北省经济发展的新引擎。一是信息智能。以集成电路、大数据等重点产业为突破口，培育壮大第三代半导体、卫星通信、显示器件等主体产业，超前部署智能设备制造、网络安全等新领域新赛道，打造信息智能产业竞争新优势。二是生物医药。坚持创仿结合、品种优化、链条延伸，加快研发针对重大疾病的抗体、疫苗、蛋白及多肽等生物药品，优化升级原料药及化学药，推动抗生素、维生素等原料药向特色化、专利化转变，加强中药新品种、稀濒危中药材替代品的研发和产业化，实现生物医药领域增量扩张。三是新能源。加快可再生能源开发，按照集分结合、海陆并举的方式发展风电，探索海上光伏规模化开发；积极发展新能源装备制造，加快钙钛矿电池等第三代薄膜电池研发及产业化，积极布局电机、叶片、轴承、齿轮箱等风电关键部件及整机制造产业，开展电化学储能、压缩空气储能等储能技术装备研发，推动新能源产业扩规升能。四是新材料。坚持以高性能、多功能、绿色化为主攻方向，大力推进冶金新材料、无机非金属材料、先进化工材料、高性能复合材料等高端材料的研发及产业化，加快由原材料大省向新材料强省转变。

2. 前瞻布局未来高潜产业

未来产业是拓展产业增量、培育形成新质生产力的重要力量。"十五五"时期，要锚定发展趋势和方向，推动未来产业在河北省开花结果。一是空天信息产业。聚焦卫星通信、先进遥感、卫星导航、空天装备制造等领域，重点发展卫星载荷设计及制造、地面设备制造、航空航天材料及部件、卫星运营和6G 等上下游产业，打造空天信息产业链。二是智能机器人产业。在巩固特种机器人、巡检机器人、焊接机器人等优势的基础上，积极推进计算机视觉与模式识别、机器学习、机器人大模型及算法等关键核心技术研发及产业化应用，力争形成若干首台套、首批次、首版次产品，抢占智能机器人新赛道。三是智能网联汽车产业。开展"车、路、云、网、图"技术研发，推进车规级芯片、智能传感器、线控底盘、自动驾驶系统等领域关键核心技术研发及产业化，推动智能网联汽车整车、汽车电子、车载软件、智能底盘等领域协同发展。四是基因与细胞产业。加快细胞基因治疗（CGT）药物、合成生物学药物的研发，布局发展细胞存储、靶点筛选、载体递送、细胞制备、医学检验等相关产业，打造京津冀乃至全国基因与细胞产业新高地。

三、借鉴先进地区培育产业增长点的经验

（一）发达国家经验做法

1. 美国超前布局先进制造业，确保经济持续增长

美国高度重视新兴技术和产业变革，超前布局先进制造业，巩固其在全球经济中的领导地位。一是强化战略规划引领。美国相继出台了《加强美国未来产业领导地位》（*Recommendations for Strengthening American Leadership in Industries of the Future*）、《无尽前沿法案》（*Endless Frontier Act*）等发展战略和行动计划，从科研投入、人才吸引、基础设施建设等方面引导创新资源聚集，为发展先进制造业构建了总体战略框架。二是建立科技创新平台。通过设立若干个国家创新中心，推动制造业核心技术研发并加强成果转化。三是加强新型基础设施建设。美

国将人工智能、先进制造、量子信息技术、5G 视为新型"基础设施"，并在电网和宽带网络等基础设施建设领域进行战略性投资，从而形成了较为完善的技术基础设施和创新支持体系，为培育未来产业增长点积累了显著优势。

2. 英国确定高价值重点领域，推动产业技术创新应用

英国推出了"高价值制造"和"英国工业 2050"战略，引领先进制造业发展，推动技术创新和产业升级，创造经济增长新空间。一是建立产业发展潜力与行业选择标准，设立"制造业能力"标准体系，通过研发强度和增长率指标判定产业发展潜力，选择重点产业进行靶向支持。二是加强科技人才培养，加大对科技基础设施的投资力度，打造高价值国家制造创新中心，以满足制造业发展对科技创新的需求。三是从供应链融资渠道、中小企业能力建设、供应链合作和供应链韧性等方面着手，加强对制造业供应链的扶持，以提高英国制造业在国际市场上的竞争力。

（二）国内地区探索实践

1. 广东省整合创新资源打造战略性产业集群

广东省以企业为主体，整合技术、人才、资金等先进要素资源，构建"基础研究 + 技术攻关 + 成果转化 + 科技金融 + 人才支撑"全过程创新链，赋能战略性产业集群高质量发展，打造产业新增长点。一是提出推动制造业高质量发展的"六大工程"，重点培育十大战略性支柱产业集群和十大战略性新兴产业集群，强化产业优化升级的主体支撑。二是构建龙头企业牵头、高校院所支撑、各创新主体相互协同的创新联合体，采用"揭榜挂帅""定向委托"等方式，鼓励企业牵头或参与关键核心技术、关键零部件和重大装备科研攻关，在 5G、超高清、高端打印机等领域取得突破。三是打造高素质产业人才队伍。面向产业集群创新型、应用型、技能型人才需求，引进培养一批产业集群急需的战略科学家、科技领军人才和创新团队，促进科技人才在科研机构与高等院校、企业之间合理流动。

2. 浙江省数字化赋能制造业跨越提升

浙江省依托"互联网 +"发展基础优势，持续推进数字产业化和产业数字化，加快数字经济与实体经济融合，以数字化不断催生新产业、新模式、新场景、新动能。一是标准引领，提升数字领域话语权。立足互联网、物联网、大数据、人工智能等领域，实施标准领航工程，打造国家级技术标准创新基地

和标准验证检验检测点试点，提升在产品评估、系统和组件接口、数据兼容等国际竞争和市场应用重点领域的行业标准话语权。二是数字赋能，推动制造业转型升级。开展工业互联网探索，深化以"产业大脑＋未来工厂"为核心的数字经济系统建设，持续推进数字产业化、产业数字化。三是载体支撑，打造数字经济生态系统。加快建设高能级创新载体，推进杭州、宁波、温州等国家自主创新示范区和人工智能创新发展示范区建设，加快集聚创业者、风投资本、孵化器等高端要素，逐步形成数字经济生态系统。

（三）国内外经验对河北省的启示

国内外先进国家和地区打破发展困局、谋求新增长点的探索实践和成功经验，为河北省进一步培育产业增长点、开辟制造业增量空间提供了有益借鉴。一是创新是挖掘制造业新增长点的根本动力。各级政府高度重视创新在经济发展中的作用，为了培育新兴产业，美国、英国等发达国家都致力于搭建国家制造业创新网络，国内各地区也聚焦现实基础和综合优势，力图通过科技创新赢得产业竞争的主动权。在此形势下，河北省也应加强产业科技创新，强化国家级和省级创新平台建设，优化创新生态，促进创新成果产业化，构建全过程创新链，不断提升科技创新支持产业发展的能力。二是数智化转型是促进制造业高质量发展的重要抓手。综合案例经验发现，各地都在大力推进企业数字化智能化转型，以此降低成本、提高效率、实现新增长。河北省应鼓励企业积极拥抱数字化智能化转型浪潮，从促进数字技术创新与应用、打造产业数智化生态体系和提升从业人员数智化技能水平等方面着手，推动制造业全面数智化转型。三是集群式发展是壮大先进制造业的重要途径。发达国家和地区的经验表明，集群化是产业规模化发展的典型特征。河北省应借鉴国内外先进地区打造先进制造业集群的经验，科学制定集群发展战略，吸引和集聚大批产业链上下游配套企业，推动产业规模扩张和实力升级，打造先进制造强省。

四、河北省培育产业增长点的主要路径

（一）实施产业技术创新攻坚，激活技术核心要素

1. 提高关键技术创新供给能级

围绕信息智能、生物医药、新能源、新材料等产业发展重大技术需求，超

前布局开展基础和应用技术研究。实行"揭榜挂帅""赛马"机制，组织实施一批重大科技专项，攻克一批"卡脖子"技术。聚焦"五群六链五廊"京津冀产业协同发展的重点方向，完善重点产业链协同创新机制。强化"人才"这一核心要素的储备和供给，大力培育新兴产业领军企业家和科学家，建设一批新兴技术学院，探索校企联合复合型创新人才培养模式，加大前沿领域紧缺高层次人才的引进力度。

2. 强化科技成果落地转化

系统性推进科技成果转化机制改革，激发科技成果落地转化动力活力，培育产业发展新引擎。一是加快汇聚科技创新成果信息资源。围绕服务国家发展战略和河北产业增长点培育的要求，持续完善科技成果信息体系，引入国际国内一流科研机构，成立河北研究院，汇聚优势特色领域科研成果；建立国内外先进研发团队创新成果库，为引进重点产业领域的技术创新成果奠定基础。二是积极吸引其他地区科技成果在冀转移转化。实施重大科技成果转化专项，吸引中央驻冀院所和京津科技成果落地河北省。依托高新区、中关村创新中心等创建河北省科技成果转移转化示范区，拓展产业链条，加强产业集聚效应。实施技术转移服务体系提升计划，全面提升技术转移服务能力。

3. 推动创新场景应用和示范

围绕新兴产业和未来产业创新发展需求，以"场景找技术"与"技术找场景"为发展方向，面向设计、生产、检测、运维等环节打造应用试验场。一是推动场景创新供需对接。充分发挥场景对创新的引领作用，通过组织"场景集市""企业联盟对接会"等各类场景供需对接活动，以小切口、深挖掘的方式推动场景创新供需对接，助力关键核心技术创新试验突破。二是加大重大创新应用场景谋划力度。紧扣重点未来产业培育需求，常态化谋划和打造具有特色的超级场景，为新技术、新产品提供应用测试空间。三是建立创新应用场景制度。探索制定宽容审慎的场景创新供给制度，探索运用创新沙箱、负面清单等监管手段，最大限度地允许场景创新试错，激发创新应用动能。

（二）推动产业延链拓链补链，实现链式聚力倍增

1. 做大做强产业链"链主"

围绕战略性新兴产业和未来产业重点领域，着力培育一批具有业态主导力和核心竞争力的行业领军企业。支持行业优势骨干企业围绕核心产业实施兼并

重组，提高产业集中度和行业话语权，打造产业链"链主"。培育发展专精特新"小巨人"企业、单项冠军企业和"独角兽"企业，构建"科技型中小企业—高新技术企业—科技领军企业"梯度培育体系，打造大中小企业融通创新、链式配套、集群发展的良性格局。

2. 加快提升产业链现代化水平

统筹推进产业补短板、锻长板，分行业做好产业链战略设计和精准施策，重点围绕半导体、机器人、新能源和智能网联汽车、低空装备制造等细分赛道，谋划引进和实施一批重大项目，做大产业规模，做强产业实力。引导企业专注细分领域，持续提升技术和工艺水平，支持有实力的企业积极发展生产性服务，向上中下游企业和制造业同行提供专业化服务。大力推进供应链管理创新，加强对新能源汽车、半导体等重点产业的国际供应体系评估，建立风险应对机制及策略，提高供应链弹性。建立和完善重点产业联盟，鼓励"链主"企业协调组织上下游开展协同生产、共享制造，提高产业链整体效能。

3. 培育壮大产业链集群

深入实施战略性新兴产业融合集群发展行动，探索建立战略性新兴产业集群发展协同机制，支持省以上战略性新兴产业示范基地构建集协同创新、成果转化、示范应用、产权服务、科技金融等功能于一体的产业链合作共同体，提升集群产业链综合竞争力。构建产业集群梯次发展体系，鼓励资源富集、业态主导力强的集群争创国家级、省级战略性新兴产业集群试点，促进产业集群间链式衔接、资源共享、协同发展。

（三）打造标志性拳头产品，培塑河北特色制造品牌

1. 实施"产品领跑计划"

围绕重点拓增产业领域，结合国内外产业发展新形势新特点，确定"十五五"时期河北省重点打造机器人、智能网联汽车、先进低空装备、细胞基因药物等4个标志性拳头产品。一是拓展机器人品类，加快冲压、喷涂、切割、组装、码垛等工业机器人全品类研发生产，推动大六轴、小六轴机器人和SCARA机器人等中高端产品开发，加快向服务机器人领域拓展。二是发展智能网联汽车产品，支持汽柴油整车制造企业加强智能网联新能源汽车板块布局，积极打造智能网联新能源物流车、乘用车及核心零部件等拳头产品。三是围绕未来智慧空中交通需求，加快电动垂直起降航空器、智能高效航空物流装

备等研制及应用，打造先进低空装备标志产品。四是培育细胞基因药物产品，围绕基因编辑、核酸序列设计与合成等重点领域加强关键技术攻关，推动细胞与基因治疗药物的开发和产业化应用。

2. 唱响"河北制造"品牌

加强品牌建设，鼓励企业产品和品牌创新，完善政策支持，构建品牌标准体系，优化发展环境，让更多河北制造闪耀生辉，擦亮"河北制造"金字招牌。坚持创新驱动，加快构建以企业为主体、产学研用相结合的创新体系，激发企业产品升级的主动性和创造性。持续开展"冀优千品"河北制造品牌升级行动，围绕制造业主导产业，统筹推进品牌评价、知识产权保护和品牌宣传，形成"政、产、学、研、媒"等合力。依托中国品牌日、河北品牌节助力河北省品牌建设深度合作，不断提升"河北制造"品牌的知名度和美誉度。

（四）突出数字赋能，构建智能制造新模式

1. 建设智能工厂

支持钢铁、装备、化工、食品等行业企业对"哑设备"实施数字化改造，广泛部署应用低成本、模块化的智能模组和系统，提升核心装备和关键工序的数字化水平，加快智能化升级。深入实施"十万企业上云"计划，完善河北省企业上云公共服务平台，支持企业网络化互联，利用5G、边缘计算、数字孪生等新技术开展内外网改造升级，推动企业业务系统、工业设备、数据资源、生产资源等企业上云。加大对智能制造优秀应用场景、智能制造标杆企业的推广力度，形成一批工业互联网标杆示范案例。

2. 打造数字园区

以各级各类开发区为重点，加快完善园区信息基础设施，增强信息网络综合承载能力和集聚辐射能力，提升园区数字化、智能化管理水平。推动园区管理数字化，建设与推广智慧园区管理平台，对园区内人流、物流、能耗、环保、消防和生产安全等进行高效管理。为实现园区服务数字化，充分应用信息技术，为入园企业提供政务代办、政策法律咨询、创业辅导、人才招聘、项目路演对接、融资等公共服务。

3. 建设"共享智造"模式

以河北省107个特色产业集群为重点，探索"共享智造"模式，打造"共享智造"示范标杆，培育制造业创新发展新动能。围绕集群共性制造需

求，精准定位关键工序、稀缺技术与核心环节，大力推行协同生产、租赁使用、共享加工等模式，建设共享车间，实现资源高效利用。引导集群整合制造资源，建设一批共享制造工厂，为中小企业提供技术、场地、设备和人才等生产资源，推动集群企业深度高效协同。引导龙头企业建设数字化共享平台，发展"平台接单、按工序分解、多工厂协同"模式，推进研发设计、生产制造、售后服务、投融资等全产业链、全流程共享，提高生产灵活性和协同效率，为中小企业提质增效提供有力支撑。

参考文献

［1］陈清：《全面提升产业链现代化水平》，载于《经济日报》，2023 年 9 月 16 日。

［2］范作冰、陈栖栖：《浙江装备制造产业增长影响因素的实证研究》，载于《生产力研究》2017 第 11 期。

［3］宫小飞，袁征：《美国制造业回流政策：实施效果与制约因素》，载于《国际问题研究》2023 年第 6 期。

［4］黄利春：《广东制造业集群数字化转型发展的路径研究》，载于《科技与金融》2024 年第 7 期。

［5］盛朝迅：《"十三五"时期我国产业新增长点的影响因素与方向前瞻》，载于《经济纵横》2017 年第 5 期。

［6］孙美、玉李雨、凌李雪等：《"十五五"时期我国未来产业发展形势研判及思路建议》，载于《软件和集成电路》2024 年第 7 期。

［7］杨华：《打造龙头带动、共享制造的特色产业集群》，载于《河北日报》，2024 年 11 月 22 日。

［8］颜廷标：《让主导产业立起来、强起来》，载于《河北日报》，2024 年 10 月 31 日。

京津冀协同发展背景下河北省
人口外流特点及应对策略*

王春蕊**

摘　要：根据中国统计年鉴、河北省统计年鉴数据，近年，河北省常住人口变化表现出四大特点：（1）常住人口总量连续两年分别减少28万人、27万人，人口降幅在全国排第六位；（2）11个地级市中有6个地级市的县级常住人口减少数量占比超过一半，统计的191个县级（市、区，含开发区）近54%的常住人口处于减少状态，全省乡村常住人口基本处于全面减少状态；（3）出生人口连续6年下降，2023年出生人口（41万人）已降至2019年出生人口的一半水平；（4）河北省人口长期处于净流出状态，2000年、2010年、2020年三次普查数据显示，河北省净流出人口分别为28.8万人、209.36万人、232.5万人。针对当前河北省人口持续外流的特点及成因，本文从完善生育政策、创业就业扶持、优化营商环境等方面提出引人、引才的对策建议。

关键词：京津冀人口流动　创业就业　发展环境

人口迁移流向和流量已成为反映区域经济社会发展状况的晴雨表。根据2000年、2010年、2020年河北省人口普查数据，自改革开放以来，我国人口迁移流动规模逐渐加大，2000年达到10 901.06万人，2010年达到22 103.11万人，2020年更是达到37 581.68万人，占人口比重分别为8.77%、16.58%和26.66%，其中省际人口迁移流动更是呈扩大趋势。京津冀地区作为中国北方最重要的区域之一，随着京津冀协同发展战略的深入推进，三地之间人口流

---

* 基金项目：国家社科基金一般项目"农民工返乡创业稳定性双向嵌入机制与优化路径研究"（20BRK010）的阶段性成果。

** 王春蕊，河北省社会科学院经济研究所副所长，研究员，应用经济学博士后，主要研究方向为区域经济、产业经济和创新创业。

动也更加活跃。但受经济发展水平差异化影响，京津冀之间人口流动主要表现为河北省人口的单向外流。尤其是近些年，人口发展进入负增长阶段，外加出生人口减少，河北省净流出人口规模持续增长，亟须引起政府部门的高度重视。

一、京津冀协同发展背景下河北省人口流动特征

（一）河北省人口迁移流动规模逐年增长，以省内流动为主

一是河北省人口迁移流动规模持续增长。根据"五普"数据，2000年，河北省流动人口规模351.10万人，占全省人口规模（常住人口）的5.27%；2010年流动人口规模达到667.50万人，占全省人口规模的9.29%，十年间所占比例提高了4.02个百分点，流动人口规模增加了316.40万人，增长了90.12%，年均增速6.64%；2020年流动人口规模达到1 533.29万人，占全省人口规模的20.55%，相较于2010年所占比例提高了11.26个百分点，流动人口规模增加了865.79万人，增长了129.71%，年均增速8.67%。

二是河北省人口迁移流动以流出为主。从全国来看，河北省属于人口净流出地区。根据2000~2020年历次人口普查数据，河北省人口流出规模逐渐增加，净流出人口数量明显增长。2000年"五普"时期，河北省省外流入人口规模93.05万人，流出省外人口有121.90万人，净流出28.85万人；2010年河北省省外流入人口规模为140.47万人，流出省外人口有349.83万人，净流出209.36万人，十年间，流出人口规模增加了227.93万人，增长了186.98%，净流出增加了180.51万人，净流出增长了6.26倍；2020年河北省省外流入人口规模315.53万人，流出省外人口有548.03万人，净流出232.50万人，相较于2010年，十年间流出人口规模增加了198.20万人，增长了56.66%，净流出增加了23.14万人，净流出增长了11.05%。在流出省外趋势不减的情况下，流入人口规模也在增加，使得净流出的势头得到缓解。

（二）河北省流出人口呈现出短距离、向发达地区流动态势

根据2000年、2010年、2020年河北省人口普查数据，如图9-1所示，

从全国人口流动特点看，人口流动与区域经济发展水平直接相关。从流向看，河北流出人口主要以京津为主，外省流入河北的人口以河南、黑龙江及周边省份为主。2020年，河北省的外流人口中（548万人），流向北京、天津的占比分别为39.5%（216.2万人）、16.6%（90.9万人），二者合计占比56.1%。与此同时，如表9－1所示，2020年外省流入河北省的315.5万人中，河南人口居多，占16%（50.5万人），黑龙江、山东、天津、内蒙古分别占10.7%、7%、6.8%和6.4%。其次，辽宁、吉林、四川、北京、山西等省份流入河北的人口数量较少。

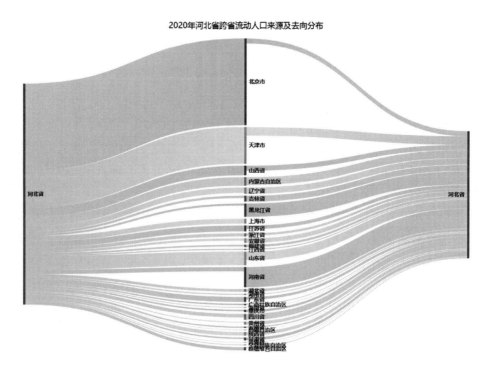

图9－1　2020年河北省人口跨省流动桑基图

表9－1　　　　　　　2020年河北省外流人口去向及占比

人口流向	人口流动主要地区（省份）	人口流动次要地区（省份）
河北省人口跨省流出去向	北京（39.5%）天津（16.6%）	山西（4.5%）、内蒙古（4%）、辽宁（2.5%）、上海（2.3%）、江苏（2.7%）、广东（2.3%）

续表

人口流向	人口流动主要地区（省份）	人口流动次要地区（省份）
外省流入河北省人口	河南（16%）、黑龙江（10.7%）、山东（7%）、天津（6.8%）、内蒙古（6.4%）	辽宁（5.3%）、吉林（5%）、四川（4.7%）、北京（4%）、山西（4.1%）

资料来源：2020 年河北省人口普查数据。

（三）河北省跨省流出人口各地区差异性较大，流出人口以中青年为主

1. 跨省流出人口来源地分析

从各地市看，邯郸市为跨省流出人口的主要来源地，保定市次之。根据 2020 年河北省人口普查数据，对 2020 年河北省按市分的流出省外人口数据进行分析，通过图 9 - 2 可以看出河北省跨省流出人口来源地前三个市分别为邯郸市、保定市和邢台市，在河北省整个跨省流出人口中占比分别为 17.49%、14.86% 和 10.92%。秦皇岛市迁出人口最少，占比为 2.74%。

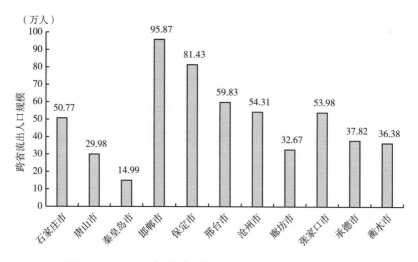

图 9 - 2　2020 年按市分河北省跨省流出人口规模

2. 跨省人口以中青年为主

河北省跨省流动人口在性别、年龄结构上存在一定的互补。如图 9 - 3 所示，河北省流出人口年龄集中在 20～60 岁。其中，青年和中年流动人口比重较高，

31~40岁年龄组占比最高，为26.29%，超出流出人口总数的1/5；21~30岁年龄组次之，占比接近1/5。劳动年龄人口比重大，在一定程度上反映了外出务工人员的年龄分布情况，流动人口中男性的比例要明显高于女性，尤其是在劳动年龄人口中，男性的数量优势更为突出。低龄组（0~14岁）和高龄组（64岁以上）占比较小，分别为10.8%和4.79%。在低龄组中每个年龄阶段占比基本相同；在高龄组中，大体上每个年龄区间所占比重依次递减。31~40年龄组之后人口流出数量随年龄增长呈下降趋势。在跨省流入的人口中，各年龄组对流出人口有一定的补充作用，但中青年劳动力跨省流入还是较少，和流出人口相差较远。

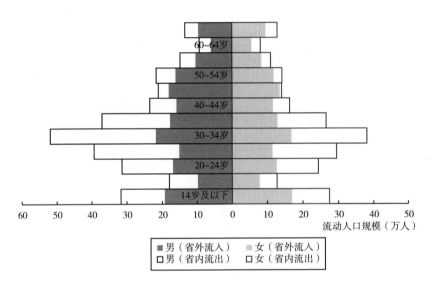

图9-3 2020年按性别年龄组分河北省省内外流动人口金字塔

3. 流出人口以初中文化水平为主

根据2020年河北省人口普查数据，河北省流出人口的受教育程度以初中文化水平为主，占流出总人口的40.04%。受过高等教育的人占比也相对较高，为23.03%。大学本科和专科占比相似，分别是11.77%和10.12%，占比接近1/5。硕士研究生和博士研究生占比小，分别为1.04%和0.1%。总体来看，虽然高素质流动人口占比较高，但河北省流出人口所表现出来的受教育程度依然较低。

（四）人口流失县比重较高，乡村人口流失问题尤为突出

近年来，随着工业化和新型城镇化的快速推进，城镇人口增长较为迅速。一是河北省一半以上县（市、区，含开发区）的常住人口处于减少状态。根据 2024 年河北省统计年鉴，2023 年，全省统计的 191 个县（市、区，含开发区）中，常住人口减少的县（市、区）有 103 个，常住人口增加的县（市、区）有 88 个，分别占比 54% 和 46%。从常住人口涨幅看，多数县（市、区）增幅在 1 万人以内，仅邯郸经济技术开发区和雄安新区的容城县常住人口增幅在 1 万人以上。二是常住人口减少县（市、区）占比超过一半的地级市有 6 个，分别是保定（84.2%）、邢台（84.2%）、邯郸（73.7%）、张家口（63.2%）、承德（57.9%）、衡水（52.6%），而同期唐山、秦皇岛、石家庄这一比例分别为 10.5%、10.5%、21.1%。雄安新区常住人口一直处于增长状态。三是河北省乡村常住人口增长几乎整体塌陷。2023 年统计的 158 个有乡村人口县（市、区，含开发区）中，乡村人口减少的县（市、区）占比已达到 98.1%，仅有邯郸市经济技术开发区、安新县、秦皇岛市海港区乡村常住人口出现小幅增长，其他地区基本处于减少状态。

二、河北省人口外流成因及影响分析

（一）河北省人口外流成因

从 2020 年河北省人口普查数据看，因"工作就业"原因流出人口占大多数。表 9 - 2 显示，"工作就业"是河北省人口迁出的主要原因，共计 318.48 万人，占比 58.11%，占据迁出人口的半数之多；其次是"随同离开/投亲靠友"，约有 59 万人，占比 10.8%；"为子女就学"迁出户口的人数占比最少，仅为 0.38%，约 2 万人。因"工作就业"原因迁出的人口，河北省各市的占比并不均衡。其中邯郸市的占比最高，为 19.45%，约为 62 万人；其次是保定市，因"工作就业"原因迁出的人口占比为 15.71%，约 50 万人；秦皇岛市因"工作就业"原因迁出的人口数量最少，约为 8 万人，占比 2.51%。

跨省流出人口与流入人口在流动原因方面互补性低。对比跨省流入人口，因"工作就业"而迁入的人口为跨省流出人口的一半，约为 50.35%。可见跨

省流入的人口远不能对流出人口起到补充作用。除因"为子女就学"和"养老/康养"而跨省迁入人口超过跨省流出人口外，其他各项均以跨省净流出为主。

表9-2 2020年河北省按原因分流动人口规模

流动原因		省内流出		跨省流入	
		总计（万人）	占比（%）	总计（万人）	占比（%）
经济型流动	合计	371.55	67.8	188.49	59.74
	工作就业	318.48	58.11	158.12	50.11
	学习培训	53.07	9.68	30.38	9.63
社会型流动	合计	176.47	32.2	127.03	40.26
	随同离开/投亲靠友	59.16	10.8	42.84	13.58
	拆迁/搬家	29.77	5.43	25.13	7.96
	寄挂户口	15.35	2.8	3.23	1.02
	婚姻嫁娶	20.34	3.71	16.55	5.24
	照料孙子女	15.11	2.76	6.25	1.98
	为子女就学	2.09	0.38	2.13	0.68
	养老/康养	4.26	0.78	5.92	1.88
	其他	30.39	5.54	24.98	7.92

（二）人口持续外流产生的影响分析

1. 人口持续外流对区域经济高质量发展产生负面影响

人口长期大规模外流意味着区域产业的衰减和就业容量的降低，长此以往会形成人口外流的恶性循环。从东北三省发展历程看，受产业结构调整和经济转型等因素影响，东北三省经济长期持续低迷，这种低迷的经济形势又进一步加剧了人口外流趋势，导致东北三省陷入人口长期外流困局，持续降低经济增长活力。河北省需高度警惕这种不利影响，一是高度关注青年群体外流对扩大内需的冲击。青年群体尤其是大学生群体，是当前住房、教育、医疗、生活等多个行业消费的主力军，吸引青年人口就意味着经济增长。2020年人口普查数据显示，河北省跨省流出人口年龄集中在20~60岁，21~40岁年龄组占比近50%。因此，河北省应采取有力措施，重点吸引青年群体入冀、留冀。二是高度关注人口减少对县域经济的负面影响。2020年"七普"数据显示，河北省跨省流出人口较多的分别为邯郸市、保定市和邢台市，在全省跨省流出人口中占比分别为17.49%、14.86%和10.92%。2023年，河北省11个地级市中有6个地级市的县级层面常住人口流失严重，这势必会降低县域经济活力。三是高度关注乡村人口大面积减少对乡村振兴的不利影响。在当前我国进入低生育水平的大背景下，吸引人口就意味着带动区域就业、教育、住房、消费等多个领域的增量发展。从河北省看，虽然有近46%的县（市、区）常住人口在增加，但农村常住人口大面积减少，外流较为严重，势必不利于乡村振兴战略推进。

2. 各省对人口的"争夺"将会对河北人口引流形成压力

近年来，各地均意识到人口对活跃经济、拉动消费的重要性，纷纷针对高端人才、高校毕业生、技能人才等密集出台了多项政策，包括地方政府采取多种措施优化营商环境，加强外来人口"抢夺"。尤其是各地纷纷把公共数据开放作为提升营商环境数字化的重要抓手。截至2023年8月，全国已上线省级和地级市层面公共数据平台226个，其中省级平台22个（不含直辖市和港澳台），城市平台204个（含直辖市、副省级和地级市行政区）。[①] 比如，广东、江苏率先利用大数据信息集成开发优势，建立公共数据开放平台，通过开放政府公共数据向社会公众传递招商、就业等信息。广东公共就业云平台包括了各类群体的就业（失业）信息登记和就业创业资助、补贴等业务，加强了当地信息流的汇聚与输出，成为招商引才的信息窗口。河北省现阶段在公共数据开放方面相对薄弱，利用公共数据要素引人引才和优化营商环境的意识还不强。

三、对策建议

为应对当前河北省人口外流的影响，促进河北省人口有序流动，首先应在京津冀协同发展的大背景下做到区域内的协同发展与优势互补，通过政府的统筹协调、政策引导和市场主导，实现河北省流动人口的有序流动和合理分布。

---

① 数据来自中国开放数林指数，http://ifopendata.cn/。

（一）加强顶层设计，做好人口引流规划

一是加强人口、产业、资源、公共服务等方面的顶层设计，做好以产业发展和公共服务提升为主的吸引人口人才入冀规划。把握好当前的历史性窗口期和战略性机遇期，制定全方位的发展规划蓝图，以解决当前存在的人口发展与区域功能配置不当，城市、产业、基础设施、生态等布局失衡，以及区域发展落差持续扩大等问题。将人口发展与经济社会发展规划、城市空间规划与土地利用总体规划有机融合，兼顾生态建设和环境保护，确保发展的各领域、各环节相互衔接，协调发展。二是在京津冀协同发展的背景下，河北省要通过产业和服务吸引人口，借助"两翼"带动发展战略，以北京非首都功能疏解为"牛鼻子"推进京津冀协同发展向深度拓展，以建设雄安新区带动冀中南乃至整个河北省发展，带动区域联动发展格局，打造京津冀区域性城市群，形成京津冀协同发展新的增长极。三是加强城镇体系与产业系统协同发展。要坚持制造业立省不动摇，统筹锻长板、补短板，巩固提升制造业优势，促进传统产业高端化、智能化、绿色化，培育新技术、新产品、新业态、新模式，大力发展服务型制造，保持制造业比重基本稳定，优化资源配置，使教育、信息、资本和社会服务等要素在京津冀自由流动，促进河北省产业升级，为进一步吸引人才创造条件。

（二）创新以社会福利随人流动的社会公共服务机制，吸引京津人口向河北流动

促进河北省人口有序流动，在政策上需逐步弱化户籍和福利的关联度，努力实现公共服务均等化，以此缩小地区间的制度差异给人口流动带来的影响。一是加快新型城镇体系建设，充分发挥京津冀协同发展和雄安新区规划建设战略优势，吸引国内高端人才向雄安新区转移，以此吸引北京等地的人才进入河北，既能为河北省经济发展作出贡献，也可减轻北京人口压力，实现人口合理分布。二是加强公共服务和社会保障体系建设。河北省与其他经济发达地区相比，公共服务和社会保障体系相对落后，对人才的吸引力不强，人才大量外流。一方面，要积极发挥政府的扶持和引导作用，扩大公共服务和社会保障的规模，大力发展教育、科技等公共事业，缩小与经济发达地区的差距，推动京津优质教育资源向河北省延伸布局，组建京津冀高校联盟，共建一流学科联合体，支持京津中小学在河北省合作建立分校，以此推进教育事业发展；另一方

面，河北省应秉持"以人为本"的发展理念，重视人才，提高公共服务和社会保障的质量，增强当地劳动力人口的归属感、获得感和幸福感，从而激发当地经济发展活力，从根本上提高河北省就地吸纳就业的能力。

（三）提升营商环境数字化水平，充分发挥人才吸引效应

根据《2023 中国地方公共数据开放利用报告（省域）》，在中国开放数林省域排名中（不含直辖市和港澳台），四川、贵州、广西三省分别位列第 3、第 5 和第 7，河北省位列第 14，亟须加大公共数据开放力度。一是依托河北省大数据管理局，加快推动公共数据开放，打造集成式公共服务平台，提升人才、人口吸引力。建立公共数据开放平台，有效整合部门、行业大数据招商、就业、服务等信息，充分利用海量数据开发适合就业创业、招商引资的多元化产品，释放河北省招商引才强"信号"。二是探索建设首席数据执行官制度。广东、江苏、浙江、上海、四川、北京等地都建立了首席数据官制度，并对相关内容进行了明确。河北省应加快建立首席数据官制度，明确其职责范围，包括推进智慧城市和数字政府建设、完善数据标准化管理、推进数据融合创新应用、实施常态化指导监督、加强人才队伍建设以及开展特色数据应用探索。鼓励具备条件的企业设立首席数据官。三是加快提升营商环境数字化水平。充分利用海量公共数据优势，持续完善政务、民生等领域的信息化、智能化服务功能，构建全时段、全部门、全领域的一站式信息集成化公共服务平台，为企业和社会公众提供便捷化服务，打造公开透明的政务环境，吸引更多人才、企业入冀。

（四）瞄准重点群体、重点区域大力引人引才，积极吸引人口回流

一是出台"创业就业 + 暖心公寓"类住房政策。瞄准青年群体关注的就业、住房问题，借鉴山东零工公寓经验，围绕灵活就业者人数众多、就业方式多元化的特点，整合公寓资源，组建一批劳动者之家（暖心公寓），以低成本租赁的方式为灵活创业就业人员提供住房服务。二是加大高校毕业生创业支持力度。持续实施就业补贴政策，建议将河北省高校毕业生创业个人创业担保贷款额度由 20 万元提高到 30 万元，吸引高校毕业生来河北创业。三是发挥好雄安新区人才、人口吸引优势。从统计数据看，雄安新区常住人口处于增长状态，要持续发挥雄安新区国家战略优势，创新招商引才思路，采取"产业 + 人才""项目 + 人才""人才带家属""人才带团队"的方式，打捆引入一批

高水平人才，打造人才服务一站式、保姆式服务，采取专人服务团队给予精准化和一对一服务，发挥雄安新区引才的乘数效应。

（五）积极发展一批创业楼宇经济，打响"冀创城市"品牌

围绕当前新产业、新业态，为创业就业者提供更多发展的空间和可能。一是聚焦县域特色产业，打造一批"产教学娱服"综合性"楼宇地标"。聚焦青年群体偏好各类轻资产、小空间的网络直播、创客等新业态，加快盘活城区现有的老旧厂房、闲置楼宇，经过艺术化改造，与产业实体联动，形成包括就业创业、休闲娱乐、公共文化服务等多功能于一体的综合体，既满足青年群体的创业需求，又满足生活休闲需要，打造一批冀字头楼宇地标，成为吸引青年群体创业就业的新风尚。二是培育一批新业态标兵企业。积极培育壮大以视频、直播为主的在线教育等平台经济以及新基建、新能源、康养服务等新型业态，出台新业态新领域就业创业扶持政策，加大税收、信贷支持力度，培育一批示范引领性强的新企业。三是强化"冀创城市"品牌营销。谋划"冀"字头城市创业品牌，加强宜居宜业城市品牌系统化设计，从品牌内涵、宣传方式、团队运营、跟踪服务等方面精心组织谋划，利用数字时代"流量"优势，组织团队利用自媒体、融媒体和各类宣传推广平台，加强"冀创城市"品牌宣传推广，提升河北省创业就业美誉度。

参考文献

[1] 高苹、戚伟、刘盛和，等：《中国城市网络结构特征及组织模式——基于长短期人口流的比较》，载于《人文地理》2023 年第 6 期。

[2] 金丹、周婧、楠许尊：《京津冀城市群流动人口空间格局及影响因素研究》，载于《城市发展研究》2024 年第 12 期。

[3] 刘涛、杨梦、彭荣熙：《东北三省人口流失的结构性与流向特征——基于长时序人口普查数据的区域比较分析》，载于《地理科学》2024 年第 6 期。

[4] 杨卡：《京津冀区域日常人口流动网络及其结构特征》，载于《城市观察》2024 年第 1 期。

[5] 张纪平：《人口流失的城市化效应——基于东北经验》，载于《人口与社会》2024 年第 6 期。

数字金融对京津冀城市绿色发展的影响研究
——基于数字信贷的分析[*]

刘　旺[**]

摘　要：注重经济增长与环境保护的绿色发展模式逐渐成为实现城市可持续发展的重要路径。2011 年以来，数字金融在中国实现了跨越式发展，成为影响京津冀城市绿色发展的重要角色。其中，数字信贷业务为消费者和小微企业提供了更好的金融服务，也深度影响了京津冀城市绿色发展。本文利用 2011～2020 年京津冀 13 个城市的数据，聚焦于数字信贷这一独立指标，系统考察了数字信贷对城市绿色发展的影响机制与调节效应。基准回归结果表明，数字信贷对城市绿色发展有显著的先促进后阻碍的影响，形成了倒"U"型曲线。机制检验结果表明，数字信贷通过工业扩张效应和污染扩张效应产生对城市绿色发展的先促进后阻碍的作用。调节效应检验发现，数字信贷对城市绿色发展的阻碍作用受到绿色金融的削弱效应和资源禀赋的放大效应的影响。

关键词：数字金融　数字信贷　绿色发展　非线性影响

一、引言

协同推进经济高质量发展和生态环境高水平保护，是在我国发展新阶段面临的重点问题。习近平总书记强调，要坚持在发展中保护、在保护中发展，实现经济社会发展与人口、资源、环境相协调。如何处理经济增长与环境保护之

---

* 基金项目：天津市 2022 年度哲学社会科学规划研究项目《数字赋能制造业绿色转型升级路径研究》（TJLJQN22 - 002）。
** 刘旺，天津社会科学院数字经济研究所助理研究员，主要研究方向为数字经济、贸易政策与国际直接投资。

间的关系，实现兼顾经济增长与环境保护的绿色发展，已成为实现中国经济高质量发展的重点议题。

近十年，京津冀地区在绿色发展方面取得了一定的成就。经济增长方面，京津冀地区人均GDP显著提高。如图10-1（a）所示，2022年京津冀三地人均GDP分别增至19.00万元、11.79万元和5.65万元，相比2013年分别增长了89%、165%和65%；如图10-1（b）所示，2023年，京津冀三地居民人均可支配收入分别增至8.18万元、5.13万元和3.29万元，相比2013年分别增长了100%、95%和117%。排污治理方面，京津冀地区每亿元工业增加值所排放的污染物也大幅度减少。如图10-2（a）所示，2022年京津冀三地每亿元工业增加值所排放的废水中的六价铬、镉、汞和铅等重金属含量合计为41.05公斤、69.43公斤和154.35公斤，相比2013年分别降低了98%、90%和95%；如图10-2（b）所示，2022年京津冀三地废气中的碳氧化物和二氧化硫等污染物合计排放量为14.72万吨、17.81万吨和64.97万吨，相比2013年分别降低了81%、87%和78%；如图10-2（c）所示，废水中的磷氮等严重破坏生态的污染物合计排放量分别为11.71万吨、35.32万吨和41.94万吨，相比2013年分别降低了79%、21%和68%。[①]

京津冀地区的绿色发展离不开金融工具的有力支持。2023年末，人民银行河北省分行会同河北省发展和改革委员会与工信厅等七部门联合印发全国首个定位于钢铁行业的转型金融指导文件《河北省钢铁行业转型金融工作指引（2023—2024年版）》，为金融机构开展钢铁行业转型金融业务提供政策依据，缓解钢铁企业低碳转型过程中的融资压力。2024年5月，人民银行北京市分行等多部门联合出台《北京市信贷支持建筑绿色发展的指导意见（试行）》，加大金融支持建筑等领域绿色发展的力度，引导撬动更多信贷资源向绿色领域聚集。[②] 2024年9月，天津市发布了全国首个定向于化工行业的转型金融标准，助力化工行业低碳转型发展；2024年10月，天津市发布了《绿色融资租赁项目评价指南》等三项团体标准，推动绿色融资租赁业务的发展。[③]

数字金融的快速发展引起了金融行业广泛而深刻的变革。数字金融是传统金融与数字技术的融合（世界银行，2020）。具体而言，数字金融泛指传统金融机构与互联网公司利用数字技术实现融资、支付、投资和其他新型金融业务模式（黄益平和黄卓，2018）。自2013年余额宝正式使用起，中国的数字金融

---

① 相关数据均利用中国国家统计局的数据计算而得。
② 信息出自中央财经大学绿色金融国际研究院。
③ 信息出自天津市政府网站。

开始快速发展。蚂蚁金服、京东金融和腾讯财付通等数字金融公司开展了第三方支付、信用贷款和数字货币等业务，加速了国内金融机构的数字化进程。

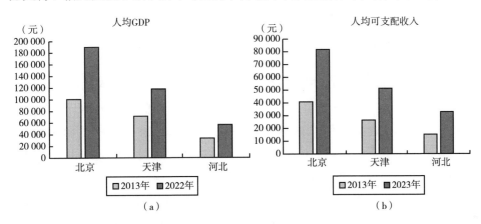

图 10 - 1 京津冀人均 GDP 和人均可支配收入变化

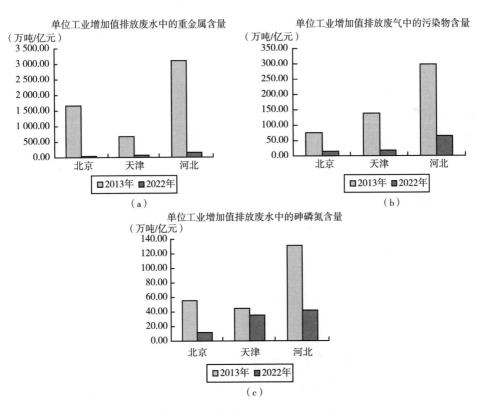

图 10 - 2 京津冀污染物排放强度

　　数字金融的发展为整个金融业的发展带来了新的动力。中国传统金融服务领域存在着严重的资源配置效率低下、监管能力有限等诸多问题（朱杰堂等，2022）。在金融资源有限的条件下，落后的金融发展只重视经济效益，忽视了生态效益（王馨和王营，2021），无法为城市绿色转型提供良好的金融市场和发展环境。近年来，数字金融快速发展，渗透到经济社会的多个领域（余进韬等，2022），成为推动城市高质量发展的关键环节。数字技术的广泛应用加速了金融发展的进程，解决了传统金融活动的融资歧视问题（肖红军和阳镇，2022）、技术不健全所引发的信贷风控能力有限问题（傅秋子和黄益平，2018）以及时空限制导致的流动性约束（易行健和周利，2018）和融资约束等问题（巴曙松等，2022）。

　　为了更好地促进数字金融的发展，京津冀地区出台了一系列支持政策。2020年4月19日，河北省政府发布了《河北省数字经济发展规划（2020－2025年)》，指出要大力发展数字金融，加快金融与信息技术融合发展，支持普惠金融、绿色金融等数字化转型。2024年1月8日，天津市政府发布了《关于深入推进金融创新运营示范区建设的方案》，指出要持续推动数字金融高质量发展，顺应金融数字化、数字产业化趋势，制定实施数字金融创新发展专项方案，持续推进金融与数字深度融合，营造良好的数字金融发展生态。2024年10月28日，北京市相关部门发布了《北京市推动数字金融高质量发展的意见》，指出要加大核心要素供给，激发数字金融发展动能，支持数字技术研发创新，鼓励大模型等数字技术在金融领域的应用，推动应用场景落地。

　　在此背景下，研究数字金融对京津冀城市绿色发展的影响具有重要的理论意义和现实意义。一方面，该研究有助于完善数字金融的理论框架，丰富数字金融在区域可持续发展中的作用机制，拓宽区域协调发展理论和城市群绿色发展理念。另一方面，该研究有助于优化区域内的金融资源配置，促进城市群环境治理和低碳经济合作，从而推动京津冀协同绿色发展，为区域一体化发展注入新动能。

二、文献综述

　　数字金融的发展改变了企业生产、管理、销售和融资的模式，也在一定程度上改变了消费者的消费习惯，进而对城市绿色发展有一定的影响。现对数字金融和城市绿色发展的相关文献梳理如下。

（一）收入对环境的非线性影响

"库兹涅茨曲线"（Environmental Kuznets Curve，EKC）假说为经济增长与环境保护的协调发展提供了一定的思路。该假说认为，收入水平与环境污染之间存在倒"U"型关系：在经济发展初期，环境污染会随着收入水平的上升而上升，并达到一个"拐点"；在收入水平超过拐点之后，环境污染会随着收入水平的上升而下降（Grossman and Krueger，1991）。很多学者通过实证分析验证了该假说的成立（包群和彭水军，2006；宋马林和王舒鸿，2011；王元地和王国蒙，2017；刘晓红和江可申，2019），并探讨了收入水平拐点的存在（李鹏涛，2017）。

不仅收入水平对环境污染存在倒"U"型影响，其他因素对不同类型的环境污染也可能存在倒"U"型影响。金融发展（严成樑等，2016）、数字经济（葛立宇等，2022）、数字贸易（韦志文和冯帆，2023）、数字普惠金融（孙灵燕和张全飞，2023；廖珍珍和茹少峰，2022）对碳排放存在倒"U"型影响；经济发展质量对空气污染存在倒"U"型影响（盛晓菲和史书华，2021）。

（二）绿色发展的概念演化及影响因素

现阶段学术界的相关研究比较集中于"环境保护"，而非"经济增长与环境保护协调发展"。习近平总书记强调，发展经济不能对资源和生态环境竭泽而渔，生态环境保护也不是舍弃经济发展而缘木求鱼。[①] 对 EKC 假说的研究大多侧重于不同变量对环境污染的影响，没有精确考量对"绿色发展"的整体影响。不能将绿色发展简单等同于环境保护，不能"只要绿色、不要发展"。

绿色发展是兼顾生态、经济和社会的均衡发展。实现绿色发展对加快中国经济高质量发展、促进人与自然和谐共生、推动中国现代化具有积极作用。公共政策（Amegah et al.，2023）、绿色创新（Ying et al.，2023）、环境规制（Huang and Chen，2023）、数字经济（Lin et al.，2023）和金融发展（Jiang and Ma，2019）对城市绿色发展有重要影响。

（三）金融发展对城市绿色发展的影响

在绿色发展的诸多影响因素中，金融发展对城市绿色发展起到了至关重要

---

① 习近平：《坚定信心　勇毅前行　共创后疫情时代美好世界——在2022年世界经济论坛视频会议的演讲》，2022年1月17日。

的作用。大量研究发现，金融发展通过缓解污染防治融资约束、提高风控能力、推进高技术外资流入和碳排放市场建立等方式促进经济绿色发展。从融资角度而言，金融发展扩大了贷款规模，有利于拓宽资金供给渠道和增加资本存量，解决前端生产流程改进和末端污染治理的资金投入问题（马骏等，2020），为城市生产绿色化转型提供大量的资金支持；从风控与要素流动角度而言，金融发展有利于增强金融机构管理和信贷风险防范能力（张建鹏和陈诗一，2021），促使金融部门更加重视其分配的资金流向（Mahalik et al.，2016），引导资金由低效率部门流向高效率部门，实现资金配置效率的提升（Greenwood and Jovanovic，1990）；从营商环境与市场交易角度而言，金融发展能够促进高技术水平的外资流入，并有利于碳交易市场的建立，促进减少碳排放（严成樑等，2016）。

虽然大量研究验证了金融发展对城市绿色发展的促进作用，但也有少量研究表明，金融发展会阻碍城市绿色发展。金融发展缓解了消费约束，使消费者更容易购买大型家电，增加了城市碳排放（Sadorsky，2010）。在新兴国家，金融发展显著增加了单位 GDP 的能源消耗（Acheampong，2019）。张跃军通过对中国 1980～2009 年的二氧化碳排放数据研究发现，金融发展是促进二氧化碳排放的重要因素。

（四）数字金融对绿色发展的影响

数字金融的发展对环境污染治理有重要影响。数字金融飞速发展能缓解融资约束，促进产业结构调整升级，赋能绿色金融，推动技术创新，并为实现城市绿色发展提供了新契机。魏悦羚和张洪胜（2022）利用工企数据，发现数字金融通过缓解融资约束的方式降低了中小企业的碳排放强度。王守坤和范文诚（2022）利用县级数据研究得出，数字金融通过产业结构调整、减少土地粗放式开发和促进企业技术创新实现碳减排。郑万腾等（2022）利用城市面板数据，发现数字金融可以通过促进经济发展、引领产业升级和提高绿色创新的方式治理环境污染。

也有部分研究发现，数字金融对企业、省份或城市碳排放的影响并不一定是线性的，也可能出现倒"U"型关系或"波动型"关系。孙灵燕和张全飞（2023）利用企业数据，发现数字金融通过规模扩张和能源效率改变的方式影响企业的碳排放强度，并且有先增加后减少的倒"U"型关系。范庆倩和封思贤（2022）利用省份数据研究得出，数字金融对碳排放的增产效应和节能效应呈现倒"U"型关系。王巧和尹晓波（2022）利用省份数据研究得出，虽然数字金融对碳排放有总体上显著的抑制作用，但通过门槛效应检验后发现，其存在先抑制后促进再抑制的"波动型"关系。廖珍珍和茹少峰（2022）研究发现，数字金融的发展和城市二氧化碳排放存在倒"U"型关系，是经济规模扩张的"促排放"与绿色技术创新的"减排放"叠加的结果。

（五）文献评述

学者们对数字金融的绿色经济效应展开了较为全面的研究，并取得丰富的研究成果。数字金融的发展缓解了融资约束和信贷约束，推动了产业聚集和技术创新，降低了碳排放，提高了生产效率和能源使用效率，为本文提供了一定的理论依据，但仍存在值得完善之处。绿色发展仅等同于污染防治吗？既然金融对绿色发展有正向或负向的作用，那么数字金融对绿色发展是否也存在正负两种影响？其影响机制是什么？是否存在非线性影响？受哪些因素调节？

对上述问题的深入探索对于数字金融—环境的理论研究是至关重要的。第一，许多文献割裂了增产效应和减排效应的关系，忽视了经济发展与环境保护的协同发展。绿色发展的指标大多集中于污染物的排放，忽视了经济增长，只谈"绿色"不谈"发展"，违背了"在发展中保护、在保护中发展"的方针。第二，有关区域分析的文献大多数从省域角度出发，较少从城市群角度进行深入分析，导致京津冀、长三角、珠三角等城市群绿色发展问题被忽视了。第三，没有从机制上完整地分析数字金融对城市绿色发展的影响，忽视了数字金融在不同业务方面产生的影响差异。第四，既然金融对绿色发展有促进和阻碍两种影响，而数字金融是对金融发展的赋能，理论上应存在促进和阻碍两种影响。但大部分文献着力于研究数字金融对碳减排和能源利用效率的促进作用，没有分析是否对绿色发展存在负面影响或非线性影响。第五，没有从机理上回答"数字金融对城市绿色发展的作用大小受哪种调节效应的影响"的问题。

三、理论分析与研究假设

在数字信贷发展初期阶段，更便捷的贷款工具与高效的贷款流程扩大了融资范围，优化了资源配置，推动了城市绿色发展。数字金融的发展通过数据整合、联动和共享增强了贷款机构对金融资源流向和使用的科学监管能力（朱浩和林秀芳，2022），改善了资本和劳动力的资源错配（田杰等，2021），促使企业将资金运用于高效率的生产部门，提高资源使用效率进而推动城市绿色发展。此外，网上银行、手机银行客户端等线上金融业务的发展减少了线下物理网点和工作人员的支出，降低了服务成本和能源消耗，提高了交易效率，实现了金融服务的低碳化，更有利于城市绿色发展。在数字信贷发展后期阶段，数字技术的网络外部性开始递减，技术创新速度逐渐降低，污染物排放的增速慢慢超过了经济规模扩张的速度，使城市绿色发展速度逐渐降低。因此，数字信贷对城市绿色发展有着先促进后阻碍的倒"U"型影响。基于此，本文提出假设 10 – 1。

假设 10 – 1：数字信贷对城市绿色发展有先促进后阻碍的非线性影响。

数字信贷发展初期，凭借先进技术精准评估企业信用，降低信息不对称，为工业企业提供便捷资金，推动工业规模扩张。在工业规模扩张的过程中，企业通过要素投入、创新等方式带动产值增长，为绿色发展提供资金用于环保研发与设备购置，推动工业绿色转型，促进城市绿色发展。但数字信贷扩张到一定程度后，会导致企业过度投资、产能过剩，还会累积金融风险，使企业面临融资恶化与资金链断裂的风险，阻碍工业规模扩张，甚至使产能萎缩，降低效率，最终阻碍城市绿色发展。基于以上分析，本文提出假设 10 – 2。

假设 10 – 2：数字信贷通过工业扩张效应对城市绿色发展产生先促进后阻碍的影响。

在数字信贷发展初期，数字信贷通过为环保型企业和绿色项目提供资金支持，助力企业采用先进的污水处理系统升级、废气净化设备更新等节能减排技术，极大地减少了废水、二氧化硫和粉尘等污染物的产量，进而促进绿色 GDP 的提升。在数字信贷发展后期，随着数字信贷规模过度扩张，部分企业盲目扩张高污染产能，未充分考虑环保配套，使污染物排放量急剧上升，环境负担加重，最终导致绿色 GDP 下降。基于以上分析，本文提出假设 10 – 3。

假设 10 –3：数字信贷通过排污扩张效应对城市绿色发展产生先促进后阻碍的影响。

数字信贷与绿色金融的协同联动逐渐成为地区发展的重要角色（吴庆田和文晓佩，2023）。数字信贷释放的贷款是否都投放到节能减排企业？如果贷款都用于落后产能，那么数字信贷对城市绿色发展的促进作用就微乎其微，甚至起到负向作用。如果更多的贷款投放到节能减排企业，那么数字信贷对城市绿色发展的促进作用就更大，而能产生环境效益的绿色金融就能起到对融资进行"绿色引流"的作用。在绿色金融的加持下，数字信贷释放的贷款更多地流向清洁能源企业，提高了地区环境治理水平与地区环境质量（胡文涛等，2023）；与此同时，提高重污染企业的融资难度和成本，降低其生产规模，进而减少污染排放（崔惠玉等，2023）。基于以上分析，本文提出假设 10 - 4。

假设 10 - 4：数字信贷对城市绿色发展的阻碍作用被绿色金融的影响削弱了。

数字信贷对城市绿色发展的阻碍作用可能受到"资源诅咒"的影响，即丰沛的自然资源禀赋可能会使数字信贷更加抑制该地区的绿色发展。一方面，由于资源产业回报率相对稳定，获利更快，因此数字信贷的扩张会使潜在创新者将资金投入到资源产业中，而不是投入到回报率不稳定的高新基础产业中（王丽艳等，2023）；另一方面，资源禀赋更充裕的城市有更高的劳动力成本，也会有更大概率产生寻租行为（Chambers and Munemo，2019），因此数字信贷扩张后，企业家更愿意投资于能源行业，并且更不愿意绿色转型（Zhang et al.，2022）。总之，资源行业的高回报率和衰落的企业家精神会加大数字信贷对城市绿色发展的阻碍作用。基于以上分析，本文提出假设 10 - 5。

假设 10 - 5：数字信贷对城市绿色发展的阻碍作用被资源禀赋的影响放大了。

四、模型设定、变量描述与数据说明

（一）变量描述与数据说明

1. 被解释变量：绿色 GDP

绿色发展是在低污染水平下的可持续发展，强调经济增长过程中的减排效应。因此本文以绿色 GDP 的对数作为城市绿色发展的代理变量。借鉴杨龙和胡晓珍（2010）的方法选取各地区生产总值与环境污染指数的比值。其中环境污染指数由各城市废水、二氧化硫和烟尘这三类污染排放物通过熵权法计算得出。

2. 解释变量：数字信贷

选取北京大学数字金融研究中心编制的"北京大学数字普惠金融指数"中的数字信贷作为本文的核心解释变量。[①] 数字普惠金融指数是按照数字金融

覆盖广度、使用深度和数字化水平加权计算而成的综合指数。数字金融使用深度分为支付业务、货币基金业务、信贷业务、保险业务、投资业务和信用业务六大类。其中，信贷业务指标主要通过个人消费贷和小微经营贷的数据加权而成，是数字金融中衡量贷款的最重要业务指标。个人消费贷数据包括每万名支付宝成年用户中有互联网消费贷的用户数、人均贷款笔数和人均贷款金额数；小微经营贷的数据包括每万名支付宝成年用户中有互联网小微经营贷的用户数、小微经营者平均贷款笔数和平均贷款金额数。由于信贷业务数据可以较好地衡量一个城市的数字信贷发展水平，因此本文将信贷业务数据作为数字信贷的代理变量。

3. 中介变量

根据相关研究成果，本文选择工业增加值和污染物排放作为数字信贷对绿色发展的中介变量。

工业增加值。用每年第二产业生产总值的增加值来衡量城市工业增加值，并作为模型的中介变量之一。

污染物排放。将京津冀各城市废水、二氧化硫和烟尘数据通过熵权法计算出污染物综合指数，并作为模型的中介变量之一。

4. 调节变量

绿色金融（Green Finance）。借鉴胡剑波和陈行（2023）的方法，以各地级市的绿色信贷、绿色投资、绿色保险、绿色债券、绿色支持、绿色基金和绿色权益七个指标作为基础数据，利用熵值法计算出各地级市的绿色金融综合指数。数据来源为统计局、科技部、中国人民银行等权威机构网站及各种权威统计年鉴，包括全国及各省市统计年鉴、环境状况公报及一些专业统计年鉴等。具体衡量标准和计算方式见表 10 - 1。

资源禀赋（resource）。借鉴宋瑛和陈纪平（2014）的方法，将采矿业从业人数占比作为资源禀赋的代理变量。数据来源为各地级市城市年鉴。

表 10 - 1   绿色金融指标体系

指标	衡量标准	计算方式
绿色信贷	环保项目信贷占比	环保项目信贷总额/信贷总额
绿色投资	环境污染治理投资占 GDP 比重	环境污染治理投资/GDP

续表

指标	衡量标准	计算方式
绿色保险	环境污染责任保险推广程度	环境污染责任保险收入/总保费收入
绿色债券	绿色债券发展程度	绿色债券发行总额/所有债券发行总额
绿色支持	财政环境保护支出占比	财政环境保护支出/财政一般预算支出
绿色基金	绿色基金占比	绿色基金总市值/所有基金总市值
绿色权益	绿色权益发展深度	碳交易、用能权交易、排污权交易/权益市场交易总额

5. 控制变量

为了更好地控制其他因素对城市绿色发展的影响，本文选取研发水平、消费水平、对外开放水平和交通基础设施为控制变量。

研发水平（rate_rd）。较高的研发投入有助于提高地区技术创新能力，为绿色发展提供良好的技术、产业结构和市场环境，推动区域绿色发展（李国平和崔丹，2023）。本文用城市当年科研支出与 GDP 的比重表示研发水平。

消费水平（consume）。生活消费是城市二氧化碳排放的重要组成部分（向求来等，2012），对城市二氧化碳的动态排放有显著的影响（李国志和周明，2012）。因此，本文用社会消费品零售总额的对数表示城市消费水平。

对外开放水平（rate_fdi）。在城市发展的不同时期，对外开放水平对城市绿色发展均有重要影响。在城市发展初期，外商直接投资可能会带来生产性创新，加剧城市污染，即"污染天堂"假说；而在城市发展转型期，外商直接投资可能会带来生态型创新，即"污染光环"假说（霍伟东等，2023）。

交通基础设施（trans）。轨道交通与快速公交系统等交通基础设施的发展能够缓解交通拥堵，减少环境污染，促进城市绿色发展（高明等，2018）。本文用城市公交客运量与铁路客运量之和的对数表示交通基础设施建设。

6. 描述性统计

由于绿色 GDP、数字信贷和工业增加值的数据差异较大，因此本文对这三个变量做了标准化处理；由于数值较大，按常规做法，对消费水平和交通基建加 1 取对数。样本期为 2011~2020 年，表 10-2 是变量的描述性统计结果。

表 10 - 2　　　　　　　　　　　描述性统计

变量	样本	均值	标准差	最小值	最大值
绿色 GDP	140	0.123	0.25	0	1
（数字信贷）^{2}	140	0.232	0.281	0	1
数字信贷	140	0.388	0.287	0	1
科研水平	140	0.036	0.054	0.003	0.36
消费水平	140	7.119	0.893	5.72	9.62
外资占比	139	0.022	0.021	0	0.115
交通基建	140	8.478	1.188	5.493	11.868
工业增加值	110	0.41	0.345	0	1
污染物排放	140	0.117	0.118	0.008	0.683
绿色金融	140	0.36	0.087	0.166	0.637
资源禀赋	107	0.037	0.036	0	0.131

（二）模型设定

1. 基准回归模型

为了验证数字信贷对城市绿色发展的基本影响，本文构建个体－时间双固定效应模型如下：

$$GreenGDP_{i,t} = \alpha_0 + \alpha_1 credit_{i,t} + \alpha_{2i} Control_{i,t} + \lambda_i + \eta_t + \mu_{i,t} \qquad (10-1)$$

其中，被解释变量 $GreenGDP_{i,t}$ 为绿色 GDP，用来衡量城市绿色发展水平；$credit_{i,t}$ 表示数字信贷指数；向量 $Control_{it}$ 表示可能影响城市绿色发展的一系列控制变量；λ_i 表示个体固定效应；η_t 表示时间固定效应；μ_{it} 表示随机误差项。

2. 非线性模型

为了验证数字信贷对城市绿色发展的非线性影响，本文构建如下非线性模型：

$$GreenGDP_{i,t} = \beta_0 + \beta_1 credit_{i,t} + \beta_2 (credit_{i,t})^2 + \beta_{3i} Control_{i,t} + \lambda_i + \eta_t + \mu_{i,t}$$

$$(10-2)$$

其中，$(credit_{i,t})^2$ 为数字信贷的二次方项。若二次方系数和一次方系数异号，说明可能有"U"型影响。若β_2为正，β_1为负，且极值为正，说明数字信贷对城市绿色发展产生了正"U"型影响；若β_2为负，β_1为负，且极值为正，说明数字信贷对城市绿色发展产生了倒"U"型影响。

3. 中介效应模型

为了考察工业增加值和污染物排放在数字信贷与城市绿色发展关系中的中介效应，尽量避免中介变量的内生性，本文利用江艇（2022）的中介效应两步法，构建如下中介效应模型：

$$Mediator_{i,t} = \gamma_0 + \gamma_1 credit_{i,t} + \gamma_2 \left(credit_{i,t} \right)^2 + \gamma_{3i} Control_{i,t} + \lambda_i + \eta_t + \mu_{i,t}$$

$$(10-3)$$

$$GreenGDP_{i,t} = \xi_0 + \xi_1 Mediator_{i,t} + \xi_{2i} Control_{i,t} + \lambda_i + \eta_t + \mu_{i,t} \quad (10-4)$$

其中，$Mediator_{i,t}$为中介变量。若式（10-3）中的γ_1和γ_2显著且异号，并且极值为正，则说明数字信贷对中介变量有显著的"U"型影响。若式（10-4）中的ξ_1显著，则说明中介变量与城市绿色发展有相关性。

4. 调节效应模型

为了验证数字信贷对城市绿色发展的影响是否存在调节作用，本文构建调节效应模型如下：

$$GreenGDP_{i,t} = \delta_0 + \delta_1 credit_{i,t} + \delta_{2i} Control_{i,t} + \lambda_i + \eta_t + \mu_{i,t} \quad (10-5)$$

$$GreenGDP_{i,t} = \varepsilon_0 + \varepsilon_1 credit_{i,t} + \varepsilon_2 adjust_{i,t} + \varepsilon_3 credit_{i,t} \times adjust_{i,t} +$$

$$\varepsilon_{4i} Control_{i,t} + \lambda_i + \eta_t + \mu_{i,t} \quad (10-6)$$

其中，$adjust_{i,t}$为调节变量。若交互项系数ε_2与基准回归系数δ_1同号，则说明中介变量扩大了数字信贷对城市绿色发展的影响；若异号，则说明削弱了影响。

五、实证分析

（一）基准回归

表10-3汇报了数字信贷对京津冀城市绿色发展的基准回归结果。第（1）列~第（5）列显示，数字信贷的系数显著为负，表明数字信贷的发展阻碍了京津冀城市绿色发展。其中第（1）列为解释变量单独对被解释变量的影响，结果显示，在无控制变量的情况下，数字信贷显著阻碍了京津冀城市

绿色发展。第（2）列～第（5）列显示，在第（1）列的基础上依次加入研发水平、消费水平、开放水平和交通基建之后，数字信贷的系数依然显著为负，再次说明了数字信贷对京津冀城市绿色发展的显著阻碍作用。

数字信贷对京津冀城市绿色发展的阻碍作用源自什么？表10-3第（6）列给出了数字信贷的非线性影响的回归结果，结果显示二次项系数显著为负，一次项系数显著为正，并且 U 检验显示极值分布在区间内，表明有显著的倒"U"型影响，效果见图10-3。可能的解释是，在数字信贷发展初期，数字信贷对城市绿色发展有一定促进作用，之后可能随着数字技术网络外部性递减等因素，逐渐产生阻碍作用。至此，假设10-1得证。

表 10-3   基准回归

变量	绿色 GDP					
	（1）	（2）	（3）	（4）	（5）	（6）
数字信贷	-1.079** (0.409)	-1.086** (0.425)	-1.059** (0.431)	-1.015** (0.442)	-1.016** (0.439)	0.096** (0.037)
（数字信贷）^{2}	—	—	—	—	—	-0.149*** (0.046)
研发水平	—	-0.128 (1.150)	-0.270 (1.078)	-0.112 (1.237)	-0.108 (1.215)	-0.066 (0.082)
消费水平	—	—	0.661 (0.499)	0.607 (0.497)	0.608 (0.495)	0.103** (0.035)
开放水平	—	—	—	1.819 (2.921)	1.817 (2.953)	0.368 (0.374)
交通基建	—	—	—	—	-0.005 (0.183)	-0.021* (0.010)
常数	24.925*** (1.950)	24.961*** (2.038)	20.132*** (4.485)	20.255*** (4.422)	20.294*** (4.647)	-0.446** (0.202)
是否聚类标准误	是	是	是	是	是	是
个体固定	是	是	是	是	是	是
年份固定	是	是	是	是	是	是
观测值	140	140	140	139	139	139

续表

变量	绿色 GDP					
	（1）	（2）	（3）	（4）	（5）	（6）
R^2	0.897	0.897	0.900	0.897	0.897	0.991
U Test 极值	—					0.322
U Test 区间						［ -0.000，1］
U Test 斜率						［0.096，-0.202］
U Test 结论						倒"U"型

注：***、**、*分别代表1%、5%、10%统计水平上的显著性，括号内为t值。

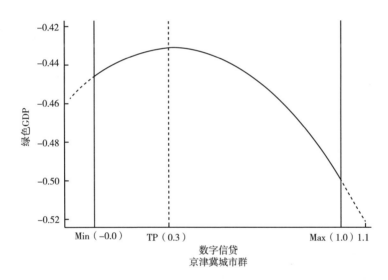

图 10 - 3　京津冀数字信贷对城市绿色发展的非线性影响

（二）机制分析

数字信贷通过什么机制影响京津冀城市绿色发展？表10-4汇报了机制检验结果。第（1）列为数字信贷的EKC影响。第（2）列结果显示，数字信贷对工业增加值有显著的倒"U"型影响，并且通过了U检验；第（3）列结果显示，工业增加值与绿色GDP显著正相关，表明数字信贷通过对工农业增加值的"先促进、后阻碍"实现对城市绿色发展的倒"U"型影响。第（4）列结果显示，数字信贷对城市污染有显著的正"U"型影响，并且通过了U检验；第（5）列结果显示，城市污染与城市绿色发展呈显著负相关，表明数字信贷通过对城市污染的"先阻碍后促进"实现对城市绿色发展的倒"U"型影响。可能的解释是，在前期，数字信贷通过减少污染排放和促进工业扩张的良性互动对绿色 GDP 产生积极影响。工业扩张带来的经济增长在环保改善的情况下更多地转化为绿色 GDP，例如绿色工业产品的附加值提升、环境友好型产业的发展带动就业与税收增长等。但在后期，污染排放增加和工业扩张受阻相互作用，对绿色 GDP 产生负面影响。污染加重增加了环境治理成本，降低了资源质量，阻碍了其他绿色产业的发展；工业扩张受阻导致经济增长放缓，失业量增加，财政收入减少，且需要投入更多资源应对环境问题，从而使绿色 GDP 增长放缓并最终转为下降，呈现出倒"U"型影响。至此，假设 10 - 2 和假设 10 - 3 得证。

表 10 - 4　　　　　　　　　　机制检验

变量	EKC	工业增加值		排污扩张机制	
	绿色 GDP	工业增加值占比	绿色 GDP	污染物排放	绿色 GDP
	（1）	（2）	（3）	（4）	（5）
（数字信贷）^{2}	- 0.149 *** (- 3.215)	- 1.354 ** (- 2.388)	—	0.261 * (1.949)	—
数字信贷	0.096 ** (2.619)	0.982 ** (2.036)	—	- 0.194 * (- 1.743)	—
工业增加值	—	—	0.029 *** (3.410)	—	—
污染物排放	—	—	—	—	- 0.131 *** (- 3.913)
常数	- 0.446 ** (- 2.206)	1.817 ** (2.271)	- 0.398 ** (- 2.542)	- 0.435 (- 0.860)	- 0.577 *** (- 3.067)
控制变量	是	是	是	是	是
个体固定	是	是	是	是	是
年份固定	是	是	是	是	是
观测值	139	110	110	139	139
R^2	0.991	0.597	0.994	0.720	0.991

续表

变量		EKC	工业增加值		排污扩张机制	
		绿色 GDP	工业增加值占比	绿色 GDP	污染物排放	绿色 GDP
		(1)	(2)	(3)	(4)	(5)
U Test	极值	0.430	0.362		0.372	
	区间	[-0.000, 1]	[0.000, 1]		[0.000, 1]	
	斜率	[0.096, -0.202]	[0.982, -1.727]	—	[-0.194, 0.328]	—
	结论	倒"U"型	倒"U"型		正"U"型	

注：***、**、*分别代表1%、5%、10%统计水平上显著性，括号内为t值。

（三）调节效应分析

上文已论证了数字信贷对京津冀城市绿色发展的非线性影响，然而令人好奇的是，这种非线性作用是否受其他因素的影响？尤其是在环境持续恶化、资源逐渐匮乏的背景下，如何减少数字信贷对城市绿色发展的阻碍作用，并实现金融行业与绿色经济的协调发展？为此，本文以绿色金融和资源禀赋作为调节变量，进行调节效应检验。表10-5为数字信贷对城市绿色发展影响受绿色金融的调节效应检验。第（1）列结果显示，数字信贷对城市绿色发展有显著的阻碍作用。第（2）列结果显示，绿色金融综合指数交互项的系数显著且为正，与解释变量数字信贷符号相反，表明城市绿色金融综合指数越大，数字信贷对城市绿色发展的阻碍作用就越小。至此，假设10-4得证。第（3）列结果显示，资源禀赋的交互项系数显著且为负，且与数字信贷同号，表明城市的资源禀赋越强，数字信贷对城市绿色发展的阻碍作用就越强。至此，假设10-5得证。

表 10-5　　　　　　　　　　　调节效应检验

变量	Green GDP		
	(1)	(2)	(3)
数字信贷	-1.079** (0.409)	-0.236*** (0.051)	-0.004*** (0.001)
绿色金融	—	-9.857*** (-3.945)	—

续表

变量	Green GDP		
	（1）	（2）	（3）
绿色金融交互项	—	1.898 *** (3.895)	—
资源禀赋	—	—	20.363 (1.677)
资源禀赋交互项	—	—	−4.682 * (−1.965)
常数	24.925 *** (1.950)	23.264 *** (6.230)	19.747 ** (2.410)
控制变量	是	是	是
个体固定	是	是	是
年份固定	是	是	是
观测值	140	139	105
R^2	0.897	0.900	0.908

注：*** 、** 、* 分别代表1%、5%、10%统计水平上的显著性，括号内为 t 值。

六、研究结论与政策建议

本文通过对 2011～2020 年京津冀地区 13 个地级市的面板数据进行实证分析，研究了数字信贷对城市绿色发展的影响，得出以下结论：第一，数字信贷对京津冀城市绿色发展存在倒"U"型非线性影响；第二，数字信贷可以对工业增加值和污染物排放分别产生倒"U"型和正"U"型影响，进而作用于京津冀城市绿色发展；第三，绿色金融起到了正向调节作用，资源禀赋起到了负向调节作用。基于上述结论，本文提出以下政策建议。

（一）优化数字信贷发展策略

1. 加强监管与引导

监管部门应密切关注数字信贷业务的发展态势，制定动态的监管政策。在数字信贷发展初期，适当给予宽松的政策环境以鼓励创新，促进其对城市绿色发展的积极推动作用。但当数字信贷规模达到一定程度，接近可能产生负面影响的临界值时，应加强监管力度，防止过度扩张带来的风险，引导其合理发展，确保始终处于对城市绿色发展有利的区间。建立数字信贷风险预警机制，实时监测业务规模和风险指标，及时发现潜在问题并采取措施。例如，当数字信贷不良贷款率上升或信贷资金流向高污染、高能耗行业比例过高时，及时发出预警并进行干预。

2. 促进数字信贷业务创新与结构调整

鼓励金融机构创新数字信贷产品，开发更多与绿色产业、绿色项目紧密结合的信贷模式。例如，针对新能源项目、环保技术研发企业等推出专属数字信贷产品，给予优惠利率、延长还款期限等支持，精准助力城市绿色发展。调整数字信贷业务结构，逐步降低对传统高污染、高能耗产业的信贷支持比例，引导资金流向绿色产业。可以通过设置不同的风险权重、信贷额度限制等手段，促使金融机构主动优化信贷投向。

（二）推动绿色金融协同发展

1. 强化绿色金融体系建设

京津冀地区应加快构建完善的绿色金融体系，包括绿色信贷标准体系、绿色债券发行机制、绿色保险产品创新等。统一区域内绿色金融标准，使金融机构在开展绿色业务时有明确的规范和指引，提高绿色金融市场的透明度和效率。加大对绿色金融机构的扶持力度，如给予税收优惠、财政补贴等，吸引更多金融资源投入绿色领域，增强绿色金融整体实力，从而更好地正向调节数字信贷对城市绿色发展的影响。

2. 促进数字信贷与绿色金融融合

建立数字信贷与绿色金融信息共享平台，实现双方数据的互联互通。金融机构可以通过该平台更全面地了解企业的绿色属性和信用状况，为数字信贷与绿色金融的协同发展提供数据支持。鼓励金融机构开展数字信贷与绿色金融联合业务创新，如"数字信贷 + 绿色债券""数字信贷 + 绿色保险"等综合金融服务模式，充分发挥两者优势，共同推动城市绿色发展。

（三）因地制宜利用资源禀赋

1. 差异化发展策略

根据京津冀各城市的资源禀赋特点，制定差异化的绿色发展规划。对于资源丰富但生态环境脆弱的城市，如承德、张家口等，在发展数字信贷业务时，应更加注重引导资金投向生态保护、资源可持续利用等领域，严格限制对可能破坏资源环境项目的信贷支持。对于经济发达、技术资源丰富的城市，如北京、天津等，鼓励利用数字信贷支持高端绿色技术研发、绿色产业创新等，发挥其辐射带动作用，促进区域绿色发展。

2. 提升资源利用效率

各城市应加强对资源禀赋的管理和优化利用，通过技术创新、产业升级等手段提高资源利用效率，降低对资源的依赖程度。例如，推动传统资源型产业数字化转型，利用数字信贷支持传统资源型产业进行技术改造和节能减排，减少资源消耗和污染排放，从而弱化资源禀赋对数字信贷促进城市绿色发展的负向调节效应。

（四）加强区域协同合作

1. 政策协同

京津冀三地政府应加强政策协同，共同制定区域数字信贷与绿色发展相关政策。在税收政策方面，统一对绿色数字信贷业务的税收优惠政策，避免因地区差异导致的政策套利行为。在产业政策方面，协同引导数字信贷资金流向区域重点绿色产业项目，形成区域绿色发展合力。建立区域政策协调机制，定期召开三地政府部门联席会议，共同商讨解决数字信贷促进城市绿色发展过程中遇到的政策障碍和问题，确保政策的一致性和有效性。

2. 产业协同

推动京津冀地区产业协同布局，构建绿色产业链。通过数字信贷支持区域内绿色产业转移与承接，优化产业空间分布。例如，北京、天津的绿色技术研发产业与河北的绿色制造产业通过数字信贷支持实现有效对接，形成上下游协同发展的绿色产业集群，提高区域整体绿色发展水平。加强区域内绿色产业技术交流与合作，利用数字信贷促进技术创新成果在区域内的共享与转化，提升京津冀地区绿色产业的整体竞争力，共同应对环境挑战，实现可持续发展。

参考文献

［1］巴曙松、李妮娜、张兢：《数字金融与企业绿色创新：排斥还是融

合?》，载于《财经问题研究》2022 年第 12 期。

［2］包群、彭水军：《经济增长与环境污染：基于面板数据的联立方程估计》，载于《世界经济》2006 年第 11 期。

［3］崔惠玉、王宝珠、徐颖：《绿色金融创新、金融资源配置与企业污染减排》，载于《中国工业经济》2023 年第 10 期。

［4］范庆倩、封思贤：《数字金融影响碳排放的作用机理及效果》，载于《中国人口·资源与环境》2022 年第 11 期。

［5］傅秋子、黄益平：《数字金融对农村金融需求的异质性影响——来自中国家庭金融调查与北京大学数字普惠金融指数的证据》，载于《金融研究》2018 年第 11 期。

［6］高明、陈丽强、郭施宏：《轨道交通、BRT 与空气质量——一个城市异质性的视角》，载于《中国人口·资源与环境》2018 年第 6 期。

［7］葛立宇、莫龙炯、黄念兵：《数字经济发展、产业结构升级与城市碳排放》，载于《现代财经（天津财经大学学报）》2022 年第 10 期。

［8］胡剑波、陈行：《绿色财政会增强绿色金融的减排效果吗？——基于减污降碳视角》，载于《财经论丛》2023 年第 10 期。

［9］胡文涛、孙俊娜、陈亮：《绿色金融、产业结构生态化与地区绿色发展》，载于《当代经济管理》2023 年第 5 期。

［10］黄益平、黄卓：《中国的数字金融发展：现在与未来》，载于《经济学（季刊）》2018 年第 4 期。

［11］霍伟东、李杰锋、陈若愚：《绿色发展与 FDI 环境效应——从"污染天堂"到"污染光环"的数据实证》，载于《财经科学》2019 年第 4 期。

［12］江艇：《因果推断经验研究中的中介效应与调节效应》，载于《中国工业经济》2022 年第 5 期。

［13］李国平、崔丹：《加大科技创新力度推动区域绿色发展》，载于《中南林业科技大学学报》2023 年第 7 期。

［14］李国志、周明：《人口与消费对二氧化碳排放的动态影响——基于变参数模型的实证分析》，载于《人口研究》2012 年第 1 期。

［15］李鹏涛：《中国环境库兹涅茨曲线的实证分析》，载于《中国人口·资源与环境》2017 年第 S1 期。

［16］廖珍珍、茹少峰：《数字金融发展对二氧化碳排放增减叠加效应的理论分析与实证检验》，载于《经济问题探索》2022 年第 9 期。

［17］刘晓红、江可申：《能源强度、交通压力与雾霾污染——基于静态与动态空间面板模型的实证》，载于《系统管理学报》2019年第6期。

［18］马骏、安国俊、刘嘉龙：《构建支持绿色技术创新的金融服务体系》，载于《金融理论与实践》2020年第5期。

［19］盛晓菲、史书华：《交通基础设施、经济高质量发展与雾霾污染》，载于《经济问题》2021年第1期。

［20］宋马林、王舒鸿：《环境库兹涅茨曲线的中国"拐点"：基于分省数据的实证分析》，载于《管理世界》2011年第10期。

［21］宋瑛、陈纪平：《政府主导、市场分割与资源诅咒——中国自然资源禀赋对经济增长作用研究》，载于《中国人口·资源与环境》2014年第9期。

［22］孙灵燕、张全飞：《数字普惠金融对企业碳排放强度的影响研究》，载于《江西社会科学》2023年第11期。

［23］田杰、谭秋云、靳景玉：《数字金融能否改善资源错配?》，载于《财经论丛》2021年第4期。

［24］王丽艳、张凯强、马光荣：《资源禀赋能否转换为地区创新优势——来自中国的证据》，载于《经济学报》2023年第3期。

［25］王巧、尹晓波：《数字普惠金融能否有效促进碳减排——基于阶段性效应与区域异质性视角》，载于《首都经济贸易大学学报》2022年第6期。

［26］王守坤、范文诚：《数字普惠金融与碳减排——基于中国县级数据的实证分析》，载于《当代财经》2022年第11期。

［27］王馨、王管：《绿色信贷政策增进绿色创新研究》，载于《管理世界》2021年第6期。

［28］王元地、王国蒙：《环境综合污染程度与人均居民可支配收入关系的EKC验证》，载于《中国科技论坛》2017年第6期。

［29］韦志文、冯帆：《数字贸易对碳排放的影响——基于"一带一路"沿线48国的经验证据》，载于《现代经济探讨》2023年第8期。

［30］魏悦羚、张洪胜：《数字金融与企业污染排放——来自中小企业层面的证据》，载于《财经问题研究》2022年第11期。

［31］吴庆田、文晓佩：《数字普惠金融与绿色金融的协同效应与作用机制——基于共同富裕目标》，载于《管理现代化》2023年第5期。

［32］向求来、袁兴中、江洪炜，等：《生活消费对CO2综合排放强度的

影响——以湖南省为例》，载于《中南林业科技大学学报》2012 年第 8 期。

[33] 肖红军、阳镇：《数字普惠金融会推动企业数字化吗》，载于《吉林大学社会科学学报》2022 年第 6 期。

[34] 严成樑、李涛、兰伟：《金融发展、创新与二氧化碳排放》，载于《金融研究》2016 年第 1 期。

[35] 杨龙、胡晓珍：《基于 DEA 的中国绿色经济效率地区差异与收敛分析》，载于《经济学家》2010 年第 2 期。

[36] 易行健、周利：《数字普惠金融发展是否显著影响了居民消费——来自中国家庭的微观证据》，载于《金融研究》2018 年第 11 期。

[37] 余进韬、张蕊、龚星宇：《数字金融如何影响绿色全要素生产率——动态特征、机制识别与空间效应》，载于《当代经济科学》2022 年第 6 期。

[38] 张建鹏、陈诗一：《金融发展、环境规制与经济绿色转型》，载于《财经研究》2021 年第 11 期。

[39] 郑万腾、赵红岩、赵梦婵：《数字金融发展有利于环境污染治理吗？——兼议地方资源竞争的调节作用》，载于《产业经济研究》2022 年第 1 期。

[40] 周玲、刘军：《数字金融影响绿色发展路径的空间效应研究》，载于《中南财经政法大学学报》2023 年第 2 期。

[41] 朱浩、林秀芳：《大数据驱动城市社会化养老服务高质量发展的内在机理及实现机制研究》，载于《电子政务》2022 年第 11 期。

[42] 朱杰堂、焦冉晴、谢伟丽：《数字普惠金融如何影响绿色全要素生产率——理论分析与经验证据》，载于《金融监管研究》2022 年第 3 期。

[43] Acheampong A O. Modelling for Insight：Does Financial Development Improve Environmental Quality? [J]. Energy Economics, 2019 (83).

[44] Amegah A K, Yeboah K, Owusu V et al. Socio-Demographic and Neighbourhood Factors Influencing Urban Green Space Use and Development at Home：A Population-Based Survey in Accra, Ghana [J]. PLOS ONE, 2023：18 (6).

[45] Angang H. Global Climate Change and China's Green Development [J]. Chinese Journal of Population Resources and Environment, 2011, 9 (4).

[46] Greenwood J, Jovanovic B. Financial Development, Growth, and the Distribution of Income [J]. Journal of Political Economy, 1990：98 (5).

[47] Grossman G M, Krueger A B. Environmental Impacts of a North American

Free Trade Agreement [DB/OL]. National Bureau of Economic Research, 3914.

[48] Huang J, Chen J. Spatial Spillover and Impacting Factors of Green Development: A Study Based on China's Provincial Data [J]. PLOS ONE, 2023: 18 (3).

[49] Jiang C, Ma X. The Impact of Financial Development on Carbon Emissions: A Global Perspective [J]. Sustainability, 2019: 11 (19).

[50] Kumar M, Babu M S, Loganathan N et al. Does Financial Development Intensify Energy Consumption in Saudi Arabia? [DB/OL]. MPRA Paper, 74946.

[51] Li Y, Lu S, Zeng C et al. Can Digital Finance Promote Urban Green Development? [J]. Sustainability, 2023: 15 (6).

[52] Lin Y, Wang Q J, Zheng M Q. Nexus among Digital Economy, Green Innovation, and Green Development: Evidence from China [J]. Emerging Markets Finance and Trade, 2024: 60 (4).

[53] Pazarbasioglu C, Mora A G, Uttamchandani M et al. Digital Financial Services [DB/OL]. World Bank Group.

[54] Sadorsky P. The Impact of Financial Development on Energy Consumption in Emerging Economies [J]. Energy Policy, 2010: 38 (5).

[55] Ying S, Fang Q, Ji Y. Research on Green Innovation Efficiency Measurement and Influencing Factors in the Three Major Coastal Urban Agglomerations in China [J]. Frontiers in Environmental Science, 2023 (11).

[56] Zhang Y J. The Impact of Financial Development on Carbon Emissions: An Empirical Analysis in China [J]. Energy Policy, 2011: 39 (4).

积极发挥社会资本在河北省新型
基础设施建设中的作用研究[*]

姚胜菊[**]

摘　要： 激发社会资本积极参与新型基础设施建设成为当前各省市撬动经济发展的重要支点。本文针对河北省新型基础设施建设竞争能力整体偏弱且后劲不足的问题，着力破解社会资本参与新型基础设施建设制约多元且保障不足的桎梏，在创新政府资金引导模式、培育投资收益闭环模式、加强基建项目整治模式、规范公共投资决策模式、探索项目切块细分模式、完善社会投资多元模式等方面寻求突破，并围绕信息基础设施建设、融合基础设施建设、创新基础设施建设，分类推进社会资本参与新型基础设施建设。

关键词： 社会资本　河北省　新型基础设施建设

加强新型基础设施建设是党的二十届三中全会确定的"全面深化改革、推进中国式现代化"的重要环节。《中共中央关于进一步全面深化改革、推进中国式现代化的决定》明确提出："健全现代化基础设施建设体制机制。构建新型基础设施规划和标准体系，健全新型基础设施融合利用机制，……拓宽多元化投融资渠道，健全重大基础设施建设协调机制。"为了实现这一目标，也为了应对当前面临的百年未有之大变局，激发社会资本积极参与新型基础设施建设成为区域经济发展的重要增长点和突破口。从社会发展全局来看，

---

　*　基金项目：河北省社会科学院 2024 年度智库项目《河北支持社会资本参与新型基础设施建设政策研究》（项目编号：ZX2024021）成果。

　**　姚胜菊，河北省社会科学院经济研究所研究员，主要研究方向为民营经济、区域经济、宏观经济。

社会资本参与新型基础设施建设能够大幅度增强经济社会的发展新动能，夯实区域发展后劲；从民营经济发展角度来看，对激发民间投资热情、丰富民间投资渠道、拓展民间投资空间具有极大的助推作用。

一、河北省新型基础设施建设竞争能力整体偏弱且后劲不足

（一）新型基础设施建设整体水平与发达省市相比有待提升

清华大学历年推出的《中国新型基础设施竞争力指数白皮书》显示，2020年以来，河北省新型基础设施建设竞争力指数在全国的位次持续下滑，从2020年的全国第8位下降到2023年的第14位。东部10省市对比来看，2020年河北省新型基础设施竞争力指数排在东部地区第8位，2023年下滑到第9位，在东部10个省市中排在倒数第2（清华大学互联网产业研究院，2024）。河北省新型基础设施竞争力无论在全国的位次，还是在东部地区的位次都出现了滑坡。

（二）新型基础设施建设三大类别与发达省市差距有所扩大

从国家发展和改革委员会明确的新型基础设施建设三大方向（信息基础设施、融合基础设施和创新基础设施）来看，一是作为新型基础设施基石的信息基础设施建设（包括5G、物联网、云计算、人工智能等），河北省的表现好于其他两个方面，尽管如此，《中国新型基础设施竞争力指数白皮书》中2023年河北省在全国信息基础设施指数排名中位列第10，与2021年持平，指数得分比东部省市平均值低了3.92，这一指标与河北省信息产业和数字产业的发展水平密切相关，是信息产业和数字产业发展水平的综合表现；二是作为最具市场价值的融合基础设施建设（包括智能交通系统、智慧能源系统等），2023年河北省在全国融合基础设施指数排名中位列第14，比2021年下降了4位，指数得分比东部省市平均值低了5.14；三是作为新型基础设施建设技术前沿的创新基础设施建设（包括重大科学装置、科教基础设施等），2023年河北省在全国创新基础设施指数中位列第15，比2021年下降了4位，指数得分比东部省市平均值低了4.66。总之，河北省的融合基础设施建设和创新基础设施建设两方面相对滞后，而且近年来下降幅度较大，其中融合基础设施指数不高，与河北省实体经济发展相关，尤其是与第二产业发展有关；而创新基础设施指数欠佳，落后较多，说明

河北省在高校科研和创新实力方面的积累和实力存在明显不足，从各省的指数分析，这一指数的高低与省内高等院校的数量和质量有很强的正比关系。

二、河北省社会资本参与新型基础设施建设制约多元且保障不足

（一）社会资本参与新型基础设施建设面临着市场风险、技术风险、信任风险、投资风险"四大制约"

1. 市场风险

新型基础设施建设的盈利模式存在较多不确定性，信息基础设施建设的价值在"用"不在"建"，不少行业、企业信息化程度和设备联网率较低，导致其对使用新型基础设施热情不高、使用较少、主动性不强，整体上降低了新型基础设施市场应用的拓展速度。

2. 技术风险

新型基础设施建设的技术迭代更新速度较快，固定资产投资较大、折旧频繁，特别是作为根基的 5G 技术、人工智能、区块链、物联网等信息技术推陈出新迅速、技术更迭时间短、行业领先企业变化较快，投资回报的不确定性因素较多；基站设施、数据中心等基建项目前期占用资金较多，投入产出能力变数较大，这些都对社会资本参与新型基础设施建设形成了掣肘。

3. 信任风险

信任缺失影响了民间资本参与新型基础设施建设的热情，站在社会资本主体的立场来看，其面临着项目发布者能否坚守政务诚信的问题，社会资本主体经常会面对"项目立项后续机制不完善""回款难"等问题（向辉和袁东明，2023）；站在政府立场来看，其担忧社会资本承揽的新型基础设施建设项目万一出现违规问题等相关情况，处理起来存在难度。

4. 投资风险

从区域整体来看，大数据中心协调布局、人工智能全面推进等统筹规划水平还有待提高，信息基础设施共建共享机制和水平有待完善，新基建互通有无、互惠互利的建设格局还有待提升（张航燕，2024）。以当前各地热衷上马的大数据中心建设为例，由于规模、财力有限，无法充分发挥预设的使用价值，数据中心大规模建设引致了同商业地产类似的"大数据地产""云地产"

等问题，隐患重重。而且这类基建项目资金占用较多，成本回收迟缓，对后续区域经济持续发展形成了羁绊（赵燊，2024）。

（二）社会资本参与新型基础设施建设缺乏顶层设计、投资支撑"两大保障"

1. 缺乏顶层设计保障

一是规划指导不足。2021年2月，国家《"十四五"新型基础设施建设规划》通过，地方政府积极跟进，陆续开展了新型基础设施建设相关政策的制定和发布。天津、河南、山西、浙江、山东、江苏、贵州、四川、江西、湖北、海南、上海、云南、湖南、陕西纷纷出台了各地的《"十四五"新型基础设施建设规划》或《新型基础设施建设三年行动计划》等政策。各省市在新型基础设施的政策制定过程中，大多从信息基础设施、融合基础设施、创新基础设施三个角度提出相关规划目标和行动部署，许多省市针对民间资本比较关注的新型基础设施建设过程中可能遇到的知识产权问题、自主创新问题进行了明示。2023年1月，河北省印发了与新型基础设施建设关联较强的《加快建设数字河北行动方案（2023-2027年）》，明确了数字河北建设的重点方向，但对如何促进民间资本参与数字河北建设并未给出具体推进措施。其他省市在政策制定中关注到的新型基础设施建设过程中可能遇到的知识产权问题、自主创新等问题，河北省在政策制定中并未明确涉及，使社会资本参与新型基础设施建设缺乏指导、方向和信心。二是政策推进力度不足。从其他省市来看，广州的政策措施比较系统，2023年11月，广州印发了《广州市进一步促进民间投资高质量发展若干政策措施》，提出拓宽民间投资参与新型基础设施建设的诸多方式。支持社会资本广泛参与5G基站、大数据中心、算力中心、工业互联网等新型基础设施的投资、建设和运营；支持社会资本积极参与区域超算中心和人工智能公共算力中心建设，并在城市智能运转、交通智能运营、医疗智能改善、养老智能推进等诸多方面加快拓展速度；支持高等院校、研究部门、国有企业通过政府采购或租赁等方式使用民间投资的数据储存和算力资源，力促社会资本投资的算力产业集群提质升级。而河北省在这些方面的政策体系不够完善，尤其是专门针对促进社会资本进军新型基础设施建设方面的政策措施较少。三是标准引领不足。这是一个全国性的问题，当前河北省诸多产业在数据存储规范、数据存储管理及数据市场应用等层面缺乏统一规则，影响了数据的收集、开发和应用，客观上制约了民间资本投资相关领域基础设施的积极性。如电力入网、输送和出售的数据标准不统一，产生内耗；在智慧医疗领域，对医疗数据缺乏分级分类标准和数据开放规则，重复检查、重复化验的现象并未从根本上得到解决（张群和韦柳融，2021）。

2. 缺乏投资支撑保障

一是投资增长乏力。根据《中国统计年鉴2023》，2022年，全国基础设施的投资增长率为9.4%，而河北省只有 –0.4%，出现了负增长，增速在全国排在第25位，不仅低于发达省份，而且在华北地区排在最后，甚至比东北三省略低。针对信息传输、软件和信息技术服务业这一大类，河北省在电信、广播电视和卫星传输服务方面的固定资产投资增长率为3.9%，在全国排在第17位；在软件和信息技术服务业方面的固定资产投资增长率为23.0%，在全国排名第10位，发展速度有待提高。二是投资基金匮乏。先行省市积极设立产业投资基金推进全省新型基础设施建设。2022年，安徽省国资委主导设立了全省新型基础设施建设基金，母基金规模50亿元，母子基金规模100亿元以上，围绕国家发展和改革委员会确定的新型基础设施建设三大类别进行重点投入，在信息基础设施建设方面，以5G、人工智能、云计算、区块链、物联网等为重点；在融合基础设施建设方面，以智慧交通、智慧物流、智慧综合能源网络等为侧重；在创新基础设施建设方面，以重大科技创新、产业技术创新等为核心。[①] 2024年9月，河南省宣布设立总规模100亿元的算力基金，基金将构建直投基金、专项并购基金和产业母基金等基金群，聚焦算力产业链布局，重点投向数字基础设施、算力软硬件、人工智能大模型等前沿科技领域企业。在其他省市纷纷建立新型基础设施建设基金、算力基金、产业基金的大环境下，河北省在这方面动作稍显迟缓、资金不足。三是项目支撑不够。据《解放日报》报道，自2020年实施首轮新基建行动方案至2023年10月，上海市新基建共计完成投资2 522亿元，占全市固定资产投资总额的比例从2020年的8%提高到2022年的9.6%，其中民间投资超三成（俱鹤飞，2023）。同时，经过仔细斟酌，针对社会资本的不同特点，梳理形成了面向广泛投资者的《上海市新型基础设施重大项目建设和投资机会清单》，推出了总投资额达1 200亿元的100项大单，包括21项网络基础设施建设项目，22项算力基础设施项目，9项数据基础设施项目，20项创新基础设施项目，28项终端基础设施项目。而从近三年河北省重点项目名单来看，基础设施建设仍以电力、水利等传统项目为主，

---

① 许成宽：《千亿级产业基金集群"开闸"》，载于《安徽经济报》，2022年7月14日。

以信息基础设施、融合基础设施和创新基础设施建设为核心的新型基础设施建设项目并未作为一个重点板块单独列出，只是在 2022 年全省重点项目名单中列了一个"数字基础设施及应用"门类，在 2023 年和 2024 年未单独列出，在重点项目立项方面向新型基础设施建设倾斜转型的力度不够。

三、推进河北省社会资本参与新型基础设施建设应谋划"六个模式"，推进"三个聚焦"

（一）健全机制上优化"六个模式"，使社会资本对准备参与和正在参与的新型基础设施建设项目有稳定的收益预期

1. 创新政府资金引导模式

建立绿色通道，为项目建设主体和投资机构发行企业债和公司债提供更便捷的服务，拓宽低成本资金来源渠道。用好中央预算内投资、中央专项建设资金和地方政府专项债券资金，发挥政府资金"四两拨千斤"的引导作用，通过建立产业引导基金、担保基金、信托基金、融资平台等多种方式持续吸引社会资本融入新型基础设施建设大潮中来。将云计算、大数据、人工智能等新型基础设施产品和服务列入政府采购目录，为社会资本预留一定的采购份额。实施拨款和投资相结合、知识产权转化为有价证券等机制大力引导社会资本所有者参与新型基础设施建设。促进民营企业等经营主体将产品生产能力、平台运营能力和产业提升能力加以融合，同时运用知识产权入股、无形资产抵押等方式开拓社会资本参与新型基础设施建设的路径，不断探索良性的新型基础设施投资、建设和运营模式。例如天津市通过专项债筹措新基建项目资本金，并发挥财政资金撬动作用，吸引社会资本投资新基建。

2. 培育投资收益闭环模式

允许、鼓励、倡导社会资本通过增值服务提高新型基础设施项目的市场盈利能力。探索、创新、丰富新型基础设施的应用场景，摸索出可持续的商业模式，推动新型基础设施与高增长产业、成熟产业、朝阳产业、配套产业协同发展，促进产业经济反哺新型基础设施建设，发挥新型基础设施建设的"乘数效应"和"裂变功能"。在 5G 网络、人工智能、云计算、工业互联网等领域，加强新型基础设施建设与应用场景协同发展，并基于场景应用构建产业链分享收入和盈利。

3. 巩固建设项目整治模式

一是在新型基础设施建设领域，对政府机构、国有企业和中央企业拖欠民

营企业账款的问题要进行定期清理，对政府采购和招投标中存在的隐性门槛也要进行经常性治理。二是将新型基础设施的建设、运营和维护情况作为第三方评估的重要内容，与老百姓日常生活关系紧密、老百姓比较关心的建设项目的测评结果要向社会告知。三是对新型基础设施项目在启动、建设、运营、维护中产生的纠纷、争端，要构筑运营有效、约束有力的解决方式，按照纠纷大小采取不同的手段，从建立磋商机制到进行定期会谈，再上升到法律诉讼，分级化解建设项目中的不和谐问题。

4. 规范公共投资决策模式

建立面向广泛社会资本、透明公正、操作便捷、消除隐性歧视的招投标市场。一是针对不牵涉国家安全的新型基础设施建设项目，在项目前期论证、中期规划、后期建设等各阶段都明确社会资本参与的原则、深度和职能，并在获得政府拨款和融资支持中保障民营企业与国有企业享受同等待遇。二是建立社会普遍认可的运营机制，将项目建造标准和购买标准制度化、规范化、公开化，逐步形成"建造设施"和"购买服务"两个市场，扭转当前各级政府和国有企业在新型基础设施领域基本实施"自我建造、自我运营"的现状。三是对经过论证确实需要建设，而且比较适合市场化运作的新型基础设施项目，要进行细致科学的市场分析，综合研判市场走势和影响因素，慎重选择建设施工公司，培育公平竞争的投资建造市场。

5. 探索项目切块细分模式

大企业或行业龙头应主要完成"新基建"的平台搭建，但平台上的诸多应用，还有待进一步完善，这恰恰为民间资本、中小资本留出了空间和机会。首先，帮助社会资本选对方向，社会资本一定要先找到自有技术与"新基建"的结合点，民营资本主体的核心业务与新型基础设施建设的切入点在哪里，民营资本主体的技术如何与新型基础设施建设进行结合等要准确衡量。其次，激励民营企业成为细分领域的王者，做强自己的核心技术，以及这种技术要为某方面的新型基础设施建设提供不可替代的差异化服务，创造比任何一个对手都多的能量和价值。

6. 完善社会投资多元模式

优化创新 REITs、ABO 等融资模式，并与河北省实际紧密结合，因地制宜地进行改革、创新和完善。一是创新 REITs 模式。对于有前期准备且条件匹配的新型基础设施项目，要提倡、鼓励投资主体勇于探索，积极参与基础设施领域不动产投资信托基金（REITs）试点，着眼于盘活存量资产，实现投资良性循环。有关资料显示，REITs 诞生以来，现已在美国、澳大利亚、日本、新加坡、中国香港等 40 多个国家和地区广泛推广，基础资产从商业物业逐步拓展到交通、能源、零售、医疗等领域，2019 年美国 REITs 市值已达一万亿美元左右。① 河北省应尽快优化投资激励政策，出台"支持河北省新型基础设施建设领域建立不动产投资信托基金（REITs）促进产业发展的若干措施"，支持具备相关条件、有探索意愿的新型基础设施项目投资主体通过发行不动产投资信托基金（REITs），实现资产存量和投资增量的优化组合，在融资方面加强要素支撑，为促进社会资本投入新型基础设施建设保驾护航（谢芬，2022）。智能轨道交通领域要加强智能化、数字化技术的应用，以提升运输系统的安全性、可靠性和效率。城市轨道交通系统要通过集成先进的通信、信号和控制技术，实现更高程度的自动化和智能化。二是创新 ABO 模式。ABO 模式即授权（authorize）－建设（build）－运营（operate），是近年来各地正在探索、业界比较认可的基础设施投融资、建设、运营的一种创新模式，有利于进一步明确政府和企业的职责，充分发挥市场经济条件下各主体的内生动能。政府部门通过公开招投标选定并授予项目公司在指定区域的开发特许经营权，同时提供政策、审批、土地整理、贷款和专项资金等方面的支持。通过建立投入产出绩效考核机制，确保基础设施投资与区域经济发展关联，避免隐性债务，实现项目收益与地方经济增长的双重目标。遵循"政府主导，企业主体，市场运作，滚动开发，封闭运行，自求平衡"的原则，针对区位重要、体量大、开发周期长的新型基础设施建设项目，采用"ABO＋投资人＋EPC"的运作模式分期实施，以实现项目逐步建设、资源滚动开发、区域内自求平衡的目标。实施主体通过公开招标采购的方式，选择具备投融资、设计、施工、运营等资质的项目公司具体负责项目的设计、投融资、建设、运营维护、产业招商等具体事务。

（二）分类推进上着手"三个聚焦"，使社会资本选择适合的路径参与新型基础设施建设

1. 聚焦"三层算力扶持"，引导民营企业发挥自有优势参与信息基础设施建设

信息基础设施建设是新型基础设施建设的根基，它为信息化、工业化融合

---

① 肖钢：《制约我国公募 REITs 的五大因素和破解路径》，载于《清华金融评论》2019 年第 2 期。

发展的现代产业体系中各生产要素的快速流通和高效运用提供了便利，为经济社会腾飞输送信息资源，最大程度地降低各种生产要素融入产品的成本，充分发挥各种资源的效能，尽可能提高经济运行效率，为数字经济的长足发展夯实基础。河北省应在进一步加快布局 5G 基站的同时，发挥省内国家重点数据中心集群的优势，增强算力基础设施建设的龙头带动作用。一是对购进自主可控 GPU 芯片开展智能算力服务的民营企业，政府给予一定比例的补贴资助，加快实现智能算力资源的自我掌控，提高自主创新能力。二是政府设立专项资金，对已经投入使用的数据中心在绿色化改造过程中产生的成本进行补贴。三是对廊坊市推出的人工智能"算力券"政策进行总结、评估、完善和推广，在借鉴外省经验的基础上，出台覆盖全省的人工智能"算力券"政策。

2. 聚焦"三级智能改造"，引导民营企业对标领先企业参与融合基础设施建设

融合基础设施建设是数字技术最能创造市场价值的板块，是数字技术向传统产业深入渗透、与制造产业深入交融的过程，依托融合基础设施建设，用数字化武装起来的传统产业实现了智能升级、绿色发展和创新转型，数字化转型是经济社会高质量发展和动能转换的强劲动力。以产业智能化建设为例，河北省应分类实施"轻量化智改 + 样本化推广"，调动市场主体的积极性，精准推进各类企业数智化升级。一是对改造意愿较小、改造能力较弱的大量中小企业而言，由政府扶持进行统一的轻度数字化改造，提升传统生产方式的效率，奠定逐步推进数智化改造的基础。二是对改造意愿较强、有一定改造能力的企业实施"一企一策"，加大支持力度，实施定制化改造，充分释放数智化生产力。三是要充分发挥数字化领先企业的智能制造示范引领作用，以点带面，提炼形成数智化升级的经验模式，实现"企业—政府—产业—产业链—产业生态"的多层次协同共进数智化格局。

3. 聚焦"三大保障机制"，引导民营企业瞄准产业前沿，力挺创新基础设施建设

创新基础设施建设在三类新型基础设施建设中是最前沿、最高端的部分，也是最能彰显发展水平的部分。因此，创新基础设施建设应立足于为现代产业体系的持续、快速发展凝聚储备创新理念、精尖技术和稀缺人才，为占领现代产业体系前沿提供雄厚的软硬件条件。一是调动社会资本主体的力量，积极为

中长期发展规划建言献策，将社会资本蕴藏的潜能充分挖掘出来，形成推动新型基础设施落地的实力。在加强政府引导的基础上，让社会主体的能量充分迸发出来，汇集广大民间资本的资金实力和智慧实力，实施梯次稳妥推进。规划出台后，更要重视对规划的推介宣讲，进一步调动更广泛社会力量的积极性、主动性和创造性，让更多的社会资本所有者支持规划的落实和督导，使创新基础设施建设具有深厚的经济基础和社会影响力。二是吸收社会资本力量参与河北省创新基础设施建设项目的谋划和推进，提倡社会资本主体在河北省重大新型基础设施项目储备库的评选中提供建议，政府在人大、政协等部门安排专项资金资助前期调研论证，对入库项目的可行性、成熟度、经济社会价值进行评估，最后确定全省重大新型基础设施的当前建设项目、中期建设项目和长期建设项目，构筑储备、论证、建设的良性循环机制。三是将新型基础设施建设领域经过前期论证的成熟项目、急需项目优先纳入全省重点项目、储备项目清单，在审批事项改革中，推进用函件代替许可证的方式先开工建设，函件与许可证具有同等的法律效力，同时推进非主审要件缺项受理和审批改革，提高审批效率，压缩审批时长，尤其是在新增建设用地审批、能耗指标审批和环保排放审批等方面为建设项目打通绿色通道。

参考文献

［1］《北京市经济和信息化局 北京市通信管理局关于印发〈北京市算力基础设施建设实施方案（2024—2027年）〉的通知》，载于《北京市人民政府公报》2024年第25期。

［2］《北京市人民政府关于印发〈北京市"十四五"时期重大基础设施发展规划〉的通知》，载于《北京市人民政府公报》2022年第21期。

［3］《江苏省人民政府办公厅关于印发江苏省"十四五"新型基础设施建设规划的通知》，载于《江苏省人民政府公报》2021年第15期。

［4］俱鹤飞：《上海加码布局新一轮"新基建"2026年底初步建成双万兆城市》，载于《解放日报》，2023年10月20日。

［5］广州市人民政府办公厅：《关于印发广州市进一步促进民间投资高质量发展若干政策措施的通知》，载于《广州市人民政府公报》2023年第33期。

［6］《国家发展改革委积极推动社会资本投融资合作对接 促进重点项目加

快落地》，载于《招标采购管理》2022 年第 9 期。

［7］《广东省人民政府办公厅关于印发广东省推进新型基础设施建设三年实施方案（2020—2022 年）的通知》，载于《广东省人民政府公报》2020 年第 31 期。

［8］清华大学互联网产业研究院：《中国新型基础设施竞争力指数（2023）》，清华大学互联网产业研究院官网，2024 年 11 月 30 日，https：//www. iii. tsinghua. edu. cn/info/1131/3664. htm。

［9］《天津市人民政府办公厅关于印发天津市新型基础设施建设三年行动方案（2021—2023 年）的通知》，载于《天津市人民政府公报》2021 年第 Z3 期。

［10］向辉、袁东明：《疏通民间资本参与基础设施投资的堵点和建议》，载于《经济导刊》2023 年第 11 期。

［11］谢芬：《促进新型基础设施建设的税收政策研究》，载于《税务研究》2022 年第 5 期。

［12］许成宽：《千亿级产业基金集群"开闸"》，载于《安徽经济报》，2022 年 7 月 14 日。

［13］张航燕：《我国发展新基建的成效、风险和建议》，载于《中国发展观察》2024 年第 Z1 期。

［14］张群、韦柳融：《促进民间投资新基建的分析和建议》，载于《中国集体经济》2021 年第 16 期。

［15］赵燊：《"新城建"试点工作面临的挑战与破局路径探讨——基于广州市的实证分析》，载于《中国建设信息化》2024 年第 1 期。

［16］《中共中央关于进一步全面深化改革、推进中国式现代化的决定》，载于《人民日报》，2024 年 7 月 22 日。

京津冀降碳、减污、扩绿、增长的协同机制研究

陈　昕*

摘　要：推进京津冀降碳、减污、扩绿、增长是实现高质量发展和高水平保护双赢的战略举措，也是加快发展方式绿色转型和稳步推进中国式现代化的举措升华。本文从区域环境治理协同和降碳、减污、扩绿、增长协同两个方面，对京津冀降碳、减污、扩绿、增长的双维协同逻辑进行分析，总结实施京津冀协同发展战略以来，京津冀降碳、减污、扩绿、增长协同的典型事实，剖析当前京津冀降碳、减污、扩绿与增长协同的不足之处，最后从完善体制机制、财政补偿机制、金融支持机制和人才支撑机制四个方面提出进一步推进京津冀降碳、减污、扩绿、增长协同的机制与对策建议。

关键词：京津冀　降碳减污　扩绿增长　协同机制

一、引言

环境污染与经济增长的矛盾是我国高质量发展阶段需要聚焦解决的主要矛盾之一，深耕环境治理，消除环境恶化对经济增长的掣肘并促进经济绿色转型迫在眉睫。党的二十大报告着眼于全面建设社会主义现代化国家，部署了推进生态文明建设的战略任务和重大举措，明确提出协同推进降碳、减污、扩绿、增长，推进生态优先、节约集约、绿色低碳发展的要求。党的二十届三中全会进一步指出必须完善生态文明制度体系，协同推进降碳、减污、扩绿、增长，积极应对气候变化，这是在深刻把握我国生态文明建设面临新形势新要求的基

---

* 陈昕，河北省社会科学院经济研究所助理研究员，研究方向为公共经济与公共政策和环境规制。

础上作出的重要论断，有利于进一步加强生态环境保护，全面推进美丽中国建设，加速推进人与自然和谐共生的中国式现代化。

作为降碳、减污、扩绿、增长的重要推动主体，地方政府的环境治理行为具有较强的行政边界，然而，行政边界内的环境保护属地管理与污染物的流动性、绿色收益的扩散性形成内在张力，这便需要区域内各地方政府形成合力，协同治理环境污染，共促绿色发展。京津冀作为引领全国高质量发展的三大重要动力源之一，在推动区域经济协调发展的进程中深耕区域生态环境治理、消除环境恶化对区域经济增长的抑制效应、促进经济绿色转型均是重要的发展任务，协同推进京津冀降碳、减污、扩绿、增长，是实现绿色增长与污染脱钩的必经之路。

自 2014 年京津冀协同发展上升为重大国家战略后，京津冀协同发展已走过十年。"着力扩大环境容量和生态空间，加强生态环境保护合作，在已经启动大气污染防治协作机制的基础上，完善防护林建设、水资源保护、水环境治理、清洁能源使用等领域合作机制"是习近平总书记就推进京津冀协同发展提出的七项要求之一，十年来，依照总书记擘画的蓝图，京津冀生态环境治理协同推进已取得一定成效，但关于京津冀降碳、减污、扩绿、增长的协同仍需进一步深化，协同困境需要全面梳理，协同机制亟待系统挖掘，协同政策还应优化健全。鉴于此，本研究致力于探索进一步推进京津冀降碳、减污、扩绿、增长的协同机制，对于加快京津冀发展方式绿色转型、深入推进环境污染同防共治、提升生态系统多样性与稳定性均具有重要的现实意义。

二、京津冀降碳、减污、扩绿、增长的协同逻辑

京津冀降碳、减污、扩绿、增长涵盖两个维度的协同，一方面，是以京津冀三个省市共同参与的"三地"区域环境治理的协同；另一方面，是围绕降碳、减污、扩绿、增长的"四项"治理内容的协同。这两个维度的协同并非完全独立，而是互相影响、紧密相融。由于京津冀地缘相接，处于同一个生态系统中，为努力建设人与自然和谐共生的现代化，在京津冀三地政府推进本地降碳、减污、扩绿、增长协同的基础上，有必要向着同一个绿色发展目标建立京津冀气、水、土的联防共治机制，共同增强生态环境的承载力，携手并进共促高质量经济增长。立足于重大国家战略目标，"三地"区域环境治理的协同是实现京津冀协同发展的重要一环，而降碳、减污、扩绿、增长"四项"治

理内容的协同是推进京津冀协同发展迈向高质量绿色协同发展的有效手段。明晰两个维度协同的治理逻辑，有助于精准把控协同治理的关键所在，有利于通过更高的治理效能实现京津冀协同绿色发展。

（一）区域环境治理协同

要厘清京津冀"三地"区域环境治理协同的逻辑，就需以理论为支撑，明确为什么生态环境治理需要协同发力，形成区域环境治理协同的驱动力有哪些，以及增强区域环境治理协同效应的有效机制是什么。

生态环境具有公共品的属性，在市场机制下因其产权难以界定，污染物肆意排放导致生态环境恶化，严重影响社会经济的可持续良性发展，这一市场失灵现象需要政府以环境规制的形式介入并进行干预。然而，行政边界自然形成了生态环境属地治理，但污染物却具有流动性，呈现扩散、蔓延的趋势，在污染物跨越行政边界后，地方政府也没有付出额外的成本跨域治理，便逐渐形成生态环境方面的"公地悲剧"。为更好地平衡生态保护与经济发展，打破环境治理的行政壁垒，需开展区域府际合作，才能更有效地治理区域性环境污染问题，助力经济高质量发展和人与自然和谐共生。

尽管需要府际合作治理生态环境问题，但是，开展区域性生态环境治理需要地方政府付出治理成本，为形成区域环境协同治理的格局，便需要驱动力让地方政府积极参与其中。对于地方政府而言，促使其参与区域环境协同治理的驱动力可分为外源驱动力和内源驱动力。外源驱动力主要是中央政府立足国家和区域发展战略，对一定区域内地方政府共同治理环境问题进行安排，通过总体规划、政治动员、绩效评估等手段推动地方政府参与区域环境协同治理。内源驱动力主要是地方政府基于地方发展的诉求，在成本与收益的权衡之下，自发产生与其他地方政府合作的意愿，府际之间主动达成生态环境的共保联治。在理想状态下，地方政府之间的博弈结果是一个多方共赢的协同治理方案，但"集体行动的逻辑"理论认为，当地方政府的个体利益与区域性集体利益存在冲突时，地方政府更倾向于不参与集体行动，那么区域环境治理的协同则难以为继。而在中国式分权的背景下，环境治理任务由中央政府设定总体目标，为地方政府分派治理任务，发布考核方案，因此，生态环境跨域协同治理是以外源驱动为主，内源驱动为辅的双重驱动合力下形成的府际合作。

京津冀、粤港澳、长三角、黄河流域等区域是我国重要的区域协同发展阵地，也都面临区域环境治理问题。由于区域之间、城市之间的经济发展水平不同，各区域的环境治理协同模式存在差异，相应地，各区域推进降碳、减污、扩绿、增长协同的有效机制有所不同。尽管中央政府自上而下纵向推进区域环境协同治理，但如果地方政府被动地接受区域协同治理任务，没有建立参与区域生态环境治理的主动性与积极性，将导致协同机制难以长期维系、区域生态环境治理效能不佳，无法形成推进绿色高质量发展的长效机制，因此，构建地方政府之间的横向协同机制尤为重要。影响区域内各地方政府积极参与、紧密联合治理生态环境的核心要素是利益分配与成本分担，但受地方政府的经济发展程度等因素的影响，地方政府之间并非完全对等，这不仅影响地方政府在合作博弈中的决策力、沟通力和执行力，还影响着最终利益分配与成本分担的格局。针对区域内不同的政府间横向关系与分配格局，出台不同侧重点的机制措施才能更良性地推进区域环境治理的协同。例如，对于协同环境治理导致部分地区净收益而其他地区净损失的格局，需侧重利益补偿机制，增强中央政府的调控力来维护区域环境治理协同的延续。对于区域内各地政府均可获取正收益的格局，则需侧重利益协商机制，增强市场化的驱动力以促进区域环境治理协同共进。

（二）降碳、减污、扩绿、增长协同

2020 年 9 月 22 日，习近平主席在第七十五届联合国大会上郑重提出我国碳达峰碳中和（以下简称"双碳"）的愿景，同年 12 月中央经济工作会议首次提出要继续打好污染防治攻坚战，实现减污降碳协同效应。2021 年中央经济工作会议进一步提出要把"双碳"工作纳入生态文明建设总体布局和经济社会发展全局，坚持降碳、减污、扩绿、增长协同推进，加快形成减污降碳的激励约束机制。2024 年《中共中央 国务院关于加快经济社会发展全面绿色转型的意见》进一步要求以碳达峰碳中和工作为引领，协同推进降碳、减污、扩绿、增长，深化生态文明体制改革，健全绿色低碳发展机制，加快经济社会发展全面绿色转型。随着降碳、减污、扩绿、增长协同内容的逐步补充，表明降碳、减污、扩绿、增长将构成统一的整体，以不同的协同方式共同服务于绿色高质量发展。

以降碳为抓手，构建降碳减污同源性协同机制，促进生态环境治理提质增效。国际政府间气候变化专门委员会（IPCC）第五次评估报告指出，温室气体与其他主要污染物呈现出同根同源同过程的特征，因此两者在源头、过程、排放等流程的治理路径上高度协同。自"双碳"目标提出以来，我国大力实施与碳排放相关的环境规制政策，在减少碳排放的同时，可以采取一定措施实

现温室气体与大气污染物的协同控制，以更少的规制成本和治理成本获得更好的降碳减污效应。此外，以降碳为抓手，伴随着产业向清洁化、绿色化转型，除大气污染外，水、土壤、固体废物也可以得到协同治理，因此，降碳减污的"双降"协同可为生态环境治理提质增效。

以修复为重点，发挥降碳、减污与扩绿的增益性协同，着力提升环境承载能力。降碳、减污的"双降"协同是减少生态环境的污染，而扩绿重在提高生态环境的承载能力，增强生态环境的韧性。如果既可以从源头上控制二氧化碳和污染物的排放，从总量上降低二氧化碳和污染物的存量，又能够同时借助扩绿手段提高生态环境的承载能力，则可以双向发力提升对生态环境治理的进度。因此，在降碳、减污的基础上，扩绿可以带来增益性协同，推进降碳、减污、扩绿三项治理内容的协同，加速治理进程，缓解环境污染对社会经济发展的制约。

以增长为目标，促进降碳、减污、扩绿、增长的持续性协同，实现经济增长与污染脱钩。生态环境治理的重要动因之一就是要消除对经济发展的约束，以绿色高质量发展促进人民物质生活与精神生活共同富裕，实现人与自然和谐共生。降碳减污与扩绿是经济增长的左膀右臂，通过降碳、减污、扩绿优化生态环境，由此促进生产生活方式的绿色转型，可以协同推进环境保护与经济增长，形成环境友好、可持续增长的良性发展模式，因此，降碳、减污、扩绿、增长是可持续性协同，更贴合人与自然和谐共生的中国式现代化的内涵要求。

三、京津冀降碳、减污、扩绿、增长的典型事实

自京津冀协同发展上升为国家战略后，生态环境的治理与保护是京津冀协同发展率先突破的重点领域之一，十余年间，京津冀三地致力于凝聚1+1+1>3的协同合力，使区域生态环境治理机制逐渐完善，降碳、减污、扩绿的治理成效显著，京津冀及周边地区的居民享受到更多蓝天、碧水、净土的生态福利，也为京津冀高质量绿色发展奠定了良好的生态基础，积累了人与自然和谐共生的区域发展经验。

（一）逐步完善的协同治理机制

京津冀生态环境协同治理可以分为三个阶段，第一阶段是京津冀环境协同

治理的萌芽阶段（2000～2012 年），传统粗放式经济增长引发高污染高排放，使生态环境恶化日渐严重，基于《国家环境保护"十五"计划》的要求，北京市率先启动污染防治工作，2006 年在京津冀范围内启动大气污染区域联防联控试点工作，并在 2008 年将联防联控的范围扩展至山西、内蒙古和山东，为未来京津冀环境治理协同积攒了前期经验。第二阶段是京津冀环境协同治理的推进阶段（2013～2017 年），继 2013 年国务院提出要统筹区域环境治理后，京津冀成立了"京津冀及周边地区大气污染防治协作小组"，并在京冀、津冀建立了结对合作机制，推进了横向府际间的生态环境治理，在 2015 年《京津冀区域环境保护率先突破合作框架协议》签署后，联防联控的内容由大气污染扩展至水污染和土壤污染，治理内容更全面，治理制度更健全。第三阶段是京津冀环境协同治理的强化阶段（2018～2024 年），2018 年后，京津冀生态环境协同治理力度更强，有关生态环境保护、生态环境联防联治的政策文件相继出台，区域性生态环境治理与保护的条款陆续发布，联合治理的区域标准先后公布，京津冀生态环境协同的格局逐步形成。

京津冀生态环境协同治理离不开有效的协同治理机制。在顶层设计方面，通过建立京津冀污染防治小组，打破了京津冀行政壁垒，生态环境协同治理得以推进，通过编制统一的规划，明确了京津冀生态环境协同治理的共同目标，通过三地统一立法和统一标准，为京津冀协同治理提供了法律保障和治理监管的准绳。在协作机制方面，京津冀建立了联合会商机制，推动了京津冀三地同向发力，此外，位于流域上游的河北省承担了更多的污染治理责任，京冀、津冀完善了横向生态保护补偿协议，在一定程度上平衡了区域内各地方政府的利益分享，有利于发挥京津冀府际合作治理生态环境的长效机制。

（二）日益优化的区域生态环境

京津冀生态环境治理协同以大气污染的协同治理为起点，不断扩展为降碳、减污、扩绿、增长的协同治理。在京津冀三地的共同努力下，天空更碧、流水更清、土壤更净、生态更绿。区域内的大气污染问题得到有效控制，与之具有同源性的二氧化碳排放也向着实现碳达峰碳中和的目标加速迈进，此外，水污染问题也得到有效治理，三地的水质明显改善。土地修复与绿化扩张并举使京津冀区域环境承载能力持续增强。

大气方面，空气质量持续好转，降碳效果显著。经过十年的努力，京津冀大气污染得到显著控制，全年 PM2.5 优良天数比例显著提高，PM2.5 浓度明显下降，截至 2024 年上半年，北京市 PM2.5 平均浓度为 34 微克/立方米，天津市 PM2.5 平均浓度为 43 微克/立方米，河北省 PM2.5 平均浓度为 42 微克/立方米。① 此外，在低碳的驱动下，京津冀对二氧化碳的管控力度也在增强，在能源结构方面，对重点行业压减了过剩产能，如河北炼钢的产能峰值曾达到 3.2 亿吨，2024 年已减至 2 亿吨以内。② 在农村及城镇地区大面积实施清洁能源替换，如北京市完成山区 2.1 万户居民煤改电，核心区 72 座燃油锅炉基本清零；天津市平原地区实现散煤基本清零，燃煤锅炉和工业窑炉基本完成清洁能源替代；河北省基本淘汰 35 蒸吨以下燃煤锅炉，农村地区基本完成居民清洁取暖改造。③

水域方面，水环境质量持续向好。京津冀互为上下游、左右岸，十年来京津冀坚持流域共治，京津冀已基本消除城市建成区黑臭水体，地表水和近岸水质量持续改善，截至 2024 年上半年，京津冀地表水国考断面优良比例分别为 82.9%、47.2% 和 87.3%，近岸海域水质优良比例达到 90% 以上。④ 京津冀三地一直秉承水资源、水环境、水生态统筹的治理理念，通过地方政府之间横向水域生态保护补偿协议机制，河北省加强上游水域的治理，京津水质大幅提升。北京密云水库入选全国首批美丽河湖优秀案例，天津海河河北区段入选全国首批美丽河湖提名案例，河北秦皇岛湾北戴河段入选全国首批美丽海湾优秀案例。⑤

扩绿方面，生态承载能力不断加强。京津冀始终践行绿水青山就是金山银山的"两山"理念，坚持山水林田湖草沙一体化保护和协同治理。北京通过两轮百万亩造林绿化工程等方式，夯实绿色底色，通过拆除违法建设腾退空间，因地制宜实施"留白增绿"，在 2023 年底，森林覆盖率已达 44.9%，城市绿化覆盖率已达 49.8%。天津构建了 736 平方公里的生态屏障，2023 年开展各项生态工程 73 项，蓝绿空间占比达 65.6%，与此同时，天津持续推动湿地、海岸线生态建设和修复，生物多样性保护明显改善。河北省以燕山太行山绿化为重点生态工程，全省确定各类自然保护地 278 处，总面积达 142.22 万

① 北京市深入推进京津冀生态环保协同十周年新闻发布会，2024 年 2 月 22 日，https：//www.beijing.gov.cn/ywdt/zwzt/jjjyth/bjdt/202402/t20240222_3567345.html。

②⑥ 新华社：《十年治理，"看见"美丽宜居京津冀——京津冀推进全面绿色转型调查》，2024 年 2 月 29 日，https://www.gov.cn/yaowen/liebiao/202402/content_6935134.htm。

③⑤ 京津冀生态环境联建联防联治新闻发布会，2022 年 12 月 19 日，https://sthjj.beijing.gov.cn/bjhrb/index/xxgk69/zfxxgk43/fdzdgknr2/ywdt28/xwfb/326002242/index.html。

④ 《京津冀纵深推进生态协同 环境污染治理成效显著》，北方网，2024 年 8 月 26 日，http://news.enorth.com.cn/system/2024/08/26/057637222.shtml。

公顷⑥。此外,府际协同治理让京津冀林海相接,北京支持河北张家口和承德坝上地区植树造林 100 万亩,而为减轻风沙危害,京津冀已完成人工造林 41.92 万亩、封山育林 130.9 万亩、低效林改造 41.1 万亩、人工种草 14.7 万亩。① 天津以津冀、京津边界和主要河流为框架,沿边界建设防风固沙大型林带,并在重点风沙治理区退耕造林,营造大面积生态林和经济林,使碳汇能力持续提升,生态环境的承载能力不断加强。

四、京津冀降碳、减污、扩绿、增长协同的不足之处

经过十年的耕耘,京津冀降碳、减污、扩绿、增长协同不断深化,在护蓝天、守碧水、保净土、扩绿地等方面有所成效,但不可否认的是,在"三地"区域环境治理和"四项"内容治理的双维协同下,当前仍存在不足之处。

(一) 双维协同治理激励不够充分

在京津冀生态环境治理协同中,北京市和天津市凭借资源禀赋优势,相对于河北省而言处于主导地位,而河北省不仅生态环境脆弱,环境保护压力较大,与北京市、天津市相比处于从属地位,双维协同下,河北省权衡治理成本和治理收益后常处于净损失的状态。由于中央政府是推动京津冀降碳、减污、扩绿、增长协同的主要驱动力,除了完成中央政府的协同发展任务外,如果没有充分的激励,可能会影响京津冀协同治理的效能。

(二) 横向生态补偿机制有待完善

为保障北京和天津的碧水蓝天净土,河北省在资源和环境上作出了较大的努力,例如在大气污染应急治理时,除了与京津保持联防联治,还会进一步对潜在的大气污染源进行关停等强制性控制,以更快地降低京津冀的大气污染浓度;在水污染治理时,河北省在自身水源不充足的情况下还在尽其所能保障京津两地水资源的供应;在承接产业转移之际也在承担新增环境污染治理的压力。然而这些付出并没有完善的横向生态补偿,当前相对完善的横向生态补偿是京冀的密云水库横向生态保护补偿协议和津冀引滦入津上下游横向生态

---

① 《京津冀十年生态协同发展谱新篇》,2024 年 4 月 8 日,https://www.forestry.gov.cn/c/www/slzhxx/555608.jhtml。

保护补偿协议。不完善的横向生态补偿机制将影响河北省参与双维协同治理的积极性，也无法充分发挥京津冀降碳、减污、扩绿、增长协同的治理效能。

（三）经济增长协同的效应不够强劲

根据环境库兹涅茨曲线的理论，经济增长与环境污染之间呈倒"U"型关系，表明当经济发展到一定程度后，环境污染才会随着经济增长而降低。但反观京津冀三地的经济发展水平，北京属于后工业化时期，天津属于工业化后期，河北属于工业化中期，可以推断，治理环境污染对河北省经济发展的不利影响更大，即体现为双维协同的生态环境治理与经济增长的协同效应受限。根据国家统计局数据，2014 年京津冀人均 GDP 在全国的排名分别是第 2 名、第 1 名、第 18 名，而 2023 年京津冀人均 GDP 的排名分别为第 1 名、第 6 名、第 26 名，这进一步体现了在京津冀降碳、减污、扩绿、增长协同的过程中，缺少有效的机制发挥强劲的经济增长协同效应。

（四）推动双维协同治理的资金不足

生态环境治理需要大量的资金支持，然而在促进京津冀降碳、减污、扩绿、增长的协同过程中，治理、修复、扩张京津冀生态环境主要依赖于财政资金。一方面是中央财政资金的支持，主要通过专项财政资金、地方政府向中央争取投资等方式获取资金；另一方面是地方政府之间的横向资金支持，主要依据横向生态补偿协议获取资金，或者由河北省向京津争取资金。在资金获取渠道没有打开的情况下，协同治理的资金总量不够充足。例如，中央财政将衡水湖湿地保护区作为国家湿地生态补偿试点，自 2014 年起，累计安排中央资金 1.34 亿元。河北省林草局争取北京市支持河北环京地区森林草原基础设施建设资金，十年累计争取约 1 亿元。[①] 尽管河北省为生态环境治理争取到了资金，但在漫长的治理历程和繁杂的治理内容下，有限的资金仍不足以支持加快推进生态环境治理与修复的进程。

---

① 《京津冀十年生态协同发展谱新篇》，2024 年 4 月 8 日，https：//www.forestry.gov.cn/c/www/slzhxx/555608.jhtml。

五、推进京津冀降碳、减污、扩绿、增长协同的机制与对策

基于"三地"环境治理协同和"四项"治理内容协同的逻辑，立足于京津冀降碳、减污、扩绿、增长协同的典型事实，结合当前双维协同治理存在的问题，本文提出四点协同机制助力推进京津冀降碳、减污、扩绿、增长，侧重点在于增强京津冀参与区域性生态环境协同治理的内源驱动力，并逐步形成京津冀降碳、减污、扩绿、增长协同的长效机制，以期通过高品质的生态环境支撑京津冀高质量发展，助力将京津冀建设成为中国式现代化的先行区、示范区。

（一）加强协同机制设计，提升协同治理参与激励

京津冀降碳、减污、扩绿、增长的协同机制是在中央政府推动下构建的，在中央政府的主导下，提升地方政府参与区域生态环境协同治理的自主性，既有助于让区域内府际协同更加紧密，也有利于提高区域环境协同治理效率。首先，要加强协同机制的顶层设计，明确新阶段、新形势下京津冀降碳、减污、扩绿、增长的总体目标与阶段性目标，基于各地方政府的现实情况对参与协同治理的各部门进行角色定位，以促进府际高效合作。其次，搭建紧密互动、资源共享、协商密切的共享平台，避免因体制机制上的障碍导致府际协同不畅。同时，该平台还可以具有监督管理的职能，敦促京津冀加强府际降碳、减污、扩绿、增长的协同。最后，在一定范围内动员公众和社会组织参与京津冀生态环境协同治理，融入新的驱动力，助力京津冀降碳、减污、扩绿、增长协同。

（二）优化财政补偿机制，平衡地方政府协同利益

财政补偿机制主要分为纵向生态补偿和横向生态补偿，其中，由中央政府重点推进但由地方政府具体实施的区域性环境治理项目，应给予充足的纵向生态补偿，而地方政府之间的横向生态补偿相对更为复杂，利益相关方需深度协商才能达到既可以有效治理区域性生态环境问题，又能够实现府际利益双赢的关系。为了平衡地方政府之间的相关利益，区域生态环境治理需着重优化横向财政补偿机制。首先，需要依据受益者付费的原则科学界定横向财政补偿的支付方与接受方，合理划分各方的权利与义务；其次，搭建利益相关方的对话平

台，推动地方政府之间平等交流协商，适当引入第三方评估机制，对补偿标准、补偿形式、补偿方案进行客观评估，维护各方利益的相对平衡；最后，建立横向生态补偿的监督管理机制，对补偿款项的落实、应用及补偿后的生态环境治理效果进行追踪，确保横向生态补偿机制平稳运行。

（三）引入金融支持机制，满足协同治理资金需求

区域生态环境治理需要大量的资金投入，除财政生态补偿资金外，还可以引入社会资金对京津冀降碳、减污、扩绿、增长协同给予精准支持。生态环境导向的开发（Eco - environment Oriented Development，EOD）模式具有将生态环境治理与产业发展相结合的优势，不仅能够达到治理生态环境的目的，还能促进产业发展，实现环保效应与经济效应的双赢，是推进京津冀降碳、减污、扩绿、增长协同的有效金融机制。然而现阶段京津冀对 EOD 模式的开发利用较少，仍需大力推进。此外，引入跨区域生态环境合作治理的 PPP（Public - Private - Partnership）模式也能够缓解生态环境协同治理时资金紧张的问题，且 PPP 项目不会脱离政府监管，能够形成更好的环境治理效果。"EOD + PPP"模式兼顾生态效益、社会效益与经济效益，是较好的支持机制。对于区域生态治理难度较高、财政资金相对紧张、污染治理与经济增长兼顾需求更高的京津冀而言，需更合理利用这些金融支持机制，进一步推进京津冀降碳、减污、扩绿、增长的协同。

（四）完善人才支撑机制，强化协同治理专业对接

在推进京津冀生态环境协同治理的过程中，不可忽视的是三地所拥有的创新型人才的差距。区域生态环境协同治理的全过程都需要人才予以支撑，然而河北省对环境治理与经济增长双赢的需求更为强烈，但人才支撑相较于京津两地更弱。因此，亟须在京津冀强化人才支撑的协同，以区域生态环境治理带动人才集聚，以人才集聚进一步增强区域协同治理。为构建河北省专业化人才的集聚地，一方面可以借助横向生态补偿机制，以"资金 + 人才 + 技术"的模式对河北省进行生态补偿，增加人才的引入渠道；另一方面，河北省需重视对生态环境治理人才的培养和发展，增强引进人才的带动效应和示范效应，从而构建本地专业化人才结构，更好地促进与京津协同治理的专业对接，提高协同治理效能。

参考文献

［1］包晓斌：《京津冀区域生态环境协同治理路径》，载于《中国发展观察》2019 年第 16 期。

［2］崔新蕾、王艳融、马艳茹：《黄河流域降碳—减污—扩绿—增长耦合协调的动态演进及其影响因素》，载于《水土保持研究》2024 年第 4 期。

［3］董战峰、程翠云：《深入推进京津冀区域生态环境协同治理》，载于《共产党员（河北）》2024 年第 4 期。

［4］段威：《京津冀协同发展中环境治理问题探讨》，载于《天津日报》，2018 年 9 月 3 日。

［5］高宏霞、杨林、付海东：《中国各省经济增长与环境污染关系的研究与预测——基于环境库兹涅茨曲线的实证分析》，载于《经济学动态》2012 年第 1 期。

［6］孔德意：《生态环境导向的开发（EOD）模式发展策略研究》，载于《辽宁行政学院学报》2024 年第 4 期。

［7］李冰强：《区域环境治理中的地方政府：行为逻辑与规则重构》，载于《中国行政管理》2017 年第 8 期。

［8］李宁：《构建区域环境治理共同体的逻辑理路与实现路径》，载于《北京交通大学学报（社会科学版）》2023 年第 7 期。

［9］毛春梅、姚清：《成本—收益视角下府际生态治理合作的类型与机制——以长三角示范区为例》，载于《中南大学学报（社会科学版）》2023 年第 6 期。

［10］王东、于海生：《完善协同机制促京津冀向绿而行》，载于《经济日报》，2024 年 9 月 21 日。

［11］夏学超、孙慧、祝树森，等：《多元主体环境规制组合如何实现降碳减污扩绿增长协同推进？》，载于《中国人口·资源与环境》2024 年第 8 期。

［12］杨小虎、魏淑艳：《PPP 模式下跨区域生态环境合作治理网络研究》，载于《东南学术》2023 年第 5 期。

［13］张艳楠、孙蕾、张宏梅，等：《分权式环境规制下城市群污染跨区域协同治理路径研究》，载于《长江流域资源与环境》2021 年第 12 期。

［14］郑石明、黄淑芳：《纵向干预与横向合作：塑造区域环境协同治理网络——一个超大城市群的治理实践》，载于《湖南社会科学》2022 年第

4 期。

［15］周凌一：《纵向干预何以推动地方协作治理——以长三角区域环境协作治理为例》，载于《公共行政评论》2020 年第 4 期。

［16］庄贵阳、王思博：《协同推进降碳减污扩绿增长：内涵、挑战及应对》，载于《城市与环境研究》2023 年第 2 期。

河北省协同京津发展入境游政策研究

吴 譞*

摘 要：入境游是一个国家或地区对外开放水平的重要标志。当前，国家持续优化入境政策，为入境游产业发展带来机遇。京津冀协同发展进入下一个十年，旅游产业协同发展不断深化。河北省旅游资源丰富，具备发展高质量入境游产业的条件，但也面临一系列问题和困难。京津虽拥有相对较高的境外客流量，也需要借助河北省作为腹地提升入境游产业竞争力。本文在分析河北省发展入境游的背景和意义的基础上，阐述入境游的发展趋势及特点，简述河北省入境游的现状及问题，并借鉴其他地区联合发展入境游的先进经验，提出河北省协同京津发展入境游的政策建议。

关键词：京津冀 入境游 政策措施

一、河北省协同京津发展入境游的背景和意义

（一）京津冀发展入境游背景

1. 入境便利化政策推动境外游客不断增加

我国入境政策不断优化创新，游客入境门槛进一步降低，有力助推入境游产业发展。一方面，我国不断推动与其他国家和地区互免签证，给予部分国家和地区入境人员单方面免签待遇，将交流访问列入免签事项，免签停留时间由15天延长至30天。截至2024年12月，我国已对38国给予免签入境待遇，①

---

* 吴譞，河北省宏观经济研究院副研究员，主要研究方向为产业经济。

① 《关于进一步扩大免签国家范围并优化入境政策的通知》，中国领事服务网，2024年11月22日，http：//cs. mfa. gov. cn/gyls/lsgz/fwxx/202411/t20241122_11531285. shtml。

免签政策红利成为我国扩大开放、发展入境游的流量密码。另一方面，过境免签政策效应持续显现，144 小时过境免签政策适用范围已增至 37 个口岸、54 个国家，① 还针对港澳台、东盟等地区客源地团体游客入境特定地区给予便利，吸引邮轮游客入境沿海省份游览参观，有力促进入境游产业发展。

2. 京津冀旅游协作不断深化

旅游产业协同发展是京津冀协同发展的重要内容。京津冀三省市联合推动和落实三地文旅协同发展规划，成立相关工作专班，构建常态化协调机制，联合设立 9 个行业联盟，签订 16 个合作协议，稳步推进京津冀文化和旅游一体化市场建设。针对文旅新业态不断加强政策引导，联合出台《京津冀自驾驿站服务规范》，推动露营旅游、房车营地等业态健康发展，入境游生态不断扩展。《北京市推动旅游业高质量发展的实施意见》推动京津冀三地规划共编、市场共建、线路共推、资源共享、游客互送，打造京津冀世界级旅游圈。在三地协同发展进入下一个十年之际，亟须紧紧抓住旅游特别是入境游这一抓手，打造京津冀地区高质量发展新优势。

3. 国内入境游产业持续恢复

2024 年 1 ~ 9 月，进入我国的境外游客超过 9 400 万人次，约为 2023 年同期的 1.8 倍，② 呈现出较为明显的恢复性增长态势。受线下展会、专题推介、自媒体宣传等因素的影响，中国游（China Travel）成为全球业界和境外公众关注的热点。国内各地纷纷出台举措，大力发展入境游及关联产业。北京、上海、西安等地充分利用当地文旅资源基础，结合自身历史文化、艺术、饮食及自然风光，积极谋划入境游线路，持续创新相关产品，积极抢占入境游行业高地。

（二）京津冀发展入境游意义

1. 有助于发展服务贸易，优化外贸结构

入境游是服务贸易的一种，境外游客入境消费构成旅游目的地的外需，对拉动当地经济增长具有促进作用。据研究，国内或地区生产总值（GDP）增长与入境游高度相关，入境旅游收入每增加 1 个百分点，能够拉动国内或地区生

---

① 《37 个口岸 + 54 个国家 + 144 小时 = 中国欢迎你!》，央视网，2024 年 7 月 15 日，https://news. cctv. cn/2024/07/15/ARTInRSDKTdGXeohMPHQ06VF240715. shtml。

② 《便利入境游客畅游中国："进得来"更要游得好》，北方网，2024 年 12 月 3 日，http://travel. enorth. com. cn/system/2024/12/03/057888164. shtml。

产总值增长千分之五左右。世界旅游业理事会（The World Travel & Tourism Council，WTTC）发布的数据显示，2018 年旅游业对世界经济的贡献达 8.8 万亿美元，相当于全球生产总值的 10.4%。预计至 2034 年，旅游业将为世界经济带来约 16 万亿美元的增长，占全球经济的比重将超过一成。发展入境游产业将有助于扩大河北省服务贸易出口，进一步优化对外贸易结构。

2. 有利于促进民间交往

旅游是对外文化交流的重要方式，是"民间外交"的重要组成部分。"国之交在于民相亲"，推动入境游产业发展，对于加强民心相通、文化交流互鉴具有积极意义。改革开放四十多年来，我国经济社会发生翻天覆地的变化，在较短时间内走过西方国家上百年的现代化之路，取得了举世瞩目的成就。当今世界正处于百年未有之大变局，地缘政治形势日趋复杂，而西方发达国家高度掌控国际舆论，针对我国的抹黑和污蔑十分猖獗。在对外交流方面，亟须开通新渠道，开辟"新战场"，打破西方国家编织的信息藩篱，通过入境游"请进来"，让境外游客特别是西方国家游客切实感受我国的巨大变化，进一步树立和展现我国的良好形象。

3. 有助于提升旅游业竞争力

入境游的重要性高于境内游和出境游，是一个国家或地区旅游业竞争力的关键标志。入境游更能体现一国或地区经济、文化、自然及历史人文景观的综合吸引力。出境游形成对境外目的地的消费需求，境内游更多体现为内需的跨区域流动。入境游客可直接或间接带动目的地住宿、餐饮、购物、交通、文创、会展、医疗和教育培训等行业的发展，是扩大外需的切入点和着眼点，是真正体现当地旅游业综合实力的晴雨表。提升入境游品质，壮大入境游产业，对于推动河北省旅游业高质量发展具有重要意义。

二、入境游发展趋势及特点

（一）发展趋势

1. 处于疫情后的恢复期

联合国旅游组织在 2024 年第二期《世界旅游业晴雨表》中指出，全球旅游业已基本恢复至新冠疫情前的水平。该时段跨境游客约 2.8 亿人次，与上一年同期相比增长二成左右，其中，亚洲部分区域入境游支持政策不断优化，航班密度恢复、支付便利化等措施有力助推上述地区入境游产业恢复。从区域看，2024年1~3月亚太地区入境游客数恢复至疫情前的82%左右，恢复程度较上年进一步向好。同期欧洲入境游人数较疫情前微幅增长1%。非洲地区入境游人数较疫情前增长5%，美洲地区的入境游人数相当于疫情前的99%，而中东地区入境游恢复最为显著，同期入境游客人数达到疫情前的130%，全球跨境游产业接待规模持续上升。

2. 新技术加速赋能入境游

随着人工智能、大数据等新一代信息技术的加速发展和应用，世界旅游产业数字化转型持续加速。强化技术手段、增强游览体验、扩大本地旅游知名度是许多入境游产业发达国家和地区采取的措施。以巴西为例，该国旅游协会成立"旅游创新发展中心"，依托技术手段顺应入境游消费需求变动，强化游览体验，提供更加有针对性的服务。该国将卡皮瓦拉山国家公园（Serra da Capivara National Park）的风光进行技术处理，通过高清图片和三维建模等方式构建虚拟游览信息产品，以远程体验的方式供潜在游客浏览体验，有效提升这一景区的知名度，起到较好的宣传推广作用。虚拟游览服务提供的清晰图像和视频以及易于理解的解说文字可以补充观景体验，亦可对到场游客起到导览作用，有效提升了当地入境游的吸引力。

3. 业态融合成为入境游重要趋势

许多国家和地区在发展入境游产业的过程中，注重将传统旅游观光与购物、医疗、会展、教育培训等相结合，不断延展入境游产业链条。日本将观光业与休闲购物、医疗等其他服务业相结合，不断挖掘入境游客消费需求，有效提升入境游消费黏性。塞班岛利用自身美国注册会计师考点等资源，开发"考试游"等入境游产品，吸引外部有考试需求的游客入境应试并进行观光游览，将旅游业与教育培训产业深度融合。

（二）全球代表性入境游市场特点

1. 中国市场

我国是全球重要入境游目的地，入境游客来源广泛、旅游资源丰富、业态丰富多元，是全球入境游产业发展的重要参与者。一是入境散客日益增多。赴华境外组团游客虽依然较多，但入境散客数量及比重有上升趋势，且受入境便利化、支付便利化等政策的推动，有越来越多追求个性化和慢节奏的散客入境中国。二是入境游服务内容不断深化。入境游除传统观光游览外，与会展、文化、体育、医疗、教育培训等业态的结合不断深化，体验式旅游成为中国入境游的一大趋势。三是入境游目的地更加多元。受入境政策、文旅推广等因素的影响，越来越多境外游客将游览范围扩展至一线城市和热门景区以外，体现独特人文色彩的小众化目的地日益受到入境游客欢迎。四是自媒体对入境游起到重要推动作用。境外旅游自媒体对我国入境游的宣传推广贡献巨大，自媒体将我国旅游见闻作为增加自身关注度的流量密码，也将我国入境游产业的高品质服务推广到全世界，吸引和带动更多境外游客入境中国消费。

2. 日本市场

近期，入境日本的外籍游客数量显著增加，日本再次成为广受关注的入境游目的地。一是入境游客数量大幅增加。受日元贬值等因素影响，进入日本的外籍游客数量显著增加。据该国旅游局测算，2024 年 1～7 月，入境该国的外籍游客约 2 100 万人次，同比增长六成以上，为历史同期最高。二是日本流行文化成为吸引外籍游客的重要因素。大量入境游客直奔与动漫、音乐、影视有关的景点进行观光游览并购买相关纪念品，成为日本保持入境游产业竞争力的重要因素。三是免税购物是入境游的重要内容。2024 年 1～7 月，该国百货类免税销售额接近 4 000 亿日元，增长约 150%，已超过 2023 年全年的水平，为历史同期最高，其中来自中国、韩国等邻近地区的入境游客是免税购物的"主力"。

3. 法国市场

法国是国际知名旅游目的地，人文资源、饮食文化、流行文化、文学艺术等具有较高知名度，加之法国拥有优美的自然风光，入境游产业在新冠疫情后持续恢复。据经济日报报道，2023 年法国入境游收入达到 630 美元，较上年同期增长一成以上，主要入境机场客流量已恢复并超过疫情前的水平。2024 年 2 月，入境法国的外籍游客贡献了约 38 亿欧元，较上年同期增长二成左右，与疫情前相比增长约三成。一方面，法国旅游业主管部门推出多项政策吸引入境游客，聚焦游览路线策划、数字化服务、境外推介等方面推出多项支持政策；另一方面，重大赛事和官方交流助力入境游复苏。法国积极通过巴黎奥运会、橄榄球世界杯等重大赛事吸引入境人员观赛和游览，大力推动赛事旅游。同时，利用中法交流不断扩大之际，积极拓展极具潜力的中国市场，吸引中国游客入境观光消费。

4. 巴西市场

巴西自然风光优美，人文风貌独特，是南美乃至国际重要旅游目的地。据统计，巴西 2023 年入境外籍游客约 600 万人次，较上年同比增长六成以上。[①]巴西通过多项举措积极吸引入境游客。一是树立示范样板。巴西旅游部门为里约热内卢等城市颁发"转型中的智慧旅游目的地"证书，表彰上述城市在推动入境游产业数字化转型方面的努力。二是大力推动营销数字化。以里约热内卢为例，巴西注重将旅游推介与数字技术相结合，让游客实现无论身在里约热内卢还是境外地区，都可以通过互联网进行虚拟旅游，将推介广告和旅游攻略数字化，加强入境游吸引力。三是通过信息化手段完善地接服务。利用大数据、云计算和人工智能等技术实时掌握和分析不同景区的游客数量，引导旅游大巴车、导游服务、餐饮服务、医疗救援等及时响应外籍游客需求，精准评估入境游接待环境及质量，有效提升该区域入境游的吸引力和竞争力。

三、河北省入境游概况

（一）基础情况

在新冠疫情影响下，入境游客总体规模大幅下降。根据河北统计年鉴数据，2020 年河北省入境游客数为 78 959 人次，2019 年为 1 879 050 人次，同比下降 96%，疫情后虽有一定回升，但新冠疫情对河北省入境游产业的冲击仍在延续。从客源地看，疫情发生后，入境游客以港澳台地区为主，外籍入境游客比重显著下降。2020 年河北省港澳台入境游客 35 915 人次，占当年入境游客数量的 45.5%，较 2019 年上升约 20.4 个百分点。入境过夜游客比重总体不高，2015 年、2018 年、2019 年河北省入境过夜游客数分别为 76.46 万人次、98.86 万人次、97.08 万人次，占同年入境游客的比例分别为 70.7%、56.2%、51.6%，与入境游发达地区存在一定差距。入境游收入较疫情前大幅减少，2015 年，河北省国际旅游收入为 6.21 亿美元，2018 年、2019 年分别升至 8.49 亿美元和 9.36 亿美元，2020 年则降至 0.3 亿美元，下降幅度约 97%，后续年份虽总体呈现恢复性增长态势，但疫情对入境游收入的影响尤为明显。

---

① 《巴西多举措提振旅游业》，光明网，2024 年 2 月 28 日，https：//baijiahao. baidu. com/s? id = 1792097697056024977&wfr = spider&for = pc。

（二）潜在问题

入境口岸少、入境流量小。河北省现阶段仅有石家庄正定国际机场和秦皇岛海港（客运）两个口岸，且入境游客与京津地区及其他入境游发达地区存在明显差距，入境游"首站"优势不足，在国内入境游版图中处于"末梢"地位，直接限制了入境游产业的发展。

宣传推广少、境外知名度低。河北省历史悠久，文化底蕴深厚，民俗精彩纷呈，自然风光旖旎，是全国唯一拥有全部地形地貌类别的省份，是外部游客了解中国、体验中国历史文化、感受华北自然风光的理想目的地，具有极高的旅行观光价值。然而受多种因素制约，河北省旅游的国际关注度相对较低，与北京、天津及其他旅游发达地区存在明显差距。

市场开发运营水平不高。入境游服务能力不足是制约行业发展的重要因素。从人力资源角度看，具备流利外语能力的涉外导游相对较少，具备国际视野、能独立开发入境游产品和面向境外开拓入境游市场的高级管理人员相对不足，高层次旅游科学研究人员队伍亟须壮大。入境游产品同质化，产品以自然或人文历史景点为主，特色化、差异化入境游产品相对不足，缺乏高品质业态融合型入境游产品。从市场主体看，旅行企业独立开展入境游业务的能力相对较低，多为京津入境游企业延展业务，面向以河北省内口岸为首站的入境游产品开发和运营能力仍需提升。

四、先进地区发展入境游经验

（一）上海全力打造入境游"第一站"

上海市充分利用自身重要对外交往窗口功能，将提升入境游知名度作为关键任务。一是大力开展形象推广活动。上海市于 2023 年底启动入境旅游形象推广行动，聘请境外人士担任该市入境游形象推广大使，制作发布 2024 年上海文旅宣传片和文旅体节展活动日历，全面提升入境游产业整体形象。二是与高等级研究机构开展深入协作。上海市文旅部门与国家旅游研究院开展合作，积极研究策划上海市入境游发展目标、路径和举措，积极打造中国入境游"第一站"。三是发展"文旅＋"融合型业态，全力挖掘入境游客需求。在发展入境观光游览的同时，大力发展入境医疗游，授予 13 家医院"上海市公立医院国际医疗旅游试点单位"资格，上述医疗机构提供院内接送、急诊转运、货币兑换等服务，为陪同治疗的入境家属提供必要协助，同时结合传统观光游产业，带动市内景区和邻近医院的宾馆参与其中，努力为有医疗需求的入境游客提供优质服务。①

（二）贵州与周边省市入境游联动

贵州作为内陆省份，积极与周边五省市联合开展入境游推广活动，力求实现与周边地区资源共享、优势互补、协调联动。一是主动开展贵州及周边五省市入境游联动宣传活动，同云南、重庆、广西、四川、湖南等省、自治区、直辖市的 10 家入境旅行商及 16 家贵州本地入境旅行商开展协作，深入挖掘贵州及周边地区的特色旅游资源，在面向韩国、日本、马来西亚、泰国及欧美等地旅行者的线上平台、社交媒体和线下门店发布相关入境游产品，加强宣传推介，进一步扩大贵州及周边地区联程旅游产品的国际知名度和市场影响力。二是与周边省市旅游企业合作谋划跨区域入境游线路及产品。针对上述地区入境游产业发展目标及不同客源地的游客需求，整合各地旅游资源，革新营销策略，联合策划入境游产品。探索谋划"贵州—四川""云南—贵州"等入境旅游联程产品，积极与广西、重庆、湖南等地合作开发联程入境游产品。三是面向主要客源地，扩大临近口岸流量导入。针对近年贵州及周边地区东南亚游客逐步增长的情况，除继续导入北上广等东部大型机场口岸客源外，积极与昆明等主要面向东南地区的机场展开合作，扩大入境游客导入量。四是支持入境游企业开展跨区域联动。引导贵州海外国旅、贵州省中国青年旅行社等 16 家本地旅行商与桂林中国国旅、张家界中国国旅、重庆溪途国旅、昆明风情国旅、成都杰生国旅等 10 家省外旅行商代表签署《战略合作框架协议》，明确不同地区入境游企业的差异化发展方向，在产品设计、宣传推广和联程服务等方面完善协作机制。

（三）成渝共建入境消费友好型商圈

成都和重庆为我国西南地区重镇，虽未处沿海区位，但积极提升对外开放水平，全力打造入境游产业高地。 是高点定位，自力打造国际消费中心城市。2021 年国务院批准重庆建设国际消费中心城市。《成渝地区双城经济圈建

---

① 《打响国际医疗"上海品牌"，13 家医院授牌成为公立医院国际医疗旅游试点单位》，https：//www. jfdaily. com. cn/staticsg/res/html/web/newsDetail. html？id＝798167&sid＝200。

设规划纲要》提出，支持重庆、成都塑造城市特色消费品牌，打造国际消费中心城市，为成渝两地深度挖掘外需、发展入境游产业指明了方向。二是大力开展试点示范。重庆市商务委根据《重庆市培育建设国际消费中心城市实施方案》，积极开展国际消费中心区、区域性消费中心、商文旅体融合发展区县等三类试点项目，对提升入境消费供给能力给予政策支持。三是强化入境游服务支持。在两地商务主管部门、人民银行分支机构、金融主管机构及基层政府支持下，成都春熙路时尚活力区管委会、重庆解放碑中央商务区管委会和蚂蚁集团联合中国银行、万事达卡、成都轨道集团等境内外支付和服务商，共同发起"成渝入境消费友好型商圈共建计划"，整合串联春熙路、解放碑、洪崖洞、宽窄巷子等60多个成渝热门商圈、地标、景点，联合成渝两地机场、高铁、地铁等交通服务主体宣传便利支付标识，实现"大额刷卡、小额扫码、现金兜底"，使入境游客在消费时更加便利。

（四）陕西联合京沪共推入境游

陕西省是较早参与入境游跨区域联动的地区，积极与北京、上海展开协作，努力导入两大对外开放窗口入境客源，有效推动当地入境游产业发展。一是政府引导，完善顶层设计。陕西省早在2018年即联合北京市、上海市共同签署《北京、上海、陕西中国入境旅游枢纽合作备忘录》，建立京沪陕三地入境游跨区域协作机制框架，形成入境游联席会议制度，定期召开会议进行协调，有力支持三地联合开拓入境游市场。二是联合打造入境游线路和产品。引导线上线下入境游企业，打造面向不同客源群体的精品入境游线路，联合出资实施入境游推广活动，强化三省市中国入境旅游枢纽品牌和形象。三是将现代科技与市场开拓相结合。加强大数据等新一代信息技术的应用，科学研判市场形势，引导和支持三地旅游企业合作交流，共同应对入境游市场变化。

五、对策建议

（一）加强形象推广，提升入境游吸引力

旅游产品作为体验性消费，宣传推广至关重要。河北省在地理上"包围"北京和天津，是京津冀地区的腹地，与京津两大对外开放窗口相比，知名度、美誉度存在明显差距，加强宣传推广是河北省发展入境游产业的关键一步。一

是打响河北入境游品牌。确定入境游推广主题，打响"Hebei Travel"品牌，设计主题标识，丰富相关文创产品，全面提升河北入境游形象，不断扩大河北入境游知名度。二是加强入境游推介的"名人效应"。邀请知名境外人士担任河北省入境游"宣传员""体验官""推广大使"等，借助其知名度向境外游客宣传介绍河北旅游，对作出突出贡献的入境游推广人士给予奖励，并吸引全球知名影视演员和影视企业来冀取景拍摄。三是加强国际社交媒体推广。在TikTok等具有国际影响力的社交媒体开设"Hebei Travel"账号，及时更新河北入境游产品，发布境外游客来冀游览的美好体验。邀请国际知名文旅博主来冀体验入境游，引导其发布宣传河北入境游"攻略"等内容，提升河北入境游产品的国际知名度。

（二）打造京津冀精品入境游线路

在加强入境游产品推介的同时，科学谋划入境游线路，是河北省联合京津共推入境游产业高质量发展的关键。一是发展沿海入境游精品线路。充分利用京津冀沿海地区旅游资源，串联知名景点，策划"秦皇岛港邮轮码头—乐亭海岸—曹妃甸湿地—天津滨海—沧州南大港湿地"冀津沿海入境游精品线路，夏季主推消夏避暑，冬季主推候鸟观光，打造有代表性的沿海跨区域入境游产品。二是打造北京冀北冰雪避暑生态精品游线路。依托北京首都机场和大兴国际机场，培育以冬季冰雪运动、夏季休闲避暑为主题的入境游线路，推动建立"北京市区—崇礼冰雪—坝上草原"生态游线路和"北京市区—承德避暑山庄—木兰围场"草原休闲游线路。三是打造大运河生态游线路。依托北京、天津各机场和港口，引导入境旅客体验大运河文化及沿线风光，发展"北京副中心—天津—大运河河北段"大运河生态观光精品线路。四是打造太行山沿线精品文旅线路。依托石家庄正定机场，建设串联石家庄—保定—北京—张家口等地区的"太行风情"精品入境游线路。

（三）加强京津入境游客流量导入

北京、天津两地是京津冀地区入境人员和游客较多的地区，也是大多数入境游客的"首站"。加强京津入境游客导入，对河北省加速发展入境游具有促进作用。一是面向京津入境游客加强河北游宣传。河北是全国唯一拥有全部地形地貌的地区，针对京津入境游客以"来河北等于游遍中国"为主题进行推介。在首都机场、大兴机场、滨海机场、滨海邮轮口岸等处加强广告投放，增强京津入境游客来冀意愿。二是对京津地区入境游旅行社给予奖补。对引导团队境外游客来冀的京津入境游企业给予奖补，对京津旅行社接载境外游客来冀的车辆实施减免过路费、门票和停车费等政策。引导河北省酒店、旅游行业协会与京津旅行企业及行业协会建立协作关系，给予京津旅行企业优惠价格。对京津两地常年大量接待外籍游客入冀游览的优秀导游给予表彰和适度奖励。

（四）增加河北入境口岸数量，扩大与京津口岸联动

河北省虽地处东部沿海地区，但开放水平与京津地区存在明显差距，入境口岸少是重要原因。一是争取唐山、沧州增设入境邮轮口岸。河北省有秦皇岛、唐山、沧州三大港口，秦皇岛港已成为邮轮入境口岸，如在唐山、沧州两港建设邮轮入境口岸，将实现河北省沿海港口入境邮轮口岸全覆盖，有助于将周边国家和地区游客导入河北省。二是争取将唐山、秦皇岛、张家口、承德、邢台、邯郸等民航机场升级为国际机场。河北省现阶段除石家庄正定国际机场外，其余民航机场皆为服务国内航班的支线机场，对入境游产业发展支撑不足，推动将河北更多机场建成为国际机场，有助于提升入境游客导入能力。其中，推动冀北张承两机场面向俄罗斯及中亚国家开通航线，推动秦皇岛、唐山机场开通面向日本、韩国的入境游航线，推动邢台、邯郸等机场协同石家庄国际机场开通国际航线，提升民航入境游客流量。三是深化与京津机场的对接协作。协调北京首都机场、北京大兴机场、天津滨海机场等京津地区大型国际机场，开通经停河北省的跨境航线，争取更多入境航线经停河北省机场，加强河北省内机场入境游服务能力。

（五）联合发展业态融合型入境游

加强业态融合、提升用户体验是河北省联合京津深挖入境游市场的关键。一是深度推动"观光+康养"融合型业态发展。京津医学治疗服务水平总体处于国际先进水平，已成为境外患者求医的重要目的地。河北省文旅资源丰富，同时在医学康复方面较京津地区具有目的地多、成本低等优势，具备联合京津共同打造"京津治疗+河北康复和观光"入境游服务的条件。引导和推动河北省医学康复机构、入境游企业主动对接京津知名医疗机构国际部，吸引入境求医游客在京津接受治疗后赴河北省接受康复服务，配套提供优质、特色化的游览观光服务。主动对接国内外医疗保险机构，扩大入境求医游客保险服

务范围，努力降低入境游客求医康复成本，打造具有示范意义的跨区域入境医疗游生态。二是发展"会展＋文旅"融合型业态。充分利用京津地区展会活跃的优势，引导河北省会展服务企业、入境游企业主动对接京津会展企业，为京津会展服务企业提供配套服务，通过在冀住宿、设分会场等方式吸引入境参展和观展人员进入河北省游览观光，与京津共同打造高品质会展入境游服务。三是发展"教育培训＋文旅"融合型业态。京津地区高等教育、特色兴趣教育资源具备一定优势，河北省观光资源丰富多元，部分领域职业教育具备一定优势，具备联合发展教培入境文旅的条件。引导河北省教育培训机构、入境游服务企业与京津同行深度协作，共同打造高等教育进修＋观光、职业技能培训＋观光、学生假期研学等入境游产品，推动京津冀教培入境游产业发展。

（六）联合维护入境游市场秩序

加强执法协作，共同维护入境游市场秩序，是河北省联合京津发展入境游的重要任务。一是加速京津冀文旅信用管理一体化进程。高质量落实《京津冀地区旅游信用协同监管合作备忘录》，在信用信息公示、信用预警、联合执法检查等方面加强协调联动。二是共建文旅市场信用监管体系。建设"信息互通、资源共享、监管联动、服务协同"四位一体的入境旅游市场信用监管体系，向境内外公开旅行社信用评价情况，引导督促入境游从业人员和企业诚实守信，树立良好行风。三是完善三地旅游执法合作机制。依托电话、电子邮件、社交媒体等媒介，完善面向境外游客的便捷投诉通道，探索建立入境游跨区域维权协作机制。

（七）提升入境游客服务

提高入境游服务品质，是河北省联合京津扩大入境游消费的重要方面。一是联合京津协调移动支付企业。推动京津冀三方联合与微信支付、蚂蚁金服、银联云闪付等代表性移动支付企业进行沟通对接，引导支付企业在河北省优化提升入境游客支付服务。协调人民银行北京和天津分支机构，共同优化京津冀入境游电子支付、货币兑换等服务。二是加强入境便利化服务。在口岸进一步扩大144小时过境临时许可申请区域，简化申请流程，增加东南亚、非洲等地区小语种服务人员的数量，优化残障人士等特殊入境游客服务。三是共同建立完善线上入境游导览平台。联合京津建立面向境外游客的"京津冀虚拟旅游平台"，借助信息化手段，围绕河北省及京津地区知名景点、文物、文化艺术等游览元素，建立线上虚拟游览产品，配合游览"攻略"推荐及游客评价等内容，嵌入医疗、教育、会展、节庆等内容，联合打造高品质入境游数字平台。

（八）人才培养

人才是一个国家或地区入境游发展的关键要素。打造专业化的人才队伍，深化人力资源协同开发，是河北省与京津共同发展入境游的重要支撑。一是建立京津冀入境游人才培养联盟。利用三地高校、职业学校旅游专业教育资源，完善入境旅游管理、入境游服务职业技能相关专业建设，提升河北省入境游人才培养能力，建立以河北为主要输出地的人力资源基地。二是完善高水平人才引培机制。河北省高端旅游人才培养及储备与京津地区相比存在一定差距，亟须完善三地高端旅游人才共享和流动机制。协调推动京津地区高校、科研机构、智库文旅领域研究专家来冀全职或兼职开展科研活动。推动河北省文旅企业高级管理人员"走出去"，赴京津大型入境游企业进修学习。邀请京津入境游知名企业管理人员来冀授课培训和灵活任职，进一步充实河北省入境游高端人才队伍。

参考文献

[1] 李天元、张朝枝、白凯：《旅游学（第四版）》，高等教育出版社2019年版。

[2] 路博娣：《京津冀旅游协同发展的水平测度、网络特征与影响因素研究》，广西师范大学硕士学位论文，2023年。

[3] 罗明义：《国际旅游发展导论》，南开大学出版社2002年版。

[4] 孙晓：《中国旅游经济高质量发展区域差异性及协同性研究》，辽宁大学博士学位论文，2021年。

[5] 王旭光：《京津冀构建冰雪经济协同发展新格局》，载于《国际商报》，2024年10月23日。

[6] 赵向阁、杨佩、汤倩，等：《京津入境游客引流至河北的路径构建》，载于《西部旅游》2024年第18期。

"全球发展倡议"框架下河北省与中亚五国推动农业重点合作领域研究

葛　音*

摘　要： 中亚五国是我国周边命运共同体的重要组成部分，高度评价并积极践行我国提出的"三大全球倡议"。中国与中亚国家已全部实现全面战略伙伴关系全覆盖、签署共建"一带一路"合作文件全覆盖、双边层面践行人类命运共同体全覆盖。农业是中亚国家的优势行业，也是我国和中亚务实合作的关键领域之一。河北可在"一带一路"倡议、中国—中亚元首会晤机制、上海合作组织等多层次多边合作机制内，依托中国国际农产品展会、境内外农业合作示范区、农业科技交流培训基地等平台，通过涉农交通基础设施建设的"硬件联通"、科技合作的"软件联通"，加强农产品贸易合作，响应中亚国家智慧农业的发展需求，推动资金融通等路径，深化对中亚的农业务实合作。

关键词： 全球发展倡议　河北　中亚　农业

2021 年，习近平总书记在出席第七十六届联合国大会一般性辩论时提出全球发展倡议，呼吁国际社会加快落实联合国 2030 年可持续发展议程，推动实现更加强劲、绿色、健康的全球发展。2024 年，习近平总书记在庆祝中华人民共和国成立 75 周年招待会上的讲话中强调，要推动落实全球发展倡议、全球安全倡议、全球文明倡议，积极参与全球治理体系改革和建设，推动构建人类命运共同体。① 全球发展倡议是构建人类命运共同体理念在全球发展领域

---

* 葛音，河北省社会科学院经济研究所助理研究员，经济学博士。研究方向为世界经济、"一带一路"、欧亚空间区域国别研究等。

① 王曼倩：《全球发展倡议为全球可持续发展注入新动力》，载于《红旗文稿》，2024 年 10 月 10 日。

的重要实践和新时代中国向国际社会提供的重要公共产品。三年来，全球发展倡议的"朋友圈"越来越大，得到 100 多个国家及包括联合国在内的多个国际组织的支持和参与，加入"全球发展倡议之友小组"的国家超过 80 个。70 多个国家、地区和国际组织合力组建全球发展促进中心网络，40 多个国家和国际机构同中方签署合作谅解备忘录，全球发展倡议推进工作组在联合国成立。① 全球发展倡议合作不断走深走实，中亚五国对其高度评价并积极参与。2022 年 1 月，中亚国家表示支持并积极推动落实全球发展倡议；同年 6 月，中亚国家表示支持中方提出的全球发展倡议和全球安全倡议；2023 年 5 月，在《中国—中亚峰会西安宣言》中，中亚国家高度评价并愿意积极践行中方提出的全球发展倡议、全球安全倡议、全球文明倡议。②

三十多年来，中国同中亚国家的关系经历了从睦邻友好到战略伙伴，再到共建中国—中亚命运共同体的历史性跨越。在双方均具有强烈合作意愿和相互尊重的前提下，中国与中亚国家开展务实合作，迄今已取得一系列历史性、标志性、突破性的合作成果，农业更是中国—中亚务实合作的重点之一。中亚拥有丰富的土地和光热资源，在旱作农业、棉花种植等方面拥有很大优势，农业发展潜力巨大。中国与中亚开展农业合作具备历史传统和地缘文化优势，前景十分广阔。③ 截至 2024 年，中国与中亚国家全部实现全面战略伙伴关系全覆盖、签署共建"一带一路"合作文件全覆盖、双边层面践行人类命运共同体全覆盖。④ 在这种态势下，互利互补的中国与中亚农业合作机制不断完善，合作内容不断充实。河北省在推动与中亚的农业合作时，应将涉农交通基础设施建设合作的"硬件联通"、科技合作的"软件联通"、加强农产品贸易合作、响应中亚国家发展智慧农业的需求、推动资金融通等作为重点，在"一带一路"倡议、中国—中亚元首会晤机制、上海合作组织、联合国世界粮食计划署等多层次多边合作机制的框架下，依托中国国际农产品展会、境内外农业合作示范区、农业科技交流培训基地等多位一体的农业合作平台，深化河北省与中亚国家的农业务实合作。

---

① 李安琪：《持续推进全球发展倡议走深走实》，载于《人民日报》，2024 年 9 月 22 日。
② 曾向红、王子寒：《"三大倡议"与新时期中国的中亚外交》，载于《国际展望》2024 年第 1 期。
③ 梁丹辉、吴圣、李婷婷：《中国与中亚农业合作现状及展望》，载于《农业展望》2017 年第 8 期。
④ 和音：《推动中国同中亚国家关系高水平发展》，载于《人民日报》，2023 年 1 月 10 日。

一、中亚五国经济发展概况

近年来，受新冠疫情、地缘冲突、通货膨胀和货币紧缩政策等影响，世界经济表现疲软。但根据世界银行 2024 年 6 月发布的《全球经济展望》（*Global Economic Prospects*）预测，中亚五国（除土库曼斯坦无宏观数据外）2024 年 GDP 增速将超过 4.9%，远超世界平均水平（2.6%）。① 具体到各国，哈萨克斯坦是该地区最大的经济体，拥有丰富的石油、天然气、铀和其他矿产资源。哈萨克斯坦正在进行经济多元化，试图减少对资源部门的依赖。乌兹别克斯坦是该地区第二大经济体，以黄金、棉花、石油和天然气资源为经济支柱，近几年债务规模扩张快速。土库曼斯坦富含天然气资源，居全球第四，但经济较为封闭，对外开放度较低。农业和矿业是吉尔吉斯斯坦的主要经济支柱。塔吉克斯坦水资源丰富，灌溉农业在塔吉克斯坦占主导地位，但面临水资源开发不足等问题。中亚五国普遍拥有丰富的自然资源，如矿产资源、油气资源以及土地和水资源。哈萨克斯坦和土库曼斯坦的人均 GDP 较高，经济发展属于资源密集型，而其他国家则更多依赖农业和轻工业。

如表 14 – 1 所示，从经济指标来看，2023 年，哈萨克斯坦与土库曼斯坦人均 GDP 高，政府债务压力相对较小。哈萨克斯坦以 2 633 亿美元的 GDP 遥遥领先，增长率为 5.1%，人均 GDP 达到 13 136 美元，显示出较强的经济实力；土库曼斯坦的经济增速达到 6.3%，人均 GDP 达到 9 190 美元，政府债务仅占 GDP 的 7%。乌兹别克斯坦虽然 GDP 总量达到 909 亿美元，但人均 GDP 仅为 2 496 美元，且政府债务占 GDP 比例较高，达 37.9%。吉尔吉斯斯坦和塔吉克斯坦的经济规模相对较小，分别仅为 140 亿美元和 121 亿美元，且人均 GDP 低，债务水平处于中亚国家中较高水平，其中吉尔吉斯斯坦的人均 GDP 为 1 264 美元，政府债务占 GDP 的比例高达 45%，塔吉克斯坦的人均 GDP 最低，为 1 189 美元。此外，除塔吉克斯坦外，其他国家都面临高通胀问题，其中哈萨克斯坦、土库曼斯坦和吉尔吉斯斯坦近年的通胀率均超过 10%。

---

① 世界银行：《全球增长三年来首次趋于稳定》，2024 年 6 月 11 日，https://www.shihang.org/zh/news/press – release/2024/06/11/global – economic – prospects – june – 2024 – press – release。中亚五国平均 GDP 增速根据世界银行《全球经济前景：欧洲和中亚》（2024 年 6 月）（*Global Economic Prospects*：*Europe and Central Asia*，June 2024）计算，https://thedocs.worldbank.org/en/doc/f43fb9163f5e4704740c30b614a9ad59 – 0050012024/related/GEP – June – 2024 – Regional – Highlights – ECA.pdf。

表 14 – 1　　　　　　　2023 年中亚五国经济指标

国　　家	GDP 增长率（%）	GDP（亿美元）	人均 GDP（美元）	政府债务占 GDP（%）	通胀率（%）
哈萨克斯坦	5.1	2 633	13 136	22.8	14.7
乌兹别克斯坦	6.0	909	2 496	37.9	8.8
土库曼斯坦	6.3	599	9 190	7	10（2022 年）
吉尔吉斯斯坦	6.2	140	1 264	45	10.8
塔吉克斯坦	8.3	121	1 189	30.9	3.8

资料来源：世界银行、国际货币基金组织。

二、中亚五国农业农村发展现状

（一）中亚五国农业生产情况

近年来，中亚五国普遍存在粮食等农产品歉收的情况，虽然未出现饥饿威胁，但粮食自给自足始终面临挑战。根据联合国粮农组织数据，2022 年中亚五国农业（agriculture）总产值按照现价美元计算约合 426.23 亿美元，主要包括粮食作物 79亿美元、牲畜 171.8 亿美元、牛奶 83.1 亿美元、蔬菜水果 87.7 亿美元等。①

具体到各国，乌兹别克斯坦农业体量在中亚五国中排首位。苏联解体后，乌兹别克斯坦农业发展在 2～3 年内超过了哈萨克斯坦，从 1994 年起，一直是中亚五国中农业发展的"领头羊"。2019～2023 年，乌兹别克斯坦农林牧渔业及相关服务总产值分别为 253.8 亿美元、260.4 亿美元、298.8 亿美元、328.4亿美元、363.2 亿美元。② 2023 年，乌兹别克斯坦农林牧渔业总产值比上年增长 4.1%，占 GDP 的 24.3%，全年生产粮食 840 万吨，蔬菜、瓜类和马铃薯1 760万吨，水果类 480 万吨。③ 哈萨克斯坦作为中亚面积最大的国家和主要产

---

① 数据来自联合国粮农组织，https：//www.fao.org/faostat/en/#data/QV。

② https：//stat.uz/img/press – reliz – rus – 4 – kv – 2023.pdf。

③ https：//kun.uz/ru/news/2024/02/12/obyem – selskoxozyaystvennoy – produksii – uzbekistana – za –2023 – god – sostavil – 4263 – trln – sumov。

粮国，2019～2023 年农林牧渔业及相关服务总产值分别为 135.3 亿美元、154.1 亿美元、177.2 亿美元、206.8 亿美元、167.1 亿美元，其中 2022 年增幅最大，达到 9.1%，2023 年降幅明显，为 -7.7%。[①] 2023 年哈萨克斯坦农林牧渔业及相关服务总产值占 GDP 的 7.3%，全年生产粮食 1 709.7 万吨，比上年减少 22.4%，蔬菜类和土豆 904 万吨，出栏牛、羊、猪共 3 782.2 万头，禽畜出栏活重 226.6 万吨。[②] 土库曼斯坦农业体量在中亚五国中排名第三。土库曼斯坦官方不公布宏观经济数值，只公布增长率和计划完成情况。根据联合国粮农组织数据，2018～2022 年农林牧渔业及相关服务生产总值分别为 28.8 亿美元、33.6 亿美元、35.7 亿美元、39.8 亿美元、49.9 亿美元，其中 2020 年增长最快，达到 118.92%（以 2014～2016 年为基期）。据土库曼斯坦官方统计，2023 年农林牧渔及相关服务业总产值为 266.5 亿马纳特，约合 75.8 亿美元。农业常年占据土库曼斯坦 GDP 的 10%～11.5%。[③] 土库曼斯坦政府未公布 2023 年粮食收获情况，但从哈萨克斯坦对土出口小麦 52.81 万吨的数据来看，[④] 土库曼斯坦的粮食收成或远未达到计划的 140 万吨，美国农业部预计为 65 万吨。[⑤] 塔吉克斯坦是中亚五国中面积最小的国家，境内多山，耕地占农地比例低。联合国粮农组织数据显示，2018～2022 年塔吉克斯坦农林牧渔业及相关服务总产值分别约合 21.3 亿美元、23 亿美元、22.5 亿美元、21.1 亿美元、22.6 亿美元，2019 年增幅最大，达到 150.6%（以 2014～2016 年为基期）。塔吉克斯坦 2023 年塔农林牧渔业及相关服务总产值为 317.7 亿索莫尼，比上年增长 9%，全年收获重要作物，如原棉 34.4 万吨，比上年减少 14.9%；小麦 86.1 万吨，比上年减少 7.9%。[⑥] 吉尔吉斯斯坦的农业体量在中亚五国中排名第五。根据吉尔吉斯共和国国家统计委员会数据，2018～2022 年吉尔吉斯斯坦农林牧渔业及相关服务总产值分别约合 29.6 亿美元、31.6 亿美元、28.9 亿美元、38.6 亿美元、42.6 亿美元，其中 2022 年增幅明显，为 7.3%，

① https：//eldala.kz/novosti/kazahstan/18048 - na - 7 - 7 - snizilos - selhozproizvodstvo - v - kazahstane - v - 2023 - godu？ysclid = ly85hubrhy276513419。

② 作者根据欧亚经济联盟数据计算。参见 https：//eec.eaeunion.org/upload/medialibrary/70b/oq94qtkhrb92svwf6y2nn7ukc1ws8633/Proizvodstvennye - pokazateli - po - APK - za - 2023.pdf。

③ Central Asia News，https：//centralasia.news/24209 - jekspert - trapeznikov - podytozhil - razvitie - jekonomiki - turkmenistana - za - 8 - mesjacev.html。

④ https：//www.hronikatm.com/2024/01/wheat - from - kazakhstan/。

⑤ https：//margin.kz/news/11734/yrozhai - 2023 - proizvodstvo - pshenitsy - v - tyrkmenistane - sokra-titsya - na - 50/。

⑥ 数据来自塔吉克斯坦共和国总统计局，https：//www.stat.tj/ru/makroekonomicheskie - pokazateli/。

2021 年降幅明显，为 -4.8%。欧亚经济联盟统计数据显示，2023 年吉尔吉斯斯坦农业总产值 3 787 亿索姆，约合 43.1 亿美元，比上年增长 0.6%，约占 GDP 的 31%。全年收获粮食 174.3 万吨，蔬菜、甜菜、马铃薯、葵花籽共 313 万吨，饲养牛、羊、猪共 804.8 万头，禽畜出栏活重 44.9 万吨。①

中亚五国农业发展水平见表 14 - 2。世界银行数据显示，2022 年中亚五国农业增加值合计约 424.7 亿美元，其中乌兹别克斯坦农业增加值最高，为 209 亿美元，占比 49.2%；乌兹别克斯坦也是除土库曼斯坦外，中亚五国中农业增加值年增长率最高的国家（4.1%），哈萨克斯坦农业增加值减少比例最高，为 -7.7%。中亚五国谷物产量合计 3 401.7 万吨，其中哈萨克斯坦产量最高，为 2 204 万吨，占比约为 64.8%；谷物耕地面积合计 1 916.2 万公顷，其中哈萨克斯坦谷物耕种面积最大，为 1 600.4 万公顷；乌兹别克斯坦的每公顷谷类产量最高，为 4 975 千克，哈萨克斯坦最低，为 1 377 千克。从中亚五国的农业生产指数来看，塔吉克斯坦的作物生产指数最高（131.3%），吉尔吉斯斯坦最低（106.8%）；塔吉克斯坦的畜牧业生产指数最高（185.9%），土库曼斯坦最低（114%），其他三国增幅均在 20% 上下；塔吉克斯坦的食品生产指数最高（150.1%），土库曼斯坦最低（112%）。就农、林、渔业每名工人的增加值这一指标来看，哈萨克斯坦（9 535.5 美元）、乌兹别克斯坦（8 942.19 美元）排名最高，塔吉克斯坦（2 232.98 美元）和吉尔吉斯斯坦（1 513.95 美元）排名靠后，土库曼斯坦（6 802.83 美元）排名居中。从化肥消费量来看，乌兹别克斯坦（296.8 千克/公顷耕地）、土库曼斯坦（241.9 千克/公顷耕地）化肥使用量最高，哈萨克斯坦（4.4 千克/公顷耕地）最低。

表 14 - 2　　　　　　　　2022 年中亚五国农业发展指标

指标	乌兹别克斯坦	哈萨克斯坦	土库曼斯坦	塔吉克斯坦	吉尔吉斯斯坦
农业增加值（百万现价美元）	20 896.98 *	11 201.28 *	6 563.71	2 457.13	1 350.46 *
农业增加值（年增长率）	4.1% *	-7.7% *	——	-4.5%	0.6% *

---

① 数据来自欧亚经济联盟官方网站，https：//eec. eaeunion. org/upload/medialibrary/70b/oq94qtkhr b92svwf6y2 nn7ukc1ws8633/Proizvodstvennye - pokazateli - po - APK - za - 2023. pdf。

续表

指标	乌兹别克斯坦	哈萨克斯坦	土库曼斯坦	塔吉克斯坦	吉尔吉斯斯坦
谷物产量（吨）	7 516 978	22 040 640	1 222 914	1 324 014	1 912 758
谷物耕地（公顷）	1 511 057	16 004 351	652 359	405 424	588 651
谷类产量（每公顷千克数）	4 975	1 377	1 875	3 266	3 249
作物生产指数（以 2014~2016 年为基期）	107.7%	129.3%	121.2%	131.3%	106.8%
畜牧业生产指数（以 2014~2016 年为基期）	121.6%	124.8%	114%	185.9%	118.5%
食品生产指数（以 2014~2016 年为基期）	114.4%	127.8%	112%	150.1%	112.8%
农、林、渔业每名工人的增加值（2015 年不变价美元）	8 942.19	9 535.5	6 802.83	2 232.98	1 513.95
化肥消费量（每公顷耕地千克数）*	296.8	4.4	241.9	90.4	22.6
化肥消费量（占化肥产量的百分比）*	78.9%	36.8%	72%	—	—

资料来源：根据世界银行"农业与农村发展"相关数据指标整理。

注：标 * 处农业增加值（百万现价美元）为 2023 年数据；农业增加值（年增长率）土库曼斯坦为 2005 年数据，其他三国为 2023 年数据；化肥消费量（每公顷耕地千克数）、化肥消费量（占化肥产量的百分比）为 2021 年数据。

从中亚五国的农业资源禀赋来看（见表 14-3），中亚五国土地面积合计 394.1 万平方公里，农业用地面积合计 288.6 万平方公里，农业用地面积占土地面积的 73.2%。其中，哈萨克斯坦土地面积（269.97 万平方公里）、农业用地面积（213.8 万平方公里）最大，农业用地占土地面积的比例（79.2%）也最高。除土库曼斯坦外，乌兹别克斯坦和塔吉克斯坦的农业灌溉用地占农业用地总量的比例较高，分别为 14.5% 和 11.5%，哈萨克斯坦较少，仅为 0.9%。从耕地占土地面积的比例和耕地人均公顷数来看，哈萨克斯坦占比最高（11%），人均耕地面积可达 1.55 公顷，是人均耕地面积最低的塔吉克斯坦（0.09 公顷）的 17.2 倍。中亚五国的永久性作物用地占土地的比例不高，不超过塔吉克斯坦 1.5% 的水平。中亚五国森林面积合计 13.1 万平方公里，其中土库曼斯坦、乌兹别克斯坦和哈萨克斯坦的森林面积较大，分别为 4.1 万平方公里、3.7 万平方公里和 3.4 万平方公里，吉尔吉斯斯坦（1.3 万平方公里）和塔吉克斯坦（0.4 万平方公里）森林面积较小，土库曼斯坦森林面积占土地面积比例最高（8.8%），哈萨克斯坦最低（1.3%）。中亚五国的牧场（草地）面积合计约 2.59 亿公顷，其中哈萨克斯坦草场面积最大，为 1.86 亿公顷，占比超过72%，土库曼斯坦次之（38.5 百万公顷），乌兹别克斯坦、吉尔吉斯斯坦和塔吉克斯坦的牧场（草场）面积分别为 21 百万公顷、9.2 百万公顷、3.8 百万公顷。

表 14 - 3　　　　　　　　2021 年中亚五国农业资源禀赋比较

指标	乌兹别克斯坦	哈萨克斯坦	土库曼斯坦	塔吉克斯坦	吉尔吉斯斯坦
土地面积（平方公里）	440 653	2 699 700	469 930	138 790	191 800
农业用地面积（平方公里）	256 906	2 137 959	338 380	49 170	103 661
农业用地（占土地面积的百分比）	58.3	79.2	72.0	35.4	54.0
农业灌溉用地（占农业用地总量的百分比）	14.5	0.9	—	11.5	9.7
耕地（占土地面积的百分比）	9.1	11	4.1	6	6.7
耕地（人均公顷数）	0.12	1.55	0.31	0.09	0.19

续表

指标	乌兹别克斯坦	哈萨克斯坦	土库曼斯坦	塔吉克斯坦	吉尔吉斯斯坦
永久性作物用地（占土地的百分比）	1	0	0.1	1.5	0.4
森林面积（平方公里）	37 155	34 839.2	41 270	4 248	13 336.2
森林面积（占土地面积的百分比）	8.4	1.3	8.8	3.1	7
牧场面积（百万公顷）	21	186.5	38.5	3.8	9.2

资料来源：根据世界银行"农业与农村发展"相关数据指标整理；牧场面积数据根据乌兹别克斯坦共和国总统官网、哈萨克斯坦共和国农业部哈萨克斯坦畜牧和饲料生产研究所、莱布尼茨转型经济体农业发展研究所、塔吉克斯坦人民报、吉尔吉斯斯坦24kg网站资料整理。

中亚五国农业生产主要有以下特点。

第一，农产品生产不均衡，结构单一。中亚各国独立后十分重视发展农业，努力实现口粮自给自足。但受制于自然条件，农产品生产不均衡，农业生产结构单一，如乌兹别克斯坦主要出产棉花和果蔬，哈萨克斯坦、吉尔吉斯斯坦主要生产粮食和肉类，土库曼斯坦、塔吉克斯坦一直将棉花作为主要经济作物。中亚国家面对的两难选择是，在丰厚利润的驱使下，对棉花产业的投入势必会减少对粮食产业的投入，进一步影响农产品多样性。这一现状已引起中亚各国政府的重视，如土库曼斯坦政府在《复兴强国新时代：土库曼斯坦2022－2052年国家社会经济发展纲要》中提出因地制宜、多元化种植的发展方式，在达绍古兹州和列巴普州种植水稻，在马雷州和巴尔坎州种植甜菜。[①]

第二，粮食产量波动大，农业生产效率不稳定。全球气候变化导致中亚地

---

① https：//e－cis.info/news/567/102169/？ ysclid = lybcpaobso238139919。

区的河流水位下降,可再生水资源短缺,干旱、热浪和沙尘暴等极端天气时有发生,伴随着工业化和城市化进程,耕地资源也在减少,农业生产"靠天吃饭"。2000～2009年,哈萨克斯坦粮食生产增长率为4.5%,乌兹别克斯坦为4.8%,土库曼斯坦为5.1%,塔吉克斯坦高达7.1%。① 但到2023年,哈萨克斯坦每公顷田地收获粮食作物10.3公担,仅为2022年的74.6%,葵花籽11公担,比上年减少8.3%;吉尔吉斯斯坦每公顷田地收获粮食作物26.8公担,为上年的86.6%,甜菜473公担,比上年减少8.7%。

第三,农业生产结构主要受国家调控和宏观经济影响。中亚各国尚未完成国家经济整体的产业结构调整,农业生产仍按照计划播种、定向补贴和配额出口的模式发展,叠加疫情和地区冲突导致的化肥价格上涨,给中亚国家的农业生产造成滞后影响。例如,2023年塔吉克斯坦棉纤维产量几乎与上年持平,出口比上年增长34.9%,超过1/3,但获得的收入仅比上年增长2%,主要原因是国际棉花市场棉花收购价格下降。塔吉克斯坦棉花出口每吨均价为1 817美元,比上年减少24.4%。近年,中亚各国政府将工业化、现代化和数字化作为改革重点,传统农业占经济的比重有所减少,新型农业和智慧农业将成为中亚农业的发展重点。

(二) 中亚五国农产品贸易情况

中亚五国农产品出口种类比较单一,纺织纤维(棉花、羊毛、蚕丝)、小麦是其主要具有世界影响的出口农产品,蔬菜、水果和坚果也以高品质闻名。2023年中亚五国进口农产品集中在水果、蔬菜、烟草、肉类、植物油、糖类、乳制品、咖啡和可可制品(巧克力)等,出口农产品主要为棉花、亚麻等重要经济作物,大多出口到中亚以外的国家,蔬菜和水果则主要由哈萨克斯坦出口至其他中亚国家。

从中亚五国地区间的贸易情况来看,哈萨克斯坦是中亚地区主要的粮食出口国,向其他四国出口大量小麦、面粉、糕点和少量乳制品,占哈萨克斯坦农产品出口额的60%以上。塔吉克斯坦最依赖从哈萨克斯坦进口的主粮作物(小麦、面粉、大米、土豆),约50%的国内需求要通过从哈萨克斯坦进口来

① Krasilnikov P, Konyushkova M, Vargas R. Land Resources and Food Security of Central Asia and Southern Caucasus [M]. Rome: FAO – Rim Publisher, 2016; Alpas H, Smith M, Kulmyrzaev A. Strategies for Achieving Food Security in Central Asia [C]. In: NATO Science for Peace and Security Series C: Environmental Security (NAPSC) 2011. Dordrevht: Springer, 2011: 1 – 16.

满足。哈萨克斯坦面粉质量比其他四国自产面粉质量高，更受市场欢迎。中亚地区的费尔干纳盆地，即乌兹别克斯坦东部、塔吉克斯坦北部和吉尔吉斯斯坦南部，主要出产水果、蔬菜和坚果，大部分国内销售，少部分出口。哈萨克斯坦是中亚最大的水果和蔬菜进口国，主要从中亚其他四国和我国进口蔬菜水果。中亚五国从外部其他国家主要进口茶叶、糖、禽肉、植物油、纸制品、咖啡、巧克力（可可），其中大部分通过哈萨克斯坦转运，小部分从原产国进口。中亚五国农产品生产模式十分相似，农产品进出口运输互相依赖，塔吉克斯坦的货物必须经过乌兹别克斯坦或吉尔吉斯斯坦才能到达俄罗斯边境。欧亚经济联盟成立后，哈萨克斯坦和吉尔吉斯斯坦加入该联盟，成员国间的贸易更加便利，更有利于俄罗斯向哈萨克斯坦和吉尔吉斯斯坦出口。

从中亚以外的国家和地区来看，中亚五国的前三大贸易伙伴是中国、俄罗斯和欧盟。棉花是中亚国家出口我国和欧盟的主要农产品，乌兹别克斯坦、土库曼斯坦、塔吉克斯坦是中亚地区三大产棉国。棉花（含棉籽油、棉饼等）占塔吉克斯坦农产品出口的60%以上，占土库曼斯坦农产品出口的80%以上。乌兹别克斯坦农产品出口种类更多，棉花出口占比在50%左右。

中国连续多年成为中亚国家最大的贸易伙伴。2022年，中国与中亚国家间的贸易额创历史新高，突破700亿美元，2023年一季度中国与中亚贸易额与2022年同期相比增长22%。[①] 我国向中亚五国出口的农产品主要有粮食、蔬菜、茶叶、纺织品和棉布，进口的主要产品是小麦、油籽、大麦（哈萨克斯坦）、棉麻丝（吉尔吉斯斯坦、塔吉克斯坦、土库曼斯坦、乌兹别克斯坦），以及干豆、鲜果、干果、肉制品等。[②] 我国与中亚五国农产品贸易规模从1992年的1.75亿美元增至2021年的10.73亿美元，涨幅约5倍。其中，中国从中亚五国进口的农产品规模从1992年的341万美元提高至2021年的4.66亿美元，按照现价计算，涨幅约136倍；中国向中亚五国出口的农产品规模从1992年的1.71亿美元提高至2021年的5.07亿美元，约是原来的3倍。共建"丝绸之路经济带"倡议在哈萨克斯坦提出后，2014年我国与吉尔吉斯斯坦、哈萨克斯坦、土库曼斯坦、塔吉克斯坦农产品贸易规模相比前一年分别增长39.6%、30.7%、14.7%、13.9%。2021年，我国与哈萨克斯坦的农产品贸易总额达到5.74亿美元，占我国对中亚五国农产品贸易总额的53%；乌兹别克斯坦排名第

① https：//russian.news.cn/20230517/cf9102fdc6bb4de7b2498f100df1f3ac/c.html。

② https：//russiancouncil.ru/analytics－and－comments/analytics/rossiya－i－kitay－v－tsentralnoy－azii－sotrudnichestvo－ili－sopernichestvo/。

二，贸易总额为 3.02 亿美元，占我国对中亚五国农产品贸易总额的 28%。[①]

（三）中亚五国农村发展情况

根据中亚五国官方统计，2021 年中亚五国人口超过 7 303.3 万人，约占世界人口的 1%，人口增长率约为 1.66%，人口平均年龄为 27.6 岁；农村人口约为 3 952.12 万人，占总人口的 54.1%。过去 10 年，中亚地区人口平均每年增加 100 万人，人口增长潜力大。[②] 但人口增长过快也加剧了农村等贫困地区的土地、水、能源、教育和医疗资源、就业机会匮乏的情况。随着中亚五国城市化和工业化进程不断推进，农村人口和农业劳动力占总人口的比重有减少的趋势。此外，得益于人口出生率高，中亚地区的劳动年龄人口增长迅速，叠加农业劳动力市场季节性支付报酬的特点，中亚五国季节性劳动移民数量高，是周围国家（俄罗斯及其他独联体国家）工资报酬最低廉的劳动力来源之一。

中亚有约 1 000 万公顷的灌溉面积，灌溉农田比例超过 25%，主要种植棉花，灌溉农田比例远超世界 22% 的平均水平。由于地广人稀，中亚耕地利用强度较低，以哈萨克斯坦为例，其农用地总面积约为 2.17 亿公顷，包括耕地面积 3 500 万公顷（世界第十，人均耕地面积世界第二），休耕地面积 1 300 万公顷，耕地利用强度为 1.5 公顷/人，远高于 0.2 公顷/人的世界平均水平。在世界耕地总面积排名靠前的国家中，中国耕地利用强度最高（0.09 公顷/人），人均耕地面积仅为哈萨克斯坦的 6%。我国人均耕地面积的农业生产率较高，为 1 903 美元/公顷，哈萨克斯坦仅为 87 美元/公顷。[③]

中亚国家的农村基础设施建设水平亟待提高。一方面，农业基础设施薄弱，农产品储存、加工和运输等环节缺乏先进设备，粮食储存技术和条件不足导致粮食损失和浪费严重；另一方面，农村地区交通互联互通水平低，农产品贸易的运输和交易成本高，造成粮食生产损耗严重，大约 1/3 的粮食被损失或浪费。[④] 中亚地区公路分布密度低，且大部分公路网运营和保养状况不佳，超

---

① 《互利合作共谱华章——中国与中亚五国建交 30 周年农业合作成果丰硕》，中国经济网，2022 年 6 月 22 日，http://tuopin. ce. cn/news/202206/22/t20220622_37784418. shtml。

② https://asiaplustj. info/ru/news/centralasia/20210729/kak – uluchshit – chelovecheskii – kapital – v – stranah – tsentralnoi – azii。

③ 数据来自联合国粮农组织，https://openknowledge. fao. org/server/api/core/bitstreams/c3c73504 – 43c3 –4527 –96df – eb562584ddb4/content。

④ Food and Agriculture Organization of the United Nations. The Future of Food Systems in Europe and Central Asia 2022 – 2025 and Beyond［M］. Rome：Food and Agriculture Organization of the United Nations，2022。

过一半的国家级公路需要维修。中亚农村地区缺水，用于灌溉的基础设施严重陈旧、老化。中亚地区约990万人（13.5%的人口）无法获得安全饮用水，大部分为农村贫困地区人口。1994～2020年，公共服务用水量增加了2倍，但供水和污水处理设备网络磨损率高达80%，配水管网的技术和商业损失高达55%。① 农业在中亚地区消耗的水资源较多，每年用水量约127.3立方千米，其中灌溉用水占78.9%，约100.4立方千米。灌溉对于中亚的农业发展和粮食安全有重要意义，中亚灌溉面积为1 010万公顷，约占世界灌溉面积的2.9%，出产的农产品约占中亚农业总产值的66%。但中亚农村灌溉基础设施老化严重，技术含量低，灌溉用水的核算、分配和田间灌溉控制系统设备质量差，平均使用时间超过50年，造成40%的水因过滤流失，农业用水经济效益很低。预计到2028年，气候变化、枯水期到来以及阿富汗北部库什特帕运河的开通，将导致中亚主要跨境河流阿姆河流量减少约10%，欧亚开发银行预测，塔吉克斯坦、土库曼斯坦、乌兹别克斯坦等将出现5～12立方千米的长期水源短缺。②

三、"全球发展倡议"框架下河北推动与中亚农业合作的重点方向与路径

中亚拥有丰富的土地和光热资源，在旱作农业、棉花种植等方面拥有很大优势，农业发展潜力巨大。河北与中亚开展农业合作具备地理优势和产业优势，前景十分广阔。从《哈萨克斯坦共和国2021－2030年农工综合体发展构想》《乌兹别克斯坦共和国2020－2030年农业发展战略》《复兴强国新时代：土库曼斯坦2022－2052年国家社会经济发展纲要》《吉尔吉斯共和国2024－2028年畜牧业可持续发展规划》《塔吉克斯坦共和国2030年前农业粮食系统和农业可持续发展规划》等政策来看，中亚国家的中长期农业发展规划均认可"工业化""数字化""绿色低碳"等发展趋势。③ 河北应在以下重点领域

① 欧亚开发银行，https：//vinokurov. info/ru/pitevoe－vodosnabzhenie－i－vodootvedenie－v－centralnoj－azii/。

② https：//www. water. gov. kg/index. php？option＝com_k2&view＝item&id＝2638：razvitie－selskogo－khozyajstva－v－tsa－vozmozhno－tolko－v－usloviyakh－oroshaemogo－zemledeliya&Itemid＝1437&lang＝ru。

③ https：//adi let. zan. kz/rus/docs/P2100000960；https：// lex. uz/ru/docs/456 7337；https：//arzuw. news/v-turkmenistane-pojavitsja-novaja-nacio nalnaja-selskaja-programma；https：//faolex. fao. org/docs/pdf/tuk183756 original. pdf；https：//images. invest go. cn/law/5425e762－b230－4788－bb87－10 3b321cbffd. pdf；https：//cbd. minjust. gov. kg/218814/edition/1153090/ru；https：//base. sp inform. ru/show_doc. fwx？rgn＝148599。

推动与中亚五国的农业合作。

一是以涉农交通基础设施建设合作推动"硬件联通"。中亚地区是全球关键的交通枢纽，位于共建"丝绸之路经济带"的核心地带，多条国际交通走廊交会于此。中亚地区计划建设的重要跨境交通走廊如下：中吉乌铁路，途经我国喀什，穿过吉尔吉斯斯坦吐尔尕特、贾拉拉巴德等地，最终抵达乌兹别克斯坦安集延；"喀布尔走廊"，从乌兹别克斯坦经阿富汗首都进入巴基斯坦；跨里海国际运输走廊，起自中国，经哈萨克斯坦和里海水域至阿塞拜疆、格鲁吉亚，沿陆路到土耳其或跨黑海海路到达欧洲。可在交通走廊建设中加快农业互联互通关键点建设项目规划、设计融资方案和合作模式，加入我国与中亚的农业交通走廊建设，增强通关便利性，以此促进贸易和投资。在建设中，致力于构建全方位、复合型、立体化、绿色低碳、可持续的交通基础设施体系，推进现有口岸设施现代化改造，实现边境口岸农副产品快速通关"绿色通道"全覆盖，开展国际贸易"单一窗口"互联互通，积极发展地区农业物流网络。依托我国在中亚地区的农业园区和示范中心平台，推动农业合作重点项目的实质性进展。

二是以科技合作推动"软件联通"。农业生产基地和农业教育、科研、技术推广等基础设施都可以归结为软联通。中亚五国十分重视战略作物（小麦、棉花）的育种工作，各国均成立了国家种子研究中心，但其他作物种植和畜牧业养殖十分依赖进口，种业科技发展水平不足。例如，吉尔吉斯斯坦的私营畜牧企业需要从德国进口斑点牛和荷斯坦牛；[1] 乌兹别克斯坦95%的马铃薯品种依赖进口种子，[2] 2024年乌兹别克斯坦总统米尔济约夫下令从印度、中国、土耳其等进口3 000吨外国棉花种子，否则无法满足国内播种100万公顷棉花所需的5万吨种子的需求。[3] 但国外进口种子可能存在不适应本地气候和检疫不合格的风险，如常在印度暴发的粉红棉铃虫害就有可能通过进口种子传播。种业是资本密集型产业，研发周期长，中亚国家缺乏有效推广和供应新种子的体系，新品种成本高，市场接受度低，推广缓慢。[4] 农作物、动物选种育种是中亚国家农业发展政策的重点补贴对象之一。河北省需要打造"政产学研用"优势资源集聚融合的平台载体，为农业创新发展提供技术支撑。还可以通过农业示范基

---

① https：//mfa. tj/ru/berlin/tadzhikistan/ekonomika/selskokhozyaistvo。

② https：//cac-program. org/ru/news/detail/447/。

③ https：//rus. ozodlik. org/a/32818917. html。

④ https：//cac-program. org/ru/news/detail/447/。

地、科技示范园区、联合研究实验室、互派农业专业的农业专家和技术人员的考察与培训机制等，推动实现一批"小而美"的农业职业教育项目落地，促进彼此在农业领域的信息沟通、人员交流以及技术分享和转移。

三是加强农产品贸易合作。河北省对中亚的出口规模远大于进口规模，2023年贸易顺差显著增加；而我国与中亚五国的贸易逆差则呈增长态势，尤其是谷物进口规模远高于对中亚的出口规模。① 从河北省与中亚五国的贸易情况来看，2023年，河北省与中亚国家的进出口总额为53.8亿元人民币，同比增长约30.7%。其中，与哈萨克斯坦的进出口额最高，约22.3亿元人民币，占河北省与中亚五国间贸易总额的41.4%；其次是乌兹别克斯坦，与我国河北省的进出口额为18.2亿元人民币，占比33.8%；吉尔吉斯斯坦排名第三，与河北省的贸易总额为9.8亿元人民币，占比18.2%；土库曼斯坦和塔吉克斯坦与我国河北省的贸易总额分别为2.6亿元人民币和1亿元人民币，占比分别为4.8%、1.8%（图14-1）。从我国对中亚五国的农产品贸易情况来看，根据UN Comtrade数据，贸易规模从2001年的6 942.1万美元增加到2023年的28.75亿美元。② 2023年中国对中亚五国农产品出口额为12.06亿美元，同比增长23.1%；中国自中亚五国农产品进口额为16.69亿美元，同比增长55.6%；农产

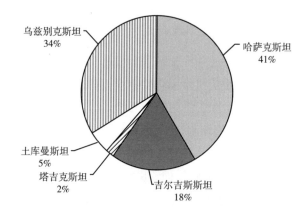

图14-1　2023年中亚各国与河北贸易额占河北与

中亚五国贸易总额的比例

资料来源：根据石家庄海关数据整理。

---

① 谷物及其分品种进出口贸易数据来自UN Comtrade数据库，按HS编码中第10章（谷物）的进出口贸易数据整理所得。

② 农产品进出口贸易额的数据来自中华人民共和国海关总署官网。分品种贸易数据按农业农村部农产品分类口径编写。

品出口额和进口额均处于历史高位，贸易逆差 4.63 亿美元，同比增长 4 倍，中国与中亚国家间农产品贸易增长势头良好。在这一趋势下，河北省可适当扩大对中亚国家优质农产品的进口，如哈萨克斯坦的小麦、乌兹别克斯坦和土库曼斯坦的棉花、塔吉克斯坦和吉尔吉斯斯坦的肉类、干果、水果等，助推全球发展倡议和"一带一路"倡议框架下的政治与经济合作，在现有的便捷贸易通关基础上，继续发挥双方产业内贸易的强互补性和弱竞争性的优势。① 美元等主要货币由宽松转向紧缩，美元升值也有利于中亚的农产品进口成本降低和河北省与中亚农产品进出口贸易规模的扩大。

四是依托现有多边合作机制推动资金融通。我国与中亚国家间现有的农业合作机制如下："一带一路"倡议，中亚是共建"丝绸之路经济带"倡议的发轫之地和高质量共建"一带一路"的核心区与示范区，与我国进行战略对接和"一带一路"框架下的"五通"合作，是双方农业合作的顶层设计；中国—中亚元首会晤机制，2023 年中国—中亚峰会指出要在农业等领域打造新的增长点，在盐碱地治理开发、节水灌溉等领域展开合作，共同建设旱区农业联合实验室，推动解决咸海生态危机；② 上海合作组织，2022 年上海合作组织通过了《上海合作组织成员国元首理事会关于维护国际粮食安全的声明》和《上合组织成员国授权机构智慧农业和农业创新合作构想》，2024 年 7 月上合组织阿斯塔纳峰会宣言重申将继续加强农业和粮食安全领域合作，继续发挥包括上合组织农业技术交流培训示范基地在内的多边平台作用；③ 联合国，尤其是联合国世界粮食计划署，我国参加联合国粮农组织"粮食安全特别计划"框架下的"南南合作"项目，与吉尔吉斯斯坦、塔吉克斯坦开展技术合作，建设中塔、中吉农业技术示范中心，提高当地的粮食育种和生产技术水平。④ 近年来，我国在农业领域逐渐加大对中亚国家的信贷支持。例如，国家开发银行多年来向中亚国家众多社会效益好的农业企业提供资金，帮助其打造"小而美"的精品项目。2014 年塔吉克斯坦总统访华期间，中国农业银行宣布向塔吉克斯坦提供 1 亿美元优惠贷款用于发展其农业部门。丝路基金和亚洲基础设施投资银

① 丁存振、肖海峰：《中国与中亚西亚经济走廊国家农产品贸易特征分析——基于"一带一路"战略背景》，载于《经济问题探索》2018 年第 6 期。

② 《习近平在中国 - 中亚峰会上的主旨讲话（全文）》，https://www.gov.cn/yaowen/liebiao/202305/content_6874886.htm。

③ 《上海合作组织成员国元首理事会阿斯塔纳宣言（摘要）》，https://www.fmprc.gov.cn/zyxw/202407/t20240704_11448360.shtml.

④ 沈琼：《"一带一路"战略背景下中国与中亚农业合作探析》，载于《河南农业大学学报》2016 年第 1 期。

行在中亚地区基础设施建设和产能开发上展开行动，以促进地区农业资源的开发。2023 年中国—中亚峰会上，习近平总书记表示为助力中国同中亚国家合作和中亚国家自身发展，中方将向中亚国家提供总额 260 亿元人民币的融资支持和无偿援助。国家开发银行同时设立中国—中亚合作 100 亿元人民币等值专项贷款，用于支持中国同中亚五国在经贸、投资、交通、农业、能源资源、基础设施等领域的境内外项目合作。① 河北省可通过亚洲基础设施投资银行、丝路基金、中国进出口银行等金融机构的信贷支持，依托国际国内合作机制，在中国国际农产品交易会、国际茶叶博览会等窗口推动河北省企业与中亚五国的优质绿色农副产品展销和商务洽谈，在塔吉克斯坦—中国农业合作示范园、吉尔吉斯斯坦—亚洲之星农业产业合作区等境外农业科技示范区、中亚农业科技示范园、农业科技交流培训基地等多位一体的投资合作平台推动境外农业投资和技术合作。② 未来，实现边境口岸农副产品通关便利性，增加中国进口中亚农产品种类，发展智慧农业合作，加强节水、绿色和其他高效技术应用和先进经验交流，推动在荒漠化土地和盐碱地治理开发、节水灌溉、病虫害防治、畜牧兽医等领域开展技术与人才交流合作，在农业现代化、建立城乡生产链等方面开展经验交流、落实减贫措施，将成为我国以及河北省与中亚国家在全球发展倡议框架下的主要合作方向。

参考文献

［1］丁存振、肖海峰：《中国与中亚西亚经济走廊国家农产品贸易特征分析——基于"一带一路"战略背景》，载于《经济问题探索》2018 年第 6 期。

［2］和音：《推动中国同中亚国家关系高水平发展》，载于《人民日报》，2023 年 1 月 10 日。

［3］李安琪：《持续推进全球发展倡议走深走实》，载于《人民日报》，2024 年 9 月 22 日。

［4］梁丹辉、吴圣、李婷婷：《中国与中亚农业合作现状及展望》，载于

---

① 国家开发银行设立中国—中亚合作 100 亿元专项贷款，https：//www. yidaiyilu. gov. cn/p/319679. html。

② "一带一路"倡议为中亚农业合作提供中国智慧，https：//www. rmzxb. com. cn/c/2023 - 08 - 22/3397159. shtml。

《农业展望》2017 年第 8 期。

[5] 沈琼:《"一带一路"战略背景下中国与中亚农业合作探析》,《河南农业大学学报》2016 年第 1 期。

[6] 王曼倩:《全球发展倡议为全球可持续发展注入新动力》,载于《红旗文稿》,2024 年 10 月 10 日。

[7] 曾向红、王子寒:《"三大倡议"与新时期中国的中亚外交》,载于《国际展望》2024 年第 1 期。

[8] Alpas H, Smith M, Kulmyrzaev A. Strategies for Achieving Food Security in Central Asia [M]. Springer, 2011.

[9] Krasilnikov P, Konyushkova M, Vargas R. Land Resources and Food Security of Central Asia and Southern Caucasus [M]. FAO – Rim Publisher, 2016.

Ⅳ　区域视野研究 →

以石家庄国际陆港建设助推河北省
开放型经济发展研究

宋东升*

摘 要： 石家庄国际陆港是河北省融入共建"一带一路"的新平台、河北省内陆地区开放发展的新抓手和京津冀协同开放发展的新支点，已初步形成以基础性陆港设施和市场通达网络为支撑、国际班列运力运量持续增长、适铁临港产业聚集渐成的发展格局。石家庄国际陆港须从国际贸易流量、陆港产业聚集和对外开放功能三个维度全面打造河北省陆港型开放发展新高地，以国际陆港建设助推河北省开放型经济发展：全面建立与河北省内产业聚集区的国际货运合作体系，延伸拓展对河北省外产业聚集区的国际货运辐射能力，逐步实现陆港国际班列双向运力运量的基本平衡，打造陆港型贸易流量新高地；精准做强重点产品物流服务产业，全面推动适铁临港产业聚集，打造陆港型产业聚集新高地；通过拓展开放平台功能不断提升开放发展能级，打造陆港型开放功能新高地。

关键词： 国际陆港 中欧班列 "一带一路" 开放型经济

近年来，石家庄国际陆港开始成为河北省开放发展的新气象和新亮点，也得到了各级政府的关注和支持，"支持国际陆港建设，推动中欧班列由上规模向提质量转变"也被写入 2024 年河北省政府工作报告，石家庄国际陆港正在成为河北省对外开放发展的新高地和强引擎。

石家庄国际陆港不仅是京津冀地区最大的内陆港和京津冀协同发展的重点项目，还是"国家一级铁路物流基地""陆港型国家物流枢纽""国家多式联

---

* 宋东升，硕士，河北省社科院经济所研究员，主要研究方向为开放型经济、产业经济。

运示范工程"和"国家综合货运枢纽补链强链试点工程"等国字号物流平台。为充分发挥石家庄国际陆港的战略枢纽功能，吸引和调动各方力量支持和参与石家庄国际陆港的建设与发展，须全面认识石家庄国际陆港对开放发展的战略意义，并顺应国际陆港的功能特点和建设发展的内在规律，进一步提升石家庄国际陆港的发展能级，以石家庄国际陆港建设助推河北省开放型经济发展。

一、石家庄国际陆港对河北省开放发展的战略意义

国际陆港是依托铁路、公路等陆路交通枢纽在内陆地区设立的无水港或内陆港，是内陆地区具有自主通关能力的国际货物集散、物流与贸易枢纽，也是助推内陆地区开放发展的多重功能叠加集成的对外开放平台。石家庄国际陆港对河北省开放发展的战略意义体现在以下三个层面。

（一）河北省融入共建"一带一路"的新平台

硬设施的建设与联通是共建"一带一路"的标志性特征。以设施联通为核心的硬联通也是"一带一路"倡议与国际上一般经贸倡议或协定以规则为核心的软联通的根本差异。设施联通由此成为共建"一带一路"的重点推进领域。

设施联通的主要目的是促进与共建"一带一路"国家的贸易畅通，并以贸易畅通为基础和主体拓展与共建"一带一路"国家的全面经贸联系，国际陆港因此成为设施联通与贸易畅通的关键节点和我国内陆地区融入共建"一带一路"的核心基础设施。自共建"一带一路"实施以来，国际陆港及与之一体的中欧班列已成为我国内陆地区深度融入共建"一带一路"的基础性路径和常规举措。

近年来，我国内陆地区融入共建"一带一路"贸易畅通的标志性进展当属国际陆港尤其是中欧班列的蓬勃发展，中欧班列开行的常态化和运力运量的逐年递增对拉动我国与共建"一带一路"国家的贸易增长和促进外贸市场多元化发挥了至关重要的作用。中欧班列的蓬勃发展主要源于其与"一带一路"沿线的一些国家在空间连接上更为直接，与作为国际货运主体的海运相比在同一运输区间内能节省一半以上的运输时间，在时效性或交货期上相对海运有明显的比较优势，而交货期恰恰是影响外贸企业国际市场竞争力的两大要素（质量与交货期）之一，因而一跃成为亚欧大陆共建"一带一路"国家间最便

捷的新型国际货运方式。在河北省开行中欧班列之前，河北省外贸企业与共建"一带一路"国家间的国际货运不得不迂回经由省外开行中欧班列的城市。开行中欧班列之后，河北省内面向共建"一带一路"国家的外贸货物便可直接从石家庄国际陆港出发，不仅提升了与共建"一带一路"国家贸易往来的时效性，更成为河北省融入"一带一路"建设的重要贸易通道。

以往河北省融入共建"一带一路"的主要平台是境外经贸合作区和中国—中东欧（沧州）中小企业合作区，这些平台主要服务于河北省"一带一路"国际产能合作这一国际投资领域。近年来，随着石家庄国际陆港中欧班列"一带一路"开行线路和运力运量的迅猛增长，石家庄国际陆港开始崛起，成为河北省融入共建"一带一路"的新平台和新抓手，从而与上述国际产能合作平台一起构成河北省融入共建"一带一路"的国际投资、贸易"双平台"。更为重要的是，国际陆港平台比国际产能合作平台有更为广泛而深入的开放带动效应，因为国际贸易活动是市场主体能够融入共建"一带一路"的大众化经营领域，而国际产能合作则是需要具备相当实力的企业才能参与的共建"一带一路"小众化经营领域。

（二）河北省内陆地区开放发展的新抓手

国际陆港是我国中西部内陆地区连接共建"一带一路"国家的核心基础设施，也是我国中西部内陆地区从开放"末梢"转变为开放"前沿"的强大引擎。冀中南地区不靠海、不临江、不沿边，属河北省内陆区位和对外开放腹地，没有基于海运之利的临海临港开放发展区位优势。石家庄国际陆港的横空出世赋予了冀中南地区新的开放区位优势，改变了河北省内陆地区必须依赖海运港口的历史，拥有了自主的国际货运港和通关口岸，使冀中南地区这一省内开放腹地一跃为开放前沿。石家庄国际陆港已构建了与邢台、衡水等冀中南地区的"＋石欧"国际班列连接，形成了国际陆港通道与冀中南地区货源的优势互补与对接整合。

港口带来物流，物流连接贸易，贸易衍生产业。国际物流和贸易枢纽不仅直接促进贸易增长，也将衍生产业聚集等多元开放业态，从而促进开放型经济的全面发展。国际陆港和"＋石欧"中欧班列在持续产生贸易效应的同时，也从贸易效应逐步延伸拓展到产业聚集效应。现阶段石家庄国际陆港的产业聚集效应初显，在贸易促进和产业聚集两个层面开始形成对冀中南地区开放发展的双轮驱动效应。在贸易促进效应方面，冀中南地区凭借与国际陆港近水楼台的区位优势正步入外贸出口增长的快车道。在产业聚集效应方面，石家庄国际陆港不仅开始引入一些国际物流和外贸服务业等服务业项目，还在对共建"一带一路"国家大宗原材料进口贸易的基础上进一步谋划发展贸易加工业，将来自共建"一带一路"国家的大宗进口产品在国际陆港产业园就地加工，依托大宗原材料进口产品的空间聚集优势，顺势发展贸易加工业集群。从驱动区域经济增长的层面来看，外贸出口不仅是区域经济增长的三大驱动力之一，也是区域经济发展的外向型路径中最基础和最有力的开放带动方式，石家庄国际陆港通过贸易驱动效应有力助推冀中南地区的开放发展，正在成为河北省内陆地区开放发展的新抓手。

（三）京津冀协同开放发展的新支点

京津冀协同开放是京津冀协同发展的内在要求和重要组件。以往京津冀协同开放在河北省内的港口载体与支点主要是沿海港口和大兴机场临空经济区，即津冀海港的协同开放和京冀空港的协同开放。石家庄国际陆港不仅是河北省内陆地区开放发展的新高地，也是辐射带动京津地区融入共建"一带一路"的陆港通道枢纽，具有服务京津冀协同融入共建"一带一路"开放发展的战略支点功能。

作为京津冀协同开放的新支点，石家庄国际陆港对整个京津冀区域开放发展的辐射带动效应正在逐步显现。石家庄国际陆港是京津冀区域唯一实现中欧班列常态化开行的核心陆港，具有服务京津冀协同开放发展的陆港比较优势。京津地区对共建"一带一路"国家的贸易已通过"京石欧""津石欧"班列形成新的连接，且开始谋划创建京津冀中欧班列集结中心。京津冀中欧班列集结中心将填补京津冀区域中欧班列集结中心的缺位，协同构建京津冀区域面向共建"一带一路"国家的国际货运陆路主通道，成为强力带动京津冀区域深度融入共建"一带一路"开放发展的新动能。

作为陆港型国家物流枢纽，石家庄国际陆港与京津的协同开放突出表现在与天津港国际海运网络的陆海连接上。石家庄国际陆港既是天津海港向河北省内陆地区延伸通向"一带"的战略节点，也是河北省内陆地区连通天津海港通向"一路"的陆港枢纽。石家庄国际陆港与天津海港已形成国际海铁联运战略合作，并以海铁联运为核心形成了海港、陆港双向对流的国际联运通道体系，石家庄国际陆港与天津港的协同联动必将通过货源与市场的双向互促共同提升开放带动效应。

二、石家庄国际陆港的发展历程与现状分析

石家庄国际陆港自 2018 年开通运营以来，依托"东出西联、承南接北"的枢纽区位优势，建设陆港基础设施，畅通"一带一路"市场通达网络，聚集适铁临港产业，初步形成了以基础性陆港设施和市场通达网络为支撑、国际班列运力运量持续增长、适铁临港产业聚集渐成的发展格局。

（一）基础性陆港设施和市场通达网络基本建成

1. 铁路场站能力显著提升

近年来，石家庄国际陆港与国铁集团合作，新增 5 条铁路到发线，场站作业线达到 10 条，其中的 6 条铁路专用线包括 2 条 1 050 米整列集装箱作业线、2 条 450 米散货作业线和 2 条 850 米国际班列专用线，共建成 2 万平方米的国际集装箱服务中心和 10 万平方米的集装箱堆场，拥有集装箱 5 000 个和集装箱运输车辆 400 辆，铁路场站货运能力在京津冀区域已位居前列。[①]

2. 市场通达网络基本形成

石家庄国际陆港不断拓展国际通达网络，已开辟 16 条国际通达线路，构建了"北上欧洲、西至中亚、东联日韩、南接东盟"的国际物流大通道，形成了西连陆上丝路、北上中蒙俄经济走廊、东接海上丝路、南向 RCEP 国家的四通八达的国际货运线路。国际线路的通达之处和辐射范围 90% 以上为共建"一带一路"国家，北向线路包括莫斯科、明斯克、塔什干方向的三条国际班列线路和一条直达蒙古国的国际班列，西向线路通过"冀欧号"中欧班列连接西欧腹地，东向线路通过与天津海港的陆海联运及与马士基、地中海航运等全球海运巨头的合作实现"陆上丝绸之路"和"海上丝绸之路"的顺畅衔接，南向线路通过中老（泰）国际班列等通达辐射东盟国家。

在不断拓展国际通达网络的同时，石家庄国际陆港积极推进国内相关互联通达网络建设，形成国内通达网络与国际通达网络的衔接与联动。首先，依托国内"八纵八横"铁路网加强与西安、郑州、成都、重庆等国内主要陆港枢纽的互联互通，并通过与天津港合作开行常态化陆海联运班列实现了"陆海丝绸之路"国内陆港与海港的高效对接；其次，在京津冀区域广设联结

---

① 《越来越多"河北制造"从这里走向世界》，载于《石家庄日报》，2024 年 9 月 19 日。

"＋石欧"国际班列的物流网络节点，不仅在河北省内相继开通了"廊石欧""邢石欧""沧石欧""衡石欧""保石欧"等"＋石欧"省内班列，且与北京、天津开通了"京石欧"和"津石欧"班列，正在形成覆盖京津冀全域的"＋石欧"国际班列线路。

3. 陆港口岸功能不断拓展

口岸是陆港基础设施的"软设施"和重要组成部分。石家庄国际陆港在建设和提升陆港"硬设施"的同时，也在不断推进陆港"软设施"建设，不断拓展陆港的口岸功能。2018 年 6 月，石家庄国际陆港海关监管场地正式投入使用，实现了"一体化报关"和"属地报关"及海关监管场地与铁路专用线的整合，并于 2022 年将海关监管场地向南拓展至 3 万平方米，进一步提升了陆港海关的作业能力，海关监管场地北拓也在推进中。2020 年 8 月，石家庄国际陆港保税物流中心（A 型）建成并投入使用。2023 年 6 月，石家庄国际陆港获批二手车出口业务资质。2023 年 10 月和 11 月，石家庄国际陆港先后获批设立进境粮食指定监管场地和保税物流中心（B 型）。石家庄国际陆港进境粮食指定监管场地不仅是京津冀区域首家内陆进境粮食指定监管场地，也是京津冀区域首家将保税物流中心（B 型）和进境粮食指定监管场地功能叠加的海关监管区，还是全国首家将保税物流中心（B 型）与铁路专用线融合的海关监管区。

（二）国际班列运力运量持续增长

与国内其他先行地区相比，河北省的中欧班列起步较晚，但发展速度较快，是全国常态化开行中欧班列数量增长最快的城市之一，国际班列开行数量稳居京津冀首位。截至 2023 年底，石家庄国际陆港中欧班列实现了每月 24 列的固定化运行，已形成常态化开行、规模化运营的良好态势。

分年份来看，2020 年以来，石家庄国际陆港中欧班列运力运量呈井喷增长之势：2020 年全年开行中欧班列 105 列，同比增长 708%；2021 年全年开行中欧班列 212 列，同比增幅翻番，开行数量首次突破 200 列，且首次开行京津冀全程国际海铁联运班列；2022 年，石家庄国际陆港全年开行中欧班列 506 列，同比增长 139%，开行增长率连续三年居全国第一，并于同年首次开行京津冀西部陆海新通道班列。[①]

---

① 《石家庄国际陆港：畅通"一带一路"物流通道 打造河北对外开放新高地》，石家庄政务网，2022 年 5 月 12 日。

随着作为新贸易通道的石家庄国际陆港中欧班列的开行，"河北制造"开始通过中欧班列通达共建"一带一路"国家。石家庄国际陆港中欧班列的国际运载货物中，河北制造占80%以上，[①] 包括汽车零部件、新能源汽车、光伏组件、服装箱包、童车玩具、五金工具等上百种品类，连接了河北多地尤其是冀中南地区的特色产业集群出口商品，包括石家庄的西药、沧州的汽车配件、茶具餐具等玻璃制品、邢台的童车、自行车及其配件、轴承、衡水的丝网、汽车滤清器以及陆港所在地高邑的陶瓷制品等，极大地促进了河北省尤其是冀中南地区对共建"一带一路"国家的外贸出口。在促进对共建"一带一路"国家外贸出口的同时，石家庄国际陆港中欧班列也带来了来自这些国家的进口商品，比如来自欧洲、中亚和东盟的粮油、面粉、木薯淀粉、锌锭等有色金属、棉纱、板材等大宗产品和原材料。

（三）适铁临港产业聚集初显端倪

随着石家庄国际陆港国际物流枢纽能力的提升，适铁临港产业的聚集效应开始凸显，与贸易相关的物流和服务项目成为产业聚集的先导性板块。

近年来，一些大型物流和贸易企业相继在石家庄国际陆港设立了物流仓储设施，阿里巴巴国际站、京东物流等一批行业龙头企业的项目纷纷落户，中铁特货商品车分拨中心、中远海运医药物流中心、河北省供销社农资仓储物流、常山集团石家庄鑫常盛供应链管理有限公司等优质项目在加快推进或已投入运营。

石家庄国际陆港还与阿里巴巴、京东、顺丰等行业巨头共同建设跨境电商产业园。截至2024年，阿里巴巴石家庄国际陆港跨境电商中心仓已正式运营，作为京东华北区域重要战略支撑节点的京东电商产业园也在施工建设中。

随着全球国际班轮巨头相继进驻石家庄国际陆港，石家庄国际陆港在京津冀区域国际海铁联运的主通道地位已逐渐确立。截至2024年，马士基、地中海航运、中远海运等国际班轮巨头已在石家庄国际陆港开展海铁联运业务，将石家庄国际陆港作为重要的内陆起运港和集装箱提还箱点，有效节省了国际运输时间和运营成本。

---

① 《中欧班列开行数量翻番 "河北制造"走俏"一带一路"》，长城网，2022年1月1日。

三、打造河北省陆港型开放发展新高地

作为河北省乃至京津冀区域最大的国际陆港，石家庄国际陆港不仅是河北省内陆地区开放发展的新抓手，也理应依托独占鳌头的区域陆港功能优势成为河北省开放发展的新高地和新动能。石家庄国际陆港尚处于发展的初期阶段，在基础设施、国际货运承载、产业培育、口岸功能、政府支持等方面已形成良好的发展势头，亟须持续拓展提升国际货运运力运量、适铁临港产业规模和陆港口岸功能，从国际贸易流量、陆港产业聚集和对外开放功能三个维度全面打造河北省陆港型开放发展新高地，以国际陆港建设助推河北省开放型经济发展。

（一）打造陆港型贸易流量新高地

在推动"一带一路"贸易畅通的大格局中，国际陆港和中欧班列是两面一体的贸易基础设施，中欧班列的竞争优势突出体现在大大缩短了与一些共建"一带一路"国家的国际货运时间，进而形成了对国际贸易流量的"磁吸"效应，因而石家庄国际陆港的功能首先体现在中欧班列开行对贸易流量的吸纳效应上，打造贸易流量新高地自然是打造陆港型开放发展的重中之重。

1. 全面建立与省内产业聚集区联动的国际货运合作体系

河北省是传统工业大省，有数量众多的特色产业聚集区，中小企业特色产业集群占比最大、种类最多、分布最广，有333个特色产业集群、107个省级重点支持的县域特色产业集群，① 形成了特色产业集群县（区）域全覆盖的发展格局。

河北省特色产业集群有深厚的产业积淀和坚实的发展基础，不仅有丝网、箱包、毛巾、羊绒、紧固件、轴承、印机、管道装备等众多"国字号"产业聚集区，与全国其他同类集群横向对比也有着不俗的发展实力。在2022年和2023年工业和信息化部分两批认定的200个国家级中小企业特色产业集群中，河北省有安平丝网、平乡童车、清河羊绒、玉田印刷包装机械、河间再制造、永年紧固件、高阳毛巾纺织、景县橡塑管、泊头绿色铸造、临西轴承零部件、

---

① 《河北："全国第一"背后的高质量发展答卷》，央广网，2024年2月5日。

鹿泉专网通信系统设备等 11 个中小企业特色产业集群入选，入选数量与江苏、山东、安徽三省并列全国第一。

河北省众多的特色产业聚集和丰富多样的产业内容不仅彰显了其独特的国内市场地位，还为开拓国际市场、发展国际贸易提供了广泛的产业条件。石家庄国际陆港要在已开通的"廊石欧""邢石欧""沧石欧""衡石欧""保石欧"等"＋石欧"省内班列的基础上，进一步在河北省内拓展"＋石欧"国际班列的国际物流网络节点，强化与河北省内各产业聚集区的物流＋产业链接及"通道优势"与"产业优势"的有效整合，全面建立与河北省内各产业聚集区的国际货运合作体系，实现对河北省内各产业聚集区国际物流的全覆盖，充分发挥石家庄国际陆港对河北省区域特色产业发展的辐射带动效应，全面推动河北省特色产品走向共建"一带一路"国家，促进河北省内各产业聚集区融入共建"一带一路"。

为提升石家庄国际陆港与河北省内各产业聚集区的合作效率，在强化双方机制性合作的基础上还需针对各产业聚集区的个性化需求量身定制运输解决方案，通过优化国际班列设置以及与河北省内二三级铁路物流节点的连接，提高货源集散能力与物流效率，比如对货值较高的特色产品专门安排单一特色产品专列等。

从助推区域国际贸易发展的整体视角来看，石家庄国际陆港不仅吸纳以往流向海港或其他陆港的贸易流量，还能通过时效性带来的交货期优势提升外贸出口的国际竞争力进而扩大贸易规模，即在吸纳贸易流量的同时衍生出贸易增量。

2. 延伸拓展对省外产业聚集区的国际货运辐射能力

石家庄国际陆港不仅具有覆盖河北省内的国际物流辐射能力，其触角也可延伸到京津地区以及其他省外区域。石家庄国际陆港与北京、天津已开通"京石欧"和"津石欧"班列，形成了向京津地区延伸的"＋石欧"国际班列线路。

为全面释放石家庄国际陆港对可触及范围内区域经济的国际物流辐射效应，在巩固提升连接河北省内产业聚集区"基本盘"作用的基础上，要进一步深化区域合作，扩大对河北省外周边省市国际货运的触及范围。首先，要在京津地区增设"＋石欧"国际班列物流网络各级节点，形成对京津地区产业聚集区的全覆盖，在京津冀协同开放的大框架下打造国际贸易物流协同的"新拼图"，吸纳和集散京津地区的国际贸易流量，全面服务京津重点制造业产业集群走向共建"一带一路"国家。其次，要全面推动石家庄国际陆港与京津冀区域外周边省市产业聚集区的国际货运合作，强化石家庄国际陆港与河南、山西、山东等周边省市产业聚集区的连接，并谋划开行"京津冀外＋石欧"班列，最大限度地做大石家庄国际陆港贸易流量，形成贸易流量吸纳的"京津冀＋"效应。

3. 逐步实现陆港国际班列双向运力运量的基本平衡

进口贸易服务于国内产业需求与消费需求，进口货运也是贸易流量的重要组成部分。石家庄国际陆港中欧班列在带动河北省及周边省市特色产品"走出去"的同时，也通过回程"引进来"带动了对共建"一带一路"国家的进口贸易，从而为相关进口企业提供了更为便捷的进口商品物流渠道，其相对于海运的陆路货运交货期优势也给相关进口企业带来显著的降本增益效应。石家庄国际陆港中欧班列回程将共建"一带一路"国家的纸浆、板材、锌锭、大麦、小麦、钾肥、石棉、塑料颗粒等大宗商品运回国内，进口货物在抵达石家庄国际陆港后，再通过铁路、公路等多种集散方式最终下沉到河北省及周边省市的相关企业。例如，中欧班列回程带来的70%的纯碱都流向了河北省沙河等地的玻璃生产企业。

石家庄国际陆港中欧班列自开行以来出口货运一直是主体，进口货运或返程班列则相对滞后，国际班列返程空载率高，进口货源承揽能力相对较弱。根据截至2024年8月底的数据，去程与回程班列的比例分别为65.2%和34.8%，[①] 去程班列与回程班列开行"温差"明显。从国内先行国际陆港的发展历程来看，一般都要经历一个初期出口货运多于进口货运而后逐渐平衡发展的阶段。由于石家庄国际陆港尚处于发展的初期阶段，因此进口货运滞后于出口货运也是一个难以规避的阶段性现象。

实现石家庄国际陆港中欧班列出口货运与进口货运平衡发展须从供求两端发力。从供给端来看，要拓展与优化中欧班列回程的境外货源获取途径，广泛深入地链接国内进口方和境外货源方，强化国际物流境外服务节点建设，提升中欧班列回程揽货能力和运行质效。从需求端来看，要强化石家庄国际陆港对进口抵港货物的集散能力建设，比如在石家庄国际陆港建立进口货物海外仓、提升陆港的口岸功能和通关便利度等，以吸引更多的进口贸易流量。

---

① 《石家庄回程中欧班列跑出"加速度"》，光明网，2024年9月7日。

（二）打造陆港型产业聚集新高地

物流枢纽建设必然引致相关产业聚集，物流服务产业自然是先行聚集者。石家庄国际陆港的产业聚集内容主要是与贸易相关的物流服务项目，即与石家庄国际陆港现阶段相适应的产业聚集初级业态。从国内先行国际陆港的发展历程来看，国际陆港的产业聚集均是始于但又不止于物流服务的初级业态，而是会逐渐向贸易加工业等高级业态延伸。西安、重庆、成都、乌鲁木齐、郑州五大中欧班列枢纽城市就依托物流枢纽能力延伸发展贸易加工业等制造业态，通过"中欧班列 + 加工贸易"新模式做大产业聚集附加值，实现从"集疏运"向"聚产业"的跃迁。

石家庄国际陆港的产业聚集要遵循国际陆港产业发展的一般规律，立足国际通道和口岸的双重优势促进适铁临港产业聚集，构建以中欧班列带贸促产的现代化开放型陆港枢纽经济和产业生态圈，从国际物流大通道和国际货物集散地的"通道经济"向相关产业集聚的"产业经济"演变，打造陆港型产业聚集新高地。

1. 精准做强重点产品物流服务产业

石家庄国际陆港要充分发挥作为国家物流枢纽的平台优势，不断提升基础性的中欧班列国际物流产业的发展水平，通过精准做强重点产品物流服务产业推动陆港现代物流产业的集群化发展，重点打造粮油、有色金属、医药、农资、汽车等适铁临港产业仓储物流产业链：与中粮、中储粮合作开展进口粮分拨业务，与中粮饲料、益海嘉里等粮油加工企业合作持续开展俄罗斯、哈萨克斯坦等大麦、亚麻籽和葵花籽进口业务，打造粮食仓储物流产业链；与中远海运合作建设冀中南地区最大有色金属仓储分拨中心，开展纯碱、铜、锌等大宗分拨业务，打造有色金属仓储物流产业链；建立仓储、运输等全程质量监管和可追溯体系，填补京津冀地区陆港型医药物流空白，打造医药仓储物流产业链；与国家和省级供销系统合作建设华北地区最大的进口钾肥集散中心，打造农资仓储物流产业链；与中铁特货合作设立商品车分拨中心，承接汽车中转业务，打造汽车分拨产业链。

2. 全面推动适铁临港产业的聚集

石家庄国际陆港适铁临港产业聚集要从商贸服务、贸易加工和产业转移三方面推进。从商贸服务来看，要重点开展工业原材料、粮食、木材、特色食品等大宗商品的进口贸易，打造辐射京津冀区域的陆港进口商品贸易中心和进口商品展示展销中心。从贸易加工来看，以贸易流量为基础拓展国际贸易加工业，积极培育进口货物就地加工的临港加工产业，从单一的进口贸易顺势延伸到下游成品加工，形成进口贸易与加工于一体的产业链条，发展粮油、木材等大宗商品进口贸易加工业产业集群，建设临港进口加工集聚区。从产业转移来看，要依托口岸和保税功能优势聚集口岸和保税关联产业，吸引和承接相关外向型产业转移，尤其要注意吸引作为石家庄国际陆港主要辐射地的京津冀区域的产业转移，在京津冀协同开放的大背景下吸纳京津冀区域的适铁临港产业，在充分发挥对京津冀区域贸易促进作用的基础上积极承接域内的产业转移，形成京津冀开放发展新高地。

（三）打造陆港型开放功能新高地

国际陆港的国际运输枢纽功能赋予其开放政策加持的内在优势，由此形成了吸引外向型产业聚集的开放发展竞争优势。从国内先行国际陆港的开放功能建设来看，西安、重庆等西部国际陆港的开放政策功能优势大幅提升了贸易便利化水平和开放型营商环境，吸引了东南沿海一些外向型企业的产业转移。这些国际陆港先行者均全力拓展口岸的开放功能类别，不仅有粮食、肉类等进境指定监管场地功能，且具有保税物流、综合保税区等利于外向型产业聚集的开放功能。

石家庄国际陆港以往口岸功能单一，海关特殊监管区功能有限，缺乏粮食、肉类等大宗商品进口指定监管场地，相关国际货物不得不被分流到郑州等其他国际陆港区，这样不仅限制了中欧班列的开行频次、运量和货品运载，还制约了贸易便利化和开放型营商环境的提升，因而不利于释放陆港的全面开放动能。近年来，石家庄国际陆港积极推进开放功能建设，尤其是进境粮食指定监管场地的获批填补了京津冀内陆地区的空白，有利于粮食加工企业密集的京津冀内陆地区大宗粮食商品进口贸易和就地开展保税加工。

石家庄国际陆港要秉持强口岸、拓功能的发展理念，依托京津冀内陆港的独特优势持续争取国家级开放政策的加持，通过拓展开放平台功能不断提升开放发展能级，借鉴国内先行国际陆港对开放功能建设"应有尽有"的发展理念，按开放功能需要申建各类开放平台，打造陆港型开放功能新高地。为此，要进一步申报肉类、水果等指定监管场地。同时，要积极申建综保区、自贸区（片区）、进口贸易促进创新示范区等对外开放特殊功能区。

中欧班列是石家庄国际陆港运营的驱动器和能量源,其频次和运力运量决定了石家庄国际陆港的贸易流量和产业体量,进而决定了陆港型开放发展新高地建设的"高度"。基于石家庄国际陆港的国家物流枢纽功能和区域辐射带动的战略角色,有必要对标中西部先行陆港在中欧班列集结中心尚为空白的京津冀区域创建京津冀中欧班列集结中心,助力陆港型开放发展新高地建设迈上新台阶。

参考文献

[1] 李超、汤玲玲:《京津冀协同视角下海港、陆港、空港的发展研究》,载于《投资与合作》2024 年第 5 期。

[2] 王喜富、马骏驰、杨凯:《国内外陆港研究进展与我国研究前景展望——基于 CiteSpace 知识图谱分析》,载于《北京交通大学学报(社会科学版)》2024 年第 2 期。

[3] 王玉勤:《西安国际陆港物流产业集群的集聚效应研究》,载于《铁路采购与物流》2024 年第 1 期。

[4] 王后军:《西部内陆城市建设国际陆港枢纽的路径研究——以四川省达州市为例》,载于《商展经济》2023 年第 24 期。

[5] 朱新鑫、罗亚:《国际陆港建设促进了中国内陆地区的对外贸易吗?》,载于《新疆农垦经济》2024 年第 9 期。

[6] 张志召、李佳峰、龚德鹏:《石家庄国际陆港高质量发展策略研究》,载于《物流工程与管理》2023 年第 10 期。

京津冀协同发展背景下雄安新区
打造人才高地的经验借鉴与路径选择

郭晓杰 *

摘　要：人才是未来全球产业竞争的稀缺资源，是培育新质生产力的重要力量。站在新发展阶段，雄安新区作为新兴产业、未来产业的实验场和承载地，作为北京高水平人才高地建设的重要组成部分，应在借鉴先进国家和地区吸引人才经验的基础上，积极主动对标全球创新国家和地区，打造世界性人才集聚福地和乐土。本文首先从理论层面对现有研究进行回顾分析，发现人才集聚能够带来知识和技术的外溢，从而促进区域创新与经济发展；其次选取典型国家和地区，对其吸引人才的相关做法进行分析；最后从创新平台、引才政策、金融支持、生活环境等方面为雄安新区打造世界性人才高地提出策略措施。

关键词：人才集聚　雄安新区　国际经验

　　人才是实现民族振兴、赢得国际竞争主动权的战略资源，是衡量一个国家或地区综合实力的重要指标。党的二十届三中全会指出，要加快建设国家高水平人才高地，打造人才平台，形成具有国际竞争力的人才制度体系。雄安作为京津冀协同发展的重要区域，作为承载着"千年大计"的"未来之城"，代表着中国未来的发展方向，而人才则是未来全球产业竞争的稀缺资源，是培育新质生产力的重要力量。这就预示着雄安新区需要坚持全球视野，要以超常思维、超凡决心、超前举措，集聚全球智慧资源、创新要素为我所用，使雄安新区成为新时代的创新高地和创业热土。近年来，我国人才规模快速增长。根据科技部《中国科技人才发展报告（2022）》，我国研发人员全时当量稳居世界

---

　　* 郭晓杰，河北省重点高端智库省社科院京津冀协同发展研究中心研究员，经济学博士，研究方向为区域经济学、产业经济学、创新经济学。

首位，科技人才资源储备丰富，顶尖科技人才国际学术影响力持续提升。根据科睿唯安发布的 2024 年度"全球高被引科学家"名单，我国入选世界高被引科学家数量达到 1 405 人次，排名世界第二。[①] 随着全球人才竞争日益激烈，雄安如何在集聚人才上有更大的制度突破和创新，不断增强吸引力，以雄安新区高质量发展为目标，则成为亟须研究的议题。

一、人才集聚的相关研究

人才集聚作为一种重要的社会经济现象，近年来受到学术界的广泛关注。人才集聚不仅对区域经济发展有重要的推动作用，也对产业结构优化升级和科技创新产生了深远影响。国内关于人才集聚的研究主要集中在以下三个方面。

（一）人才集聚与区域发展的关系

人才集聚通常指特定领域的专业人才或高技能人才在某个区域的集中，这种集聚能够带来知识和技术的外溢，促进创新与经济发展。曹威麟等（2016）研究发现，人才的集聚意愿受到区域环境、组织环境和人才成长预期的共同影响，其中区域环境的经济和生活环境以及组织环境的组织氛围对人才集聚意愿的形成有显著的正向影响。此外，人才的成长预期在这一过程中扮演着中介角色，影响着人才的流动决策。刘雅君（2021）重点分析了人才集聚对区域经济发展的双重效应，发现专业知识型人才的集聚能对区域经济发展产生正向的促进作用，而专业技能型人才的集聚则可能带来相反的效果。这说明人才集聚的经济影响是复杂多变的，需要根据人才类型和地区特性综合考量。徐军海和黄永春（2021）则探讨了科技人才集聚对区域绿色发展的影响，发现科技人才集聚能够显著促进区域的绿色发展，并且创新能力在这一过程中发挥了中介效应，即科技人才集聚通过提高创新能力间接推动了区域绿色发展。师磊和俞卓航（2023）的研究聚焦于创新型人才集聚与区域经济发展差异的关系。他们采用面板双向固定效应模型分析了创新型人才集聚对区域间经济差距的影响，发现这种集聚不仅促进了地区产学研合作和高质量创新，而且扩大了区域经济差距。

---

① 科睿唯安发布 2024 年度"全球高被引科学家"名单，https：//clarivate. com. cn/2024/11/19/highly－cited－researchers－2024/。

（二）人才集聚的影响因素分析

根据人口迁移推拉理论可知，一些关键核心要素发挥了重大的推力与阻力，比如经济社会环境、流动的成本、职业选择、高品质生活等，这决定了人才是否流动进而集聚。一些学者对此也进行了比较深入的研究。蔡宜旦（2015）通过实证调查指出职业的满意度和工作的稳定性往往与个人的家庭状况密切相关，会影响其流动决策。例如，如果一个家庭需要稳定的收入来支持其生活，那么该家庭成员可能会在职业生涯的稳定性和家庭稳定性之间作出权衡，这可能导致他们选择稳定性更高的地区或工作。李士梅等（2020）的研究则聚焦在制度环境对创新人才集聚的影响，特别是在人口老龄化的视角下。他们的研究表明，制度环境的优化能够显著促进创新人才的集聚，而人口老龄化则可能弱化这一积极作用。吴道友等（2018）从流动成本角度探讨了潜在流动成本对企业与高校科技人才双向流动的阻滞影响。曹威麟等（2016）在研究中指出，经济和生活环境是影响人才集聚意愿的重要因素，其中生活环境对人才集聚意愿的贡献较大，经济环境的影响次之。此外，他们的研究还发现组织氛围也是一个不可忽视的因素，尽管在他们的样本中组织环境对人才集聚的影响并不显著。曾建丽等（2022）的研究则关注科技人才集聚与创新环境的协同发展，指出中西部地区科技人才集聚与创新环境复合系统协同发展的速度较快，但协同度较低。还有一些学者探讨了人才成长预期与区域人才集聚之间的关系，以及这种关系如何受到区域发展潜力的影响。人才成长预期是指人才对其在特定地区或组织中职业发展和个人成长的预期和预测。这一概念在人才流动和集聚的决策中扮演着重要角色，因为它涉及人才对其长期职业路径和发展潜力的看法。曹威麟等（2016）通过构建区域人才集聚意愿形成模型，实证检验了人才成长预期对集聚意愿的影响。研究表明，人才对自身发展的预期影响着其集聚决策，其中包括对职业发展、子女教育以及生活质量的预期。这些预期在人才选择特定区域集聚时起着核心作用。

（三）人才集聚的空间溢出与创新影响

区域人才集聚不仅在短期内对创新和经济增长有积极的促进作用，而且在长期内也能通过空间溢出效应对周边地区产生积极影响。崔祥民等（2022）利用空间杜宾模型探究了创新人才集聚对城市经济高质量发展的空间溢出效应，发现创新人才集聚与经济高质量发展之间存在非线性关系。葛雅青

（2020）通过分析中国30个省份十年的数据，发现国际人才集聚度的提高与区域专利数的增长呈正相关，即国际人才的集聚显著提升了区域创新能力。此外，科技人才集聚的知识集聚效应可以有效提高地区的人力资本水平，为技术创新提供更好的动力和智力支持。而在科技人才集聚的不同类型中，应用研究型和试验发展型科技人才集聚对区域技术创新产出具有显著的正向影响。这些研究结果表明，人才集聚是提升技术创新的重要途径，尤其是在创新能力较高的区域，人才集聚的效果更为显著。刘晔等（2019）通过面板分位数回归模型分析了科研人才集聚对创新产出的影响，发现人才集聚通过知识吸收能力的提升，尤其在创新产出高的区域，能够显著提高创新效率。许瑜和郑方宜（2024）的研究进一步证实了科技人才集聚对区域可持续发展的积极影响，尤其是在提升创新能力和推动科技进步方面。人才集聚不仅直接促进了技术创新的发展，还通过知识溢出和知识共享等效应间接促进了技术创新的发展。李宏宇等（2022）的研究则聚焦在京津冀地区，通过使用空间面板杜宾模型，发现科技人才集聚具有显著的空间溢出效应，尤其是在经济发展、科技经费投入和科技创新产出方面。孙红军等（2019）的研究深入探讨了科技人才集聚的空间溢出效应，通过采用不同的空间权重形式和空间计量模型，证实了科技人才集聚确实能够促进技术创新，并且这种影响具有显著的空间溢出效应。

二、全球主要地区和城市有效吸引集聚人才的经验分析

当前，相比于创新强国，我国全球引才竞争力仍显不足。主要表现在以下四方面。一是世界级的创新平台总量偏少。比如阿里研究院、智谱 AI 联合发布的《全球数字技术发展研究报告》显示，全球数字科技顶尖科研团队基本被美国机构包揽。二是创新制度依然存在各类堵点和梗阻。三是顶尖人才引进机制有待完善，引才手段和渠道相对单一。四是教育、医疗、社会融入等顶尖人才所需的"软环境"建设仍有待加强。

采他山之石以攻玉，纳百家之长以厚己。21 世纪以来，世界进入了以科技为核心的战略竞争时代，对人才的竞争尤为激烈。因此，有必要对主要国家的主要地区和城市在吸引人才的经验做法方面进行介绍分析并总结凝练共性特征，为雄安新区打造人才高地提供经验。

（一）代表性国家和地区集聚人才的主要做法

1. 美国

美国是全球首要的国际人才高地，特别是对顶尖人才和国际学生的吸引力非常强劲。根据全球化智库发布的《国际人才流动与治理报告——以美国为枢纽分析》，2019 年，美国向来自中国、欧洲和印度的公民颁发的非移民工作签证及职业类移民签证总数约为 71 万张；2023 年，这一数据为 79 万张，较疫情前的 2019 年增加 11.5%。[①] 主要在于美国为吸引人才集聚提供了灵活多样的措施。具体来看，旧金山湾区以汇聚世界顶尖的高等教育机构和一流的实验室为核心，建立以孵化器和加速器为主的湾区创新体系，培养并吸引了一批全球顶尖科技人才，成为全球创新网络的重要枢纽；美国硅谷通过减免税等优惠政策鼓励支持猎头产业发展，构建全球人力资源网络，为硅谷领军企业集聚顶尖人才。

2. 英国

以提供移民签证作为吸引人才的重要手段是发达国家的普遍做法。英国于 2020 年启动"全球人才签"计划，希望通过简化申请流程、延长签证时间、丰富签证属性、降低签证成本的方式吸引全球优秀科研人才及技术人才在英国安家就业。

3. 瑞士

瑞士因其优秀的人才职业机会、良好的基础设施以及高质量的生活环境而成为全球人才高地。根据欧洲工商管理学院（INSEAD）发布的《2023 年全球人才竞争力指数》报告，瑞士人才竞争力指数连续多年高居首位，一直是世界上最具人才竞争力的国家。其吸引人才的主要做法就是通过创新产业园帮助企业与行业领先公司的研究团队、国际公司进行合作，向有需求的企业提供最顶尖、最实用、最优质的研发理念和技术，以及一些专业知识。

4. 新加坡

新加坡通过"联系新加坡"门户网站，为外籍人才服务新加坡和联系新加坡业务提供渠道，并积极建立平台为全球人才和新加坡雇主牵线搭桥，在平衡新加坡高层次人才资源方面起到积极的作用。2022 年新加坡推出顶级专才

---

① 《国际人才流动与治理报告——以美国为枢纽分析》，全球化智库，http：//www.ccg.org.cn/archives/85360。

准证以吸引全球顶尖人才，为符合条件的高薪和杰出人才提供了在新加坡稳定发展和生活的机会。

（二）国外吸引人才集聚的经验借鉴

1. 以"锚"类创新资源为磁铁吸引人才集聚

栽下梧桐树，引来金凤凰。一般来说，人才流动除受高额薪酬影响外，那些具有强大影响力和领先性，在特定领域或行业中扮演关键角色的组织或企业作为"锚"发挥了磁铁作用。美国硅谷发源地帕罗奥图借助世界级顶尖大学群使其从一个海军航空研究基地成长为全球最具代表性的国际人才高地。德国科学小镇马丁斯里德依托诺奖辈出的马克斯·普朗克科学促进学会这一国家级科研机构一跃成为全球生物医药一线城市并发挥吸引世界顶尖人才的作用。印度班加罗尔充分利用大型锚类科技企业及其产生的衍生效应拓展了更广阔的创新生态系统而使其成为顶尖人才磁铁。

2. 极具竞争力的政策工具为吸引顶尖科技人才发挥支撑作用

全球知名科技中心充分利用移民政策、税收优惠政策、政府补贴等政策工具多管齐下增强对顶尖科技人才的招揽力、吸引力和汇聚力，发挥技术移民制度在引进外国人才中的支柱性作用。新加坡 2022 年推出有效期 5 年且无名额或国籍限制的"顶级专才准证"，用于吸引全球顶尖人才到新加坡发展。伦敦利用由市长提出设立的"伦敦签证"帮助优秀技术人才和时尚设计师快速获得签证，来伦敦开拓新创意，创建新企业，置身于这个全球人才中心。低税收高补贴已成为吸引顶尖人才的标配经验。美国奥斯汀因无须缴纳个人所得税而成为美国新崛起的人才高地，据全球知名的商业地产服务和投资公司世邦魏理仕（CBRE）的数据，奥斯汀在全美顶尖科技人才市场上位列第 6，其高端科技人才数量达到 7.2 万人，约占其总劳动力的 7%，几乎是纽约科技劳动力集中度的 2 倍。

3. 灵活多样的引才策略和机制为吸引顶尖科技人才提供了有效手段

上海利用大数据联合爱思唯尔合作搭建 10 万名全球顶尖专家数据库，[①] 并提供人才信息搜索、引进、评估、专家评审等专业化综合数据服务。"政府＋猎头"的引才机制为全球范围内搜寻顶尖人才提供助力。伦敦、洛杉矶都以政

---

① 《上海建成 10 万人全球顶尖专家数据库》，中国政府网，2017 年 4 月 16 日，https：//www. gov. cn/xinwen/2017 - 04/16/content_5186150. htm。

府购买方式委托全球顶级猎头公司为其提供顶尖人才信息。借助项目合作、学术研讨等活动聚合吸纳顶尖人才。波士顿实施"创新之桥"计划，通过各类创新论坛、研讨会吸引非营利性组织、企业、学术机构与政府进行创新合作并引进世界高水平科技人才。瑞士巴塞尔大区通过举办生命科学周提升其在全球范围内的知名度并吸引了全球数千名专业人士参与。

4. 来源多元、形式丰富的金融资本为协助顶尖人才创新成果成功转化提供强大助力

美国北卡三角园推进政府与民营资本合作设立风险投资基金，为降低顶尖科学家科技成果转化道路上的各种风险，增大其未来预期收益提供金融助力。慕尼黑政府将国家控股的公司股份收益以产业资本的形式用于促进科技成果转化。圣迭戈充分利用邻近洛杉矶的区位优势吸引大量风险投资，解决了生物技术开发投入大、耗时长、风险高所致的企业资金周转困境，使其成为全球风险投资最活跃的城市之一。

5. 打造工作、家庭和休闲有机融合的城市发展环境正成为全球科创新城吸引顶尖人才的"秘密武器"

新时代，注重生活品质、更好地平衡工作与家庭等非经济因素正成为顶尖人才迁移的重要动因。这恰与城市发展的新逻辑相契合，即由低价要素供给吸引企业、企业吸引人才向城市吸引人才、人才吸引产业资本转变。荷兰埃因霍温市作为诞生过飞利浦、阿斯麦、恩智浦半导体等行业巨头的小城，通过田园城市建设、城市 IP 打造、年轻人活力特区等策略，提升城市对人才、企业的吸引力，使其从欧洲制造业"衰落之城"成为专利强度世界第一的"创新之都"。西班牙巴塞罗那通过打造"工作—生活—学习—娱乐"四位一体的多功能创新街区，为人才提供"定制生活"，以生活魅力吸引顶尖人才，使其位列全球最具人才吸引力城市排行榜第 9 名。根据最新发布的《2024 年全球人才解码报告》（*Decoding Global Talent* 2024），巴塞罗那被来自世界各地的求职者评为最适宜工作的城市之一，全球排名第 8。[①]

---

① 《全球打榜 城市竞位谁当"合伙人"》，载于《南方日报》，2024 年 11 月 1 日，https：//baijiahao. baidu. com/s？id＝1814483925802077713&wfr＝spider&for＝pc。

三、雄安新区集聚人才、打造人才高地的相关策略

（一）以企业为主，政府协同推进打造雄安新区"锚"类创新资源矩阵

一是围绕雄安新区产业发展重点打造顶尖科技人才数据库。可以联合龙头企业、链主企业以及研发机构围绕产业链上下游绘制顶尖人才地图，或与上海合作借助其全球顶尖专家数据库资源构建雄安新区产业专项顶尖科技人才数据库，从而提高产业目标的人才适配度。

二是充分发挥大型科技企业吸引顶尖科技人才的关键作用。发挥企业用人主体作用，鼓励企业瞄准产业发展的重点领域和方向，通过高薪回报、前置储备、创新保护、自主流动等一系列组合拳来吸引和留住顶尖科技人才。政府可组建专班、专组积极与企业沟通，梳理企业在吸引顶尖科技人才过程中所遇到的障碍并协助解决。

三是紧抓时代机遇积极引进国际领军型跨国公司在雄安设立研发中心、创新合作中心。雄安新区要立足"开放发展先行区"这一发展定位，紧抓时代机遇，充分利用政策红利积极引进国际企业在雄安设立核心创新平台，并以此形成高水平人才聚集的"生态圈"。

（二）以超常思维用好用足用活"政策工具箱"，打造顶尖科技人才集聚"强磁场"

通过对全球知名科创中心吸引顶尖科技人才的经验进行分析发现，充分利用税收优惠政策、移民政策等政策工具为招才引才提供了强大助力。雄安新区立足打造全球创新高地必定要在政策手段上有颠覆性创新和超常规突破。这也充分践行了习近平总书记所强调的，要赋予雄安新区发展自主权，只要有利于雄安创新发展的要全力给予支持的重要指示。

一是借助先行先试政策地位探索适用于雄安新区的顶尖科技人才税收优惠政策。

探索一：利用"一人一策"，对特定顶尖科技人才直接进行个人所得税减免优惠。可借鉴海南的做法，对个人所得税实际税负超过15%的部分予以免征。

探索二：以补贴间接减免税收。国内一些创新区采取对超出一定税负的部分予以财政补贴，例如粤港澳大湾区、上海临港新片区对在本地区工作的境外顶尖人才实施个人所得税税负差额补贴政策。

探索三：以申请设立个税改革试验区的形式对现有税制进行调整，如针对顶尖科技人才可适度调低综合所得45%最高边际税率。

二是前瞻谋划创新国际顶尖科技人才跨境便捷流动机制。充分利用自贸区雄安片区的平台先行先试技术移民制度，可借鉴浦东、南沙的经验，对境外顶尖科技人才在出入境、停居留、执业就业创业等方面开展试点，制定相关便利措施。

（三）采取灵活多样的引才策略和手段吸引顶尖科技人才

一是充分发挥市场作用，以"猎头搜寻＋政府购买"的方式打造顶尖科技人才搜寻平台。依托雄安人力资源服务产业园，积极对接引进世界知名猎头公司，利用其全球网络资源，围绕雄安新区优先发展产业链核心环节和重点要素，在全球范围内搜集具有行业领先水平、掌握前沿技术的人才和团队信息。

二是借助项目合作、学术研讨等活动聚合吸纳顶尖科技人才。借鉴瑞士巴塞尔大区举办生命科学周提升其在全球的知名度并吸引了全球数千名专业人士参与的做法，通过各类创新论坛、研讨会吸引非营利性组织、企业、学术机构与政府进行创新合作并引进世界高水平科技人才。还可与上海合作，争取将拥有40多位诺贝尔奖得主在内的"世界顶尖科学家论坛"永久会址的分会址引入雄安新区。

三是积极推动"走出去"战略，不断延伸引才触角。建议采取引才联络站、海外工作站、引才中心等形式在全球知名创新城市和高校设立吸引顶尖科技人才的据点，不断延伸人才联络触角，形成引才网络。在宣传渠道的选择上，特别是对外方面，可侧重外国人才更常使用的Facebook、LinkedIn等平台，发布多语种信息。既起到认识雄安、了解雄安的重要平台窗口作用，又可以为企业和人才提供"精准导航"服务。

（四）构建来源多元、形式丰富的金融资本体系，为协助顶尖人才创新成果成功转化提供强大助力

吸引顶尖科技人才区域集聚，最关键的就是可以为其提供有利于开展突破性科技成果转化的资金保障。

一是充分发挥政府投资引导带动作用。全球知名创新城市发展共性经验表明，对于处于初创阶段且具有发展潜力的企业和项目而言，政府资本早期介入有着关键示范作用。美国北卡三角园推进政府与民营资本合作设立风险投资基金用于投资关键技术攻关或前沿颠覆性技术研发，一举扭转其濒临破产的逆境。雄安新区一方面做优存量基金，聚焦产业导入和细分领域、关键环节的推进，另一方面做大增量，吸引更多国家级母基金，加快专项债券发行，为培育壮大耐心资本、长期资本发挥示范作用。

二是精准对接金融机构，提高科创企业获贷率。金融机构可借助金融分析工具对顶尖科技人才项目、初创企业的最优融资模式和规模进行分析。通过开发针对性信贷产品，比如"科创贷""人才贷"，扩大信用贷比例，引导银行类金融机构精准对接科创企业，不断提升科创企业获贷率。

三是积极引进国内外头部风投创投机构。充分发挥中介机构、行业商会的作用，开展市场化招引，吸引全球头部风投创投机构来雄安新区设立分支机构和运营中心。也可借鉴深圳的做法，先在特定区域打造风投创投街区，以点带面。

（五）提升生活品质、营造创新文化、加快社会融入，为顶尖科技人才提供更多增值服务

新时代，注重生活品质、追求身份认同和思想共鸣、更好地平衡工作与家庭等非经济因素成为顶尖人才迁移的重要动因。这恰与城市发展新逻辑相契合，即由低价要素供给吸引企业、企业吸引人才向城市吸引人才、人才吸引产业资本转变。

一是打造"工作—生活—学习—娱乐"四位一体的创新区，实现生活与工作多元无缝衔接，以生活魅力吸引顶尖科技人才。可借鉴荷兰埃因霍温市从欧洲制造业"衰落之城"成为专利强度世界第一的"创新之都"的转型经验，通过实施田园城市建设、城市IP打造、年轻人活力特区建设等策略，为人才提供"定制生活"。

二是营造跨界创新、融合创新的文化氛围。可借鉴西雅图、奥斯汀的经验，通过打造艺术科技融合空间、组织文化科技融合活动、培育创新理念等具体举措，将公共艺术设施、开放交流空间、休闲社区中心、创新创业机构等融为一体，从而形成创新中相融、相融中创新的浓厚氛围。

三是提供优质服务帮助顶尖科技人才更好融入雄安。做好子女教育、配偶

工作、医疗服务、社保衔接等关键小事，免除人才后顾之忧。对人才的关怀与服务要保持稳定性、持续性、畅通性，结合顶尖科技人才实际需求提供多样化的服务与支持，做到定期联系、即时解困，不断增强其归属感。

参考文献

［1］蔡宜旦：《浙东地区高学历青年人才区际流动行为及其影响因素分析——基于浙江宁波镇海区的实证调查》，载于《中国青年研究》2015年第6期。

［2］曹威麟、王艺洁、刘志迎：《人才环境与人才成长预期对集聚意愿的影响研究》，载于《中国人才资源开发》2016年第19期。

［3］崔祥民、柴晨星：《创新人才集聚对经济高质量发展的影响效应研究——基于长三角41个城市面板数据的实证分析》，载于《软科学》2022年第6期。

［4］葛雅青：《中国国际人才集聚对区域创新的影响——基于空间视角的分析》，载于《科技管理研究》2020年第6期。

［5］李宏宇、张汝飞、李军帅：《京津冀"创新三角区"科技人才集聚及空间溢出效应》，载于《商业经济研究》2022年第6期。

［6］李士梅、彭影：《区域制度环境对创新人才集聚的空间影响研究——基于人口老龄化的视角》，载于《吉林大学社会科学学报》2020年第5期。

［7］刘雅君：《人才集聚对区域经济发展的双重效应分析——基于2007－2017年省级面板数据的实证分析》，载于《福建论坛（人才社会科学版）》2021年第3期。

［8］刘晔、曾经元、王若宇，等：《科研人才集聚对中国区域创新产出的影响》，载于《经济地理》2019年第7期。

［9］师磊、俞卓航：《创新型人才集聚与区域经济发展差异研究》，载于《现代管理科学》2023年第6期。

［10］孙红军、张路娜、王胜光：《科技人才集聚、空间溢出与区域技术创新——基于空间杜宾模型的偏微分方法》，载于《科学学与科学技术管理》2019年第12期。

［11］吴道友、程佳琳：《基于扎根理论的科技人才流动阻滞因素及作用

机理研究——以企业与高校科技人才双向流动为例》，载于《财经论丛》2018年第 5 期。

[12] 徐军海、黄永春：《科技人才集聚能够促进区域绿色发展吗?》，载于《现代经济讨论》2021 年第 12 期。

[13] 许瑜、郑方宜：《科技人才集聚对中国区域可持续发展的影响研究——基于空间溢出与门槛效应的实证检验》，载于《人文地理》2024 年第 5 期。

[14] 曾建丽、刘兵、张跃胜：《中国区域科技人才集聚与创新环境协同度评价研究——基于速度状态与速度趋势动态视角》，载于《大连理工大学学报（社会科学版)》2022 年第 1 期。

环京津欠发达地区最近五年巩固拓展脱贫攻坚成果进展[*]

张祖群　李丁根　吕俊豪　郭晶瑛[**]

摘　要：环京津欠发达地区近五年来的巩固拓展脱贫攻坚成果，在全国具有标杆示范意义。本研究应用政策分析方法，梳理了环京津欠发达地区最近五年巩固拓展脱贫攻坚在政策支持、基础设施建设、特色产业培育、就业创业、教育医疗和生态保护等方面的成效；应用案例分析方法，分析了三种主要的巩固拓展脱贫攻坚模式：以易县帮扶为案例的企业主导型，以崇礼帮扶为案例的政策拉动型，以涞水县帮扶为例的产业互动型；应用比较研究方法，比较了三种帮扶模式的优势、劣势与共性，强调政府与企业协同、资源优势转化、就业与培训并重、生态环境保护等共性经验，并提出进一步完善政策体系、加强基础设施建设、培育特色产业、创新与巩固脱贫攻坚、加强教育培训及监测评估等建议。

关键词：环京津欠发达地区　巩固拓展脱贫攻坚成果　企业主导型　政策拉动型产业互动型

---

[*] 基金项目：北京市社会科学基金规划项目《北京古都艺术空间因子挖掘与遗产保护(21YTB020)》、中国高等教育学会"2022年度高等教育科学研究规划课题"重点项目《基于文化遗产的通识教育"双向"实施途径（22SZJY0214)》、教育部学位与研究生教育发展中心2023年度主题案例《中华优秀传统文化的文化基因识别与文创设计（ZT-231000717)》、工业和信息化部2024年软课题《统筹推进新型工业化和新型城镇化的路径和机制研究（GXZK2024-01)》、北京理工大学2024年"研究生教育培养综合改革"课程建设专项"教学案例"《从公约认知到文明互鉴——文化遗产创新设计案例》、2024年校级教育教学改革重点项目《基于遗产公约与文明互鉴的设计学类本科专业综合素养提升研究（2024CGJG017)》、2024年校级研究生教育培养综合改革一般项目（教研教改面上项目）《设计学（文化遗产与创新设计）硕士创新培养模式：融通专业学习与领军价值引领》。

[**] 张祖群，北京理工大学设计与艺术学院遗产系高级工程师、硕士生导师，中国科学院博士后（"优秀"出站），研究方向为文化遗产与艺术设计、文化旅游等；李丁根，北京理工大学法学院研究人员，研究方向为区域发展与依法治国；吕俊豪，北京理工大学法学院研究人员，研究方向为区域发展与依法治国；郭晶瑛，北京理工大学设计与艺术学院文化遗产系2024级硕士生，研究方向为文化遗产与艺术设计。三名学生对本文学术贡献相同，为并列第二作者。

近年来，在国家政策支持和地方政府的努力下，环京津欠发达地区社会经济文化发展取得显著成效。2012 年底，习近平总书记视察与看望阜平县困难群众，发出脱贫攻坚的动员令。2005 年亚洲开发银行首次提出"环京津欠发达地区"概念。京津累计投入 1 600 个协作扶贫项目，注入近 50 亿元扶贫资金。① 2020 年"环京津欠发达地区"宣布整体脱贫。本研究旨在探讨京津冀（环京津欠发达地区）2020～2024 年脱贫攻坚的成果，总结经验，展望未来发展方向，以期为其他地区巩固脱贫提供借鉴。

一、环京津欠发达地区近五年巩固拓展脱贫攻坚举措

（一）国家政策支持

首先，国家层面的政策引导为环京津欠发达地区发展提供了明确的战略方向和行动指南。《国民经济和社会发展第十四个五年规划和 2035 年远景目标纲要》将支持欠发达地区发展作为重要任务，环京津欠发达地区是北京、天津、河北省重点支持区域，三省（直辖市）都在政府工作规划中明确京津冀合作的针对性和有效性。其次，专项扶贫政策的出台和实施为欠发达地区提供了全方位的支持。从财政资金、金融支持到产业发展、教育医疗等方面，为环京津欠发达地区的经济社会发展注入强大动力。区域协同发展战略的实施为环京津欠发达地区发展创造了良好的外部环境。② 京津冀三地加强合作，推动交通、产业、生态等领域协同发展。

（二）基础设施建设

首先，交通网络的完善为环京津欠发达地区的发展带来了新的机遇。自 2014 年起，京津冀区域全力加速交通基础设施升级，包括构建现代化轨道交通体系、优化公路网布局、发展津冀港口集群及国际航空枢纽，初步形成轨道引领、多节点互联、网格覆盖的全面交通网络。至 2024 年，京津冀地区交通基础设施建设取得重大成效，区域交通一体化建设成果显著，京津冀地区"1

---

① 何仁伟、樊杰、李光勤：《环京津欠发达地区的时空演变与形成机理》，载于《经济地理》2018 年第 6 期。

② 国家发展和改革委员会国土开发与地区经济研究所课题组、肖金成、李忠：《京津冀区域发展与合作研究》，载于《经济研究参考》2015 年第 49 期。

小时交通圈"从"蓝图"迈向"现实"。① 其一，京津冀轨道交通网主骨架基本形成。京张高铁、京津城际延长线、京雄城际、京唐（京滨）城际等多条高速铁路开通运营，串联河北各地市的全国性高铁网络已基本建成，实现了对京津冀区域内地级市的全覆盖。其二，京津冀高速公路网增长加密。京雄、京台、京昆、津石等大批高速公路投入使用，以北京为中心的国家高速公路主干网基本形成，京津冀区域高速公路总长度达到 10 990 公里，同比十年前增长 37.7%，高速公路密度达到全国平均水平的 2.7 倍。② 以上举措有效缩短了环京津欠发达地区与京津主城区的时空距离，为欠发达地区提供了更多发展选择，也为旅游业发展带来新的机遇。

其次，水利设施、电力供应、信息改善为工农业生产和居民生活提供保障。自 1994 年"八七"扶贫攻坚计划开始实施以来，河北省通过产业化扶贫、开发式扶贫、对口扶贫等多种形式持续增加对环京津欠发达地区的投入，有效提高了该区域的自我发展能力。例如，赤城县云州水库持续多年向北京供水，赤城境内自然水源约占北京密云水库总来水量的 53%。赤城县依托科技力量，建立扶贫工作站、物联网及示范基地，推动农业转型升级，水培蔬菜等现代农业技术提高了农业灌溉和水资源利用的效率，促进了农业发展，相关举措惠及三万余名贫困群众。③ 河北电力供应保障能力提升，为环京津欠发达地区工业生产和居民生活提供了稳定的能源供应，为经济社会发展提供了能源动力。信息基础设施的完善也为欠发达地区的发展提供了新的机遇。互联网、移动通信等信息技术的发展为欠发达地区提供了新的发展平台，例如电商平台的发展为欠发达地区农产品销售提供了新渠道，促进了农民增收。近年来，阿里巴巴平台、京东助力多个欠发达区县实现电商销售额猛增，上线多个地方商品种类，惠及百万农户。基础设施建设的改善为环京津欠发达地区的发展提供了重要的物质基础和保障，为脱贫攻坚工作提供了坚实基础。

（三）特色产业培育

特色产业培育是环京津欠发达地区巩固拓展脱贫攻坚的重要抓手，近年来

---

① 《京津冀交通一体化蓝图变实景》，中国交通新闻网，2024 年 2 月 28 日，https：//www.mot.gov.cn：10443/jiaotongyaowen/202402/t20240227_4025038.html。

② 《京津冀高速公路总里程超 1.1 万公里 密度达全国平均水平的 2.7 倍》，央广网，2024 年 6 月 28 日，https：//www.cnr.cn/hebei/gstjhebei/20240628/t20240628_526767702.shtml。

③ 中央网络安全和信息化委员会办公室：《北京科技助赤城脱贫产业实现"三大提升"》，2021 年 2 月 2 日，https：//www.cac.gov.cn/2021−02/02/c_1613837337551660.htm。

取得显著成效。

首先，乡村旅游蓬勃发展，作为支柱产业带动当地脱贫攻坚。依托丰富的自然景观和人文资源，环京津欠发达地区积极发展乡村旅游，打造了一批特色旅游村镇，例如易县的太行水镇、怀来的葡萄小镇、张家口太舞滑雪小镇等。随着京津冀协同发展国家战略的实施以及国家扶贫政策的支持，在产业扶贫、教育扶贫、健康扶贫等一系列措施的推动下，截至 2020 年 2 月下旬，27 个环京津贫困县首次实现了区域性的完全脱贫，当地数百万贫困人口步入小康。承德、张家口、保定等环首都 32 个欠发达县在文旅产业的合力带动下，全部实现脱贫。① 环京津欠发达地区注重发展区域特色产业，持续推动欠发达地区经济社会发展。例如，河北省文旅厅推动乡村旅游富民工程，通过发展乡村旅游带动 793 个贫困村近 30 万贫困人口脱贫增收。②

其次，文化旅游融合发展，丰富了旅游产品体系，提升了旅游吸引力。③ 环京津欠发达地区拥有丰富的红色旅游资源、历史文化资源和民俗文化资源，通过开发相关特色旅游产品，丰富旅游产品体系，提升了旅游吸引力与附加价值，带动当地经济发展。生态旅游的兴起，实现了经济发展与生态环境保护的协调统一。④ 环京津欠发达地区拥有良好的生态环境，通过发展生态旅游，既实现了经济发展，又保护了生态环境，兼顾经济健康发展和生态环境的保护。环首都乡村休闲旅游圈、乡村旅游创新发展集聚区（带）等不仅带动了当地的经济增长，还为游客提供了京西百渡山水、京东山海康养、京北草原生态冰雪等多业态产品。这些特色旅游项目不仅带动当地经济发展，也为农民提供了就业机会，成为助力当地居民增加收入的支柱力量。

总体来说，特色产业培育为环京津欠发达地区巩固拓展脱贫攻坚提供新动力，为地区可持续发展奠定基础。

（四）就业创业

首先，劳务输出助力环京津欠发达地区增加收入。环京津欠发达地区积极

---

① 《且看信心如何让黄土变成金——"环京津贫困带"整体脱贫记》，载于《精神文明报》，2020 年 5 月 22 日。

② 任英文、王凯东：《河北乡村旅游带动 30 万人脱贫增收》，载于《中国旅游报》，2021 年 11 月 11 日，https://www.mct.gov.cn/whzx/qgwhxxlb/hb/202111/t20211111_928932.htm。

③ 崔丹、吴昊、刘宏红等：《大都市区贫困带旅游精准扶贫模式与路径探析——以环京津欠发达地区 22 个国家级贫困县为例》，载于《中国软科学》2019 年第 7 期。

④ 张祖群：《扶贫旅游的机理及其研究趋向——兼论对环京津欠发达地区启示》，载于《思想战线》2012 年第 2 期。

推动劳务输出，组织贫困人口到京津地区就业，北京市与河北省的 27 个欠发达县建立对口帮扶关系。北京西城区政府干部赴河北阜平县，将组织关系转入河北省，挂职县委常委与副县长，深入参与当地的扶贫工作。此外，京津两市通过多种方式帮助贫困县发展特色产业。例如北京市西城区金融街集团和大栅栏街道办事处帮扶阜平县台峪乡平房村恢复和发展香菇产业，提供大量就业机会，帮助当地居民增加收入。[①]

其次，创业支持为环京津欠发达地区提供了更多发展机会。建议政府相关部门为环京津欠发达地区提供创业培训、贷款支持等，鼓励其自主创业。发展农家乐、民宿，实现就地就近就业，增加民众收入来源。通过发展特色产业，例如易县发展温泉旅游产业、崇礼发展冰雪旅游产业等，为当地提供大量的就业岗位，带动欠发达地区就业增收。[②]

（五）教育医疗

首先，教育扶贫政策的实施有效改善了环京津欠发达地区的教育条件，提高了教育质量，为阻断贫困代际传递奠定了基础。例如，实施低收入群体学生资助政策，为低收入家庭学生提供学费、生活费等，解决其就学问题。这一举措加大了对欠发达地区学校的投入，改善了学校的基础设施和教学设备，提升了当地的教育教学水平。

其次，健康扶贫政策的实施有效降低了环京津欠发达地区的就医难度和费用，提供了更可靠的医疗保障，降低了因病致贫、因病返贫的风险。为环京津欠发达地区建立医疗保障体系，为低收入人口提供基本医疗与公共卫生服务，降低低收入人口的医疗负担。通过实施慢性病防治、健康教育等政策，提高低收入人群的健康水平。

（六）生态保护

首先，建立和完善生态补偿机制，鼓励环京津欠发达地区加大绿色发展投入。通过加大补偿、奖励贫困地区的生态保护工作，激励当地居民参与生态环境保护活动，实现生态价值向经济价值转化，促进欠发达地区经济发展与生态

① 《河北省加大环京津贫困地区特色产业扶贫力度》，中国政府网，2017 年 2 月 20 日，https：//www. gov. cn/govweb/xinwen/2017 – 02/20/content_5169348. htm。

② 《张家口丨深化劳务协作，向京津等地输出农村劳动力超 15 万人次》，澎湃新闻，2023 年 7 月 17 日，https：//www. thepaper. cn/newsDetail_forward_23895241。

保护的和谐共生。

其次，生态修复工程的实施有效改善了环京津欠发达地区的生态环境质量。退耕还林（草）、水土保持、生态补偿等项目的推进，不仅恢复了生态系统的服务功能，还为欠发达地区发展绿色产业创造了条件。

最后，生态保护与特色产业融合发展的策略推动了欠发达地区产业结构的调整和优化。通过生态农业、生态旅游等，不仅保护了生态环境，还提供了大量就业机会，实现生态保护与经济效益的双赢。

二、帮扶模式一——企业主导型

（一）主要特征

企业主导型帮扶模式是环京津欠发达地区巩固拓展脱贫攻坚的重要途径之一。通过企业投资、产业带动、就业创造等，促进地区经济发展和人口巩固脱贫。企业主导型帮扶模式的核心在于企业通过直接投资参与欠发达地区的扶贫开发，以企业为主导，政府、社会组织和贫困人口共同参与，助力欠发达地区发展。[1]

企业主导型帮扶模式具有以下特征。第一，企业投资带动。企业通过直接投资参与欠发达地区的各项事业，以企业为主导，政府、社会组织和低收入人群共同参与，实现欠发达地区的经济发展。企业投资用于道路、水电、通信、物流等基础设施建设，保障当地具备用于经济发展的基础设施。第二，产业培育。企业依托当地资源，培育特色产业，带动欠发达地区产业结构调整。通过投资建设产业园区、发展特色农业、发展旅游等产业，带动地区产业结构调整。第三，就业创造。企业为欠发达地区提供就业岗位，实现就地就近就业，增加贫困人口收入。企业投资为当地提供就业机会，通过提供培训和技能提升，提高当地就业能力，实现低收入人口就业和收入增加。第四，技能培训。企业开展技能培训，提升欠发达地区人口就业能力，使其具备更好的就业竞争力，实现当地自主发展。

企业主导型帮扶模式的实施策略如下。首先，政府与企业协同推进。政府

---

① 李卓、郑永君：《有为政府与有效市场：产业振兴中政府与市场的角色定位——基于 A 县产业扶贫实践的考察》，载于《云南社会科学》2022 年第 1 期。

提供政策支持，企业发挥市场优势，实现政府与企业的有效协同。政府在提供政策支持的同时，通过监管和评估机制，确保企业投资的有效性和可持续性。其次，资源优势转化。充分利用欠发达地区的资源优势，通过企业投资实现资源价值转化。企业投资依托当地的自然资源、人力资源等实现资源的合理利用和价值最大化。最后，就业与培训并重。注重就业机会创造和低收入人群技能的提升，实现长效帮扶。

（二）案例分析：以易县帮扶为例

1. 案例背景

伫立于河北省保定市易县安格庄乡的恋乡·太行水镇建于2015年，以太行乡村风韵为主题，占地面积约为3.5平方公里。易县位于河北省中西部，属太行山山脉，具有丰富的温泉资源，兼具秀丽的自然风光和深厚的文化底蕴。因交通不便、基础设施落后，易县长期处于欠发达状态。易县太行水镇位于京津冀腹地，属于京雄保1.5小时圈和津石2.5小时圈，具有提升旅游交通便利度的潜力。为改变此状况，当地政府与企业合作，抓住交通干线机遇，制定以温泉资源为核心，发展旅游产业的帮扶策略。旨在充分利用易县的温泉资源，通过发展旅游产业带动当地经济发展，实现整体帮扶。

2. 企业主导帮扶

企业通过投资建设温泉旅游小镇，带动了当地交通、旅游基础设施完善，为当地提供基础设施保障，依托当地温泉资源，培育了特色旅游产业，形成了以温泉为核心的旅游产业链。[①] 带动地区产业结构调整，实现欠发达地区的经济发展。企业为低收入人口提供了大量就业岗位，注重对低收入人口开展技能类培训，实现就地就近就业，增加了民众收入。

在交通和基础设施方面，进行太行水镇道路改造和旅游设施升级，新建和拓宽多条连接主要道路的通道，为游客营造便捷舒适的旅游体验。

在文旅产业方面，太行水镇通过农、文、旅深度融合，形成了多业态乡村综合体。凭借丰富的温泉资源，太行水镇成功打造了集休闲、养生于一体的温泉旅游产业。太行水镇成功将本地特色民俗体验、乡村美食、土特产加工、艺术体验、民俗客栈、休闲农场、房车露营等元素融为一体，每年吸引数以万计

---

① 张晴：《乡村振兴战略下的未来乡村样板——以恋乡·太行水镇项目为例》，载于《山西农经》2022年第20期。

的游客。温泉旅游产业成为推动当地经济发展的新引擎。水镇内建有民俗文旅村、滨水休闲项目、民宿聚集区、研学基地；围绕太行山主产粮（玉米）开发，设立"三产"融合型的生态休闲农场；积极开展各种农事体验活动以及文化、教育和旅游活动，推动区域经济融合发展，助力脱贫攻坚。

3. 社会效益与经济效益

太行水镇的建设为当地贫困人口提供了大量就业机会，通过开发旅游相关岗位，帮助数千低收入人群实现就地就近就业，人均年总收入增加超过50%。在经济效益和社会效益方面，太行水镇已成为全国旅游扶贫示范项目，带动了区域经济多元化发展，实现了生态保护与经济发展的双赢。易县太行水镇积极发挥示范作用，深入参与易县的脱贫攻坚工作，帮助7 065位贫困人口脱离贫困，带动区域内的3个核心乡村与9个关联乡村共同脱贫、协同发展。①

（三）经验总结

企业主导型帮扶模式可借鉴的经验如下。第一，充分利用当地资源优势。企业主导型帮扶模式充分利用欠发达地区的资源优势，通过企业投资实现资源价值转化，形成相关产业链。第二，政府与企业协同。政府提供政策支持，企业发挥市场优势，实现政府与企业的有效协同。政府在提供政策支持的同时，也通过监管和评估机制确保企业投资的有效性和可持续性。第三，就业与培训并重。注重就业机会的创造和低收入人群技能的提升，实现长效脱贫。企业投资的项目在提供就业机会的同时，注重对低收入人口的技能培训，提高低收入人口的就业竞争力，实现长效提升。第四，产业培育与经济发展。通过培育特色产业，带动欠发达地区产业结构调整，实现经济发展升级。

三、帮扶模式二——政策拉动型

（一）主要特征

政策拉动型帮扶模式通过精准的政策设计和资源配置，激发欠发达地区的内生发展动力，促进欠发达地区人口实现持续增收和生活质量的提升。核心在于政府直接介入，参与欠发达地区的各项事业，以政策为牵引，动员社会各界

---

① 笔者团队2024年调研资料。

力量共同参与，实现地区经济的跨越式发展。政府不仅提供资金和政策支持，还负责项目的规划、监管和评估，确保政策资源的有效利用和项目顺利实施。市场主体、社会组织和贫困群众在政府的引导下，发挥各自优势，积极参与到帮扶中来。市场主体通过投资兴业，为欠发达地区带来新经济增长点；社会组织通过提供技术和服务，帮助欠发达地区提升自我发展能力；贫困群众通过参与项目，获得就业机会和稳定收入，逐步摆脱贫困，实现自身价值和社会地位的提升。自 2000 年开始，河北省政府、国家环保总局以及相关部门针对环京津欠发达地区共筛选、规划了 1 015 项重点工程建设项目，并进行大量投资。[①]这些项目涉及生态环境建设、经济产业扶持、基础设施建设、社会事业发展等多个领域，项目实施取得显著成效。第一，环京津欠发达地区生态环境大幅改善。荒漠化、沙漠化土地面积显著减少，森林覆盖率增加，植被覆盖状况好转。空气质量、水质等环境指标得到改善，沙尘天气、大风天气等自然灾害减少。第二，经济持续增长。通过产业结构调整和产业升级，环京津欠发达地区经济持续增长，农民收入水平提高。工业项目、旅游项目等带动当地就业，促进经济多元化发展。第三，交通、电力、能源、水利设施不断完善，提高了当地的生产生活条件。城乡差距逐步缩小，区域协调发展水平不断提高。第四，社会事业不断进步。教育、医疗等社会事业不断进步，群众获得感、幸福感不断增强。政府需综合运用财政、金融、产业、教育、卫生等多维度政策工具，构建全方位、多层次的扶贫体系，同时注重政策的精准性和可持续性，避免短期行为和资源浪费，确保帮扶成效的长期稳定。政策拉动型帮扶路径体现了政府的主导地位，展现了多方协作、共同推进的帮扶理念。

政策拉动型帮扶模式具有以下十个主要特征。其一，政府主导性。政府扮演核心角色，通过制定和实施扶贫政策，引导和推动脱贫工作的开展。其二，政策精准性。政策设计要注重针对性和有效性，确保政策资源和措施能够精准惠及需要帮扶的人口。其三，资源整合性。通过整合财政、金融、产业、教育、卫生等资源，形成帮扶合力。其四，多方参与性。政府、市场主体、社会组织、低收入群众都参与其中，形成政府、市场和社会共同参与的格局。其五，可持续发展性。策略设计要考虑长期效果，通过提升欠发达地区的自主发展能力，实现帮扶效果的可持续性。其六，动态监测性。政府通过建立帮扶监

---

① 张祖群：《扶贫旅游的机理及其研究趋向：兼论对环京津欠发达地区启示》，载于《思想战线》2012 年第 2 期。

测机制，实时跟踪帮扶政策的实施效果，及时调整和优化政策措施。其七，风险防控性。在推动帮扶的同时，政府注重风险评估和管理，避免因政策不当引发负面效应。其八，目标导向性。所有政策措施都围绕实现欠发达地区整体发展的最终目标而展开。其九，创新驱动性。鼓励运用创新思维和方法，实现政策创新、模式创新以及技术创新。其十，社会公平性。强调社会公平正义，通过帮扶政策缩小地区发展差距，促进社会整体和谐稳定。

（二）案例分析：以崇礼区帮扶为例

崇礼区位于河北省西北部的张家口市，地处华北平原与内蒙古高原的衔接地带，北靠内蒙古高原，南临张家口的市中心城区。总面积 2 334 平方千米，常住人口 10.4542 万人。① 崇礼区曾因交通闭塞和基础设施落后而长期处于欠发达状态，借助其得天独厚的冰雪资源和冬奥会转型，在政府的引导下，崇礼实现从贫困县到国际知名冰雪旅游目的地的华丽转变。崇礼政策拉动型帮扶模式始于对当地冰雪资源的深度挖掘和战略规划。政府在基础设施上进行大量投资，改善交通网络，积极推动冰雪旅游产业的发展，使之成为经济增长的新引擎。2022 年北京冬奥会的举行为崇礼区带来了千载难逢的发展机会。政府发挥了主导作用，通过政策扶持和资源配置，吸引社会资本投入，促进冰雪旅游及相关产业链的发展。同时，崇礼区注重提升当地居民的就业能力和服务水平，通过技能培训和就业指导，为低收入群众提供了大量与冰雪旅游相关的工作岗位，实现增收致富。政策拉动型帮扶亮点如下。

第一，提高滑雪场地供给。崇礼拥有云顶滑雪场、富龙滑雪场、太舞滑雪小镇等多个大型滑雪场，这些滑雪场雪质优良、雪期长，还拥有完善的滑雪设施和服务。云顶滑雪场是 2022 年冬奥会的比赛场地之一，也是国内首个奥运级滑雪场。云顶滑雪场已建成雪道 41 条，包括初中级雪道 22 条、高级道 13 条和 6 条野雪道，满足不同水平滑雪爱好者的需求。太舞滑雪小镇规模宏大、设施完备，占地总面积达到 40 平方千米，斥资 200 亿元精心打造。园区内建设有约 200 条专业雪道，截至 2024 年底已有 31 条雪道建设完成，涵盖了初、中、高三个等级，分配比例约为 3：4：3，人工造雪覆盖面积广达 80 公顷。雪道命名独具匠心，如伦巴、华尔兹、探戈等舞蹈术语，增添无限艺术气息。此外，小镇还配备 6 部高速缆车、13 条魔毯及规划中的 45 条索道，总长度达

---

① 笔者团队 2024 年调研资料。

38.23 千米，确保滑雪体验流畅。太舞滑雪小镇已成功连续承办五届国际雪联自由式滑雪雪上技巧世界杯，彰显其国际影响力。

第二，提供多种交通选择。随着冬奥基础设施逐步完善，游客前往崇礼滑雪场有多种选择。一是高铁。崇礼紧邻太子城高铁站，从北京出发乘坐高铁直达太子城站，然后转乘免费接驳巴士前往各大滑雪场。二是公路。崇礼有多条高速公路和快速路，自驾游客可以方便地到达各大滑雪场。滑雪场周边设有多个停车场，方便游客停车。三是巴士。部分滑雪场提供从高铁站或县城到雪场的免费接驳巴士，为游客提供便捷的交通服务。

第三，提升接待能力。崇礼的滑雪产业发达，各大滑雪场在接待能力方面表现突出。在住宿方面，滑雪场周边有多种住宿选择，包括豪华酒店、民宿、公寓等，满足不同游客的住宿需求。部分滑雪场还提供滑雪度假套餐服务，形成住宿、滑雪、餐饮等一站式服务。对于餐饮而言，滑雪场内的餐厅提供中式、西式、快餐等多样化的餐饮选择，满足游客不同口味的需求。部分滑雪场还提供外卖送餐服务，方便游客在滑雪之余享受美食。

崇礼的转型之路证明了政策拉动型帮扶模式的有效性。政府的精准施策和持续投入不仅提升了当地的公共服务和基础设施，还激活了冰雪旅游经济，带动了产业结构优化升级。通过政策引导和资源整合，充分发挥地区特色，可以实现经济的跨越式发展和整体帮扶。

（三）经验总结

第一，重视政策支持与基础设施建设。得益于国家和地方政府的大力支持，通过加大基础设施建设投入，如交通、通信等，极大地改善了崇礼的区位条件，缩短了与北京等城市的时空距离，为文旅发展奠定基础。第二，强化产业的培育与发展。充分利用丰富的冰雪资源，科学发展冰雪旅游产业。通过引进投资，建设品类丰富的旅游项目，形成以冰雪旅游为核心的产业链，吸引大量游客，带动当地经济快速发展。第三，大力拓展就业机会。随着冰雪产业的发展，崇礼区为当地居民提供大量就业机会，大大增加当地居民收入。第四，强化技能培训与人才培养。重视对当地居民的技能培训和人才培养，提高居民的职业技能，增强其就业竞争力，为可持续发展提供人才保障。第五，生态环境保护与利用。在发展冰雪产业的同时，注重生态环境的保护和合理利用。实施生态补偿机制，兼顾生态环境保护与经济发展。第六，落实区域协同发展。崇礼区的发展不仅促进了当地经济的增长，也对周边地区产生了积极的辐射效应。

通过区域协同发展，崇礼区与周边地区形成产业链上下游互补。第七，可持续发展理念与后奥运利用：崇礼区在冬奥会后，继续利用奥运遗产，发展四季旅游，实现可持续发展。通过举办各类文体活动，提升城市品牌，吸引更多游客。

四、帮扶模式三——产业互动型

（一）主要特征

产业互动型帮扶模式依托区域内不同产业间的互补性与协同效应，通过产业融合、资源共享、市场联动等方式推动欠发达地区的经济社会发展，助力低收入人群实现增收和自我发展。核心在于促进不同产业的深度融合与协同发展，通过产业链延伸和价值链提升，形成多赢的发展格局。这种模式强调以市场为导向，以产业为基础，通过创新驱动和政策扶持，激发欠发达地区的内生增长动力。农业、旅游业、文化产业等可以相互渗透和支撑，形成复合型产业链，提高产业附加值。

产业互动型帮扶模式具有以下特征。其一，政府发挥着规划引导和政策支持的作用。通过制定相关政策和措施，为产业互动提供良好的发展环境。社会组织和贫困人口是产业发展的参与者和受益者，通过参与产业链的多个环节，贫困人口能够获得就业机会，实现收入增长。其二，企业扮演着重要角色。企业通过直接投资和技术支持，推动产业升级和产品创新，负责项目的运营和管理，确保产业活动的有效性和持续性。企业与当地社区紧密合作，更好地利用地方资源，发挥地方特色，打造具有竞争力的产品和服务。其三，注重培育地区的自我发展能力。通过教育、培训和技术支持，提高当地居民的技能和知识水平，使他们更好地参与到产业发展中来，实现持续增收和生活质量改善。

（二）案例分析：以涞水县帮扶为例

河北省保定市涞水县位于河北省的中西部，太行山东麓北侧，东南毗邻拒马河冲积平原，西北区域位于太行山脉东北段。占地面积为 1 661.61 平方公里，常住人口为 308 030 人。①

---

① 涞水县人民政府：《涞水县概况》，2024 年 12 月 16 日，https：//www. laishui. gov. cn/index. php? m = content&c = index&a = lists&catid = 122。

第一，涞水县以产业融合为核心，推动区域经济全面发展。旅游业作为一个关联度高、带动性强的综合性产业，对于促进经济结构调整、提升产业层次的能力不可低估。[①] 通过深度挖掘和利用当地温泉资源和红色文化遗产，涞水县成功打造了具有地方特色的温泉旅游和红色旅游品牌。将特色旅游产业与农业、文化产业深度融合，形成创新版"旅游+"产业互动模式，极大地丰富了涞水县的产业结构，提升了产业附加值。通过发展观光农业、休闲农业等，使农业生产与旅游体验相结合，增加农产品附加值的同时也为游客提供多种旅游体验。例如，涞水县三坡镇南峪村依托"支部+合作社+平台+农户"模式，推出15套高品质民宿，引导带动村民自发建设57套高品质民宿，年收益达到1 000万元，带动300余人就业。民宿的经营管理水平得到提高，当地村民的增收信心满满。[②] 涞水县永阳镇北七山村有近千亩桑园，通过田园采摘、酿酒、制茶等多元化产业，吸引大量游客前来观光体验，打开当地农产品的销售渠道，增加村民的就业收入。再比如依托水热型地热温泉资源发展文旅产业。涞水县地热温泉资源量较大，年可开采量达到24.71万立方米，可开采资源量为24.14百万兆焦/年，相当于标准煤0.08万吨/年，可供暖面积1.53万平方米。涞水县现有地热温泉井（泉）中普遍富含偏硅酸、氟等有益于人体的微量元素。其中，龙门乡寺儿港地热温泉井的氟含量优于国标4倍以上。涞水县域内仅有2眼地热井（一渡镇新新小镇地热井、龙门乡龙门村寺儿港地热井），根据地热地质条件，结合地热温泉开发利用需求，涞水县在龙门乡划定了1处重点勘查开发区，面积0.77平方千米，估算地热水年可开采量较大，出水温度、出水量等具有显著的开发利用前景。[③]

第二，政府发挥引导和促进作用，通过一系列帮扶政策，提供资金和技术支持，鼓励企业和个人投资旅游业和相关产业。政府加强基础设施建设，改善了交通、通信等条件，为产业发展和游客到访提供便利。在推动产业发展的同时，注重生态环境保护，实现经济发展与环境保护协调发展。通过实施生态补偿机制，加强生态建设和环境保护，确保了产业发展的可持续性。通过与周边地区合作，涞水县形成了区域联动的发展模式，共同打造旅游线路和产品，提

---

① 张祖群：《扶贫旅游的机理及其研究趋向：兼论对环京津欠发达地区启示》，载于《思想战线》2012年第2期。

② 涞水县人民政府：《涞水县南峪村高端民宿另辟脱贫蹊径》，2017年2月17日，https：//www.laishui.gov.cn/index.php? m=content&c=index&a=show&catid=105&id=2710。

③ 张国斌：《河北省地热资源分布特征、开发利用现状、存在问题与建议》，载于《中国煤田地质》2006年第S1期。

升区域旅游的整体竞争力。这种区域合作不仅促进了资源共享和优势互补，也为涞水县旅游业发展注入新的活力。文化传承与创新是涞水县产业互动型帮扶的灵魂。在发展旅游产业的过程中，涞水县注重文化的传承与创新，通过文化活动和节庆活动，增强地方文化的吸引力和影响力。

第三，产业互动型帮扶为涞水县带来显著的经济效益和社会效益。一方面，为当地居民提供旅游服务、农业管理和文化产品开发等大量就业机会，有效吸纳了低收入人口就业，增加居民的收入。另一方面，通过技能培训和教育项目，提升了居民的就业能力和创业能力，增强了其自我发展能力。

（三）经验总结

产业互动型帮扶的经验和优势如下。第一，产业融合与创新。突破传统单一产业的局限，通过农业、旅游业、文化产业等不同产业的深度融合，形成具有地方特色的多元化产业链，增强区域经济的综合竞争力。第二，资源优势转化。依托贫困地区的自然资源和文化遗产，通过科学规划和创新开发，有效转化资源优势为经济优势，实现资源的可持续利用和价值最大化。第三，政府与市场协同推进。政府发挥了政策引导和市场监管的作用，同时，市场管理机制在资源的配置过程中发挥决定性作用，形成政府与市场协同推进的良性发展格局。第四，社区参与利益共享。强调社区参与和利益共享，鼓励当地居民参与到产业发展中，确保低收入群体直接从产业发展中获益，提高其生活质量和经济收入。第五，技能培训与人才培养。注重对当地居民的技能培训和人才培养，提高劳动力的职业技能，增强他们的自我发展能力。第六，基础设施与服务配套。通过产业发展带动基础设施建设和服务配套完善，改善当地居民的生活与生产条件。第七，生态环境保护。在推动产业发展的同时，注重生态环境保护，实现经济建设与生态保护共赢。第八，区域联动与合作。通过跨区域的资源共享和优势互补，促进了区域间的联动与合作，形成协同发展的良好局面。第九，文化传承与创新。在发展产业的同时，注重地方文化的传承与创新，在广度和深度上增强区域文化的影响力。

五、模式总结与工作展望

（一）三种帮扶模式的优势、劣势与共性

2020年以来，环京津欠发达地区在巩固拓展脱贫攻坚中取得显著成就，

为其他地区提供了较多经验。首先，在政策支持方面，国家层面的战略引导与地方政府的专项扶贫政策相结合，形成了全方位、多层次的政策体系，为欠发达地区发展提供强有力的支撑。其次，基础设施建设成效显著，完善了交通、水利、物流、电力等基础设施。这不仅改善了欠发达地区的基础发展条件，也为特色产业的发展创造了有利环境。再次，特色产业培育成为欠发达地区致富的重要途径，乡村旅游、文化旅游、生态旅游等产业的发展有效带动了人口增收致富，促进当地经济社会的全面发展。此外，就业创业政策的实施，通过劳务输出、创业支持、产业带动等方式，为欠发达地区提供多元化的就业机会，增强内生发展动力。教育医疗的改善则从人力资本和健康保障两个方面为欠发达地区可持续发展提供基础。最后，生态保护与扶贫开发相结合，既保护了生态环境，又实现了绿色发展。环京津欠发达地区的巩固拓展脱贫攻坚成果展现了政策引导、基础设施建设、特色产业培育、就业创业、教育医疗和生态保护等多种因素的综合效应，为其他欠发达地区提供可复制、可推广的发展经验。

比较三种帮扶模式，企业主导型优势如下：第一，充分发挥企业的市场优势，通过直接投资带动贫困地区的基础设施建设，持续改善发展环境；第二，充分利用贫困地区的资源优势，通过培育特色产业带动欠发达地区产业结构调整，实现地区的经济发展；第三，能够为低收入人群提供大量就业岗位，实现就地就近就业，增加低收入人群收入。企业主导型劣势：可能存在企业投资不足、项目运营不善等问题，影响帮扶效果；可能存在资源过度开发、环境破坏等隐性问题，影响可持续发展。

政策拉动型优势如下：第一，充分发挥政策优势，通过政策引导，推动欠发达地区特色产业发展，实现低收入人群脱贫致富；第二，充分利用政策资源，为欠发达地区提供资金、技术、人才等支持。政策拉动型劣势：可能存在政策执行力度不够、政策体系不够完善、政策依赖性强、可持续发展能力不足等问题，影响政策效果。

产业互动型优势如下：第一，充分发挥产业链条作用，通过旅游产业与农业、文化等融合发展，带动低收入人群就业增收；第二，充分利用贫困地区的资源优势，实现资源价值最大化。产业互动型劣势：可能存在产业链条发展不完善、产业竞争力不强等问题，影响产业发展；可能存在资源过度开发、环境破坏等问题，影响可持续发展。三种帮扶模式的优势与劣势见表17-1。

表 17 – 1   三种帮扶模式的优势与劣势

类型	优势	劣势
企业主导型	市场优势	投资不足
	资源优势	运营不善
	就业优势	可持续性差
政策拉动型	政策优势	执行力度、政策体系存在缺陷
	带动资金、技术、人才	政策依赖性过高
产业互动型	产业链优势	产业基础差
	资源优势	可持续性差

三种帮扶模式有其贯通的共性经验。第一，坚持政府与企业协同。政府提供政策支持，企业发挥市场优势，实现政府与企业的有效协同。政府在提供政策支持的同时，也通过监管和评估机制确保企业投资的有效性和可持续性。第二，充分利用当地资源。因地制宜，充分利用欠发达地区的资源优势，通过企业投资实现资源价值转化。企业投资可以依托当地的自然资源、人力资源等优势，实现资源的合理利用和价值最大化。第三，就业与培训并重。注重就业机会的创造和贫困人口技能的提升，实现长效帮扶。企业投资项目在提供就业机会的同时，注重对低收入人口的技能培训，提高其就业竞争力。第四，加强生态环境保护，寻求经济水平提升与生态环境保护的协调发展之路。注重生态环境保护，避免资源过度开发、环境破坏等问题，实现可持续发展。

（二）巩固拓展脱贫攻坚成果的措施

宏观方面，需要进一步完善政策体系，加强生态环境保护，促进区域协同。[①] 第一，完善政策体系。进一步健全政策措施，提高政策精准性和有效性。政府应根据欠发达地区的发展需求，制定有针对性的政策，提供资金、技术、人才等方面的支持。第二，加强生态环境保护。在帮扶过程中，要注重生态环境保护，避免资源过度开发、环境破坏等问题。第三，加强区域协同发展，实现资源共享、优势互补，推动欠发达地区的整体发展。政府应加强与周边地区的合作，推动交通、产业、生态等领域的协同发展，为欠发达地区发展

---

① 张祖群、卢成钢、张铭淇等：《环京津整体脱贫地区文旅产业助推发展研究》，载于《京津冀协同发展报告（2023）》，经济科学出版社 2023 年版。

创造良好的外部环境。

中观方面，需要加强基础设施建设，培育特色产业，创新帮扶方式。第一，加强基础设施建设，继续加大对欠发达地区的基础设施投入，完善交通、物流、水利等基础设施建设，为地区可持续发展提供基本保障。第二，培育特色产业。结合欠发达地区的资源优势，培育特色产业，推动产业结构调整，实现地区经济发展水平提升。同时，要注重产业链条的完善，提高产业竞争力。第三，创新帮扶方式。探索电商扶贫、消费扶贫、旅游扶贫等创新扶贫方式，提高扶贫效率和效果。要充分利用互联网、大数据等信息技术，为欠发达地区提供更多的发展机会。

微观层面，需要加强教育培训及监测评估，确保帮扶效果及可持续发展。第一，加强教育培训。加大对低收入人口的培训力度，提高其就业竞争力。政府和企业应共同开展技能培训，提升低收入人群的就业能力，为其提供更多的发展机会。第二，加强监测评估。建立健全监测评估机制，对帮扶项目进行全过程监测评估，确保帮扶效果。政府和企业应共同参与监测评估工作，及时发现、分析与解决问题，切实关注拓展帮扶工作质量与效益。

未来，环京津欠发达地区需要进一步完善政策体系，加强基础设施建设，培育特色产业，创新帮扶方式，加强教育培训及监测评估，促进区域协同发展，为欠发达地区提供更多发展机会，促进共同富裕。

参考文献

［1］崔丹、吴昊、刘宏红等：《大都市区贫困带旅游精准扶贫模式与路径探析——以环京津欠发达地区 22 个国家级贫困县为例》，载于《中国软科学》2019 年第 7 期。

［2］何仁伟、樊杰、李光勤：《环京津欠发达地区的时空演变与形成机理》，载于《经济地理》2018 年第 6 期。

［3］国家发展和改革委员会国土开发与地区经济研究所课题组、肖金成、李忠：《京津冀区域发展与合作研究》，载于《经济研究参考》2015 年第 49 期。

［4］李卓、郑永君：《有为政府与有效市场：产业振兴中政府与市场的角色定位——基于 A 县产业扶贫实践的考察》，载于《云南社会科学》2022 年第 1 期。

［5］任英文、王凯东：《河北乡村旅游带动 30 万人脱贫增收》，载于《中国旅游报》，2021 年 11 月 11 日。

［6］张国斌：《河北省地热资源分布特征、开发利用现状、存在问题与建议》，载于《中国煤田地质》2006 年第 S1 期。

［7］张晴：《乡村振兴战略下的未来乡村样板——以恋乡·太行水镇项目为例》，载于《山西农经》2022 年第 20 期。

［8］张祖群：《扶贫旅游的机理及其研究趋向——兼论对环京津欠发达地区启示》，载于《思想战线》2012 年第 2 期。

［9］张祖群、卢成钢、张铭淇等：《环京津整体脱贫地区文旅产业助推发展研究》，载于《京津冀协同发展报告（2023）》，经济科学出版社 2023 年版。

"碳达峰"背景下实现京津冀减排
与协同发展双赢的政策配置研究

贾鸿业 *

摘　要：为探寻实现京津冀地区碳减排与经济协同发展双赢的政策配置组合，本文基于京津冀地区的发展现状与未来规划，构建京津冀区域经济－能源 CGE 模型，并设计了包括基准情景在内的四种政策情景，以模拟评估碳交易与新兴产业税收优惠政策的协同效应。研究发现：碳交易政策有效降低了各区域的碳强度，尤其在天津和河北地区，碳排放得到显著控制，也将抑制投资和消费，为经济增长带来负效应；税收优惠政策促进了新兴产业和绿色能源部门的发展，然而在北京地区可能引发"碳转移"现象，即将碳排放从北京转移至天津和河北两地；两类政策的协同实施产生了优于单一政策的效果，不仅有效降低了直接碳排放和间接碳排放，而且政策组合提升了天津和河北在新兴产业和第三产业中的竞争力，减少了对传统产业的依赖，推动了绿色转型和区域经济一体化发展。

关键词：京津冀协同　碳减排　宏观政策　区域 CGE 模型

一、引言

京津冀地区作为中国北方的重要经济区域，拥有约 1.125 亿人口，占全国人口的 7.8% ~8%，经济总量约占全国的 10%。[①] 自 2014 年京津冀协同发展被提升为国家战略以来，至 2023 年，该区域 GDP 总量增至 10.4 万亿元，增长率达 57%。与此同时，生态环境治理取得显著进展，PM2.5 浓度自 2014 年

---

* 贾鸿业，河北省社会科学院经济研究所助理研究员，研究方向为数量经济学。
① https://news.sohu.com/a/761732376_114882。

起下降近60%，①区域绿色发展指数显著提升。尽管如此，由于自然条件、地理位置、市场分割等因素制约，京津冀绿色协同发展仍面临较大挑战，总结如下。

第一，产业结构不合理。京津冀区域尤其是河北地区的经济仍以高能耗的传统产业为主，这些产业通常处于价值链的上游，行业链条较短，对区域内其他产业的拉动作用有限，导致经济发展的质量和效益偏低，并伴随着严重的环境污染问题（文余源和杨钰倩，2022）。北京市虽然产业结构发展水平相对较高，以服务业、研发和高技术制造业为主，但其对天津和河北的产业带动作用有限，未形成有效的产业链协同（张一兵等，2023）。

第二，区域发展不均衡。京津冀三地在经济发展水平上存在显著差异，北京经济发达但对周边辐射不足，导致河北、天津等地人才流失，城乡差距扩大。这种发展不平衡导致了局部地区为实现经济发展目标，只能以低端产业、高污染产业换取短期经济繁荣，加剧了大气污染问题（夏方舟和李宇萌，2024）。

第三，京津冀地区生态环境长期处于超负荷状态，空气污染、水环境污染、水资源短缺等问题突出。生态空间受到严重挤压，生态承载力不断下降（姜春海等，2024）。此外，由于人口膨胀和产业过度集聚，城市绿化建设滞后，生态空间布局不合理（王艳飞等，2023）。

第四，协同治理机制不完善。尽管实施了区域大气污染联防联控措施，但协同治理机制存在问题，地方政府间合作较为表面化和碎片化，缺乏企业和民间组织的广泛参与。市场化的生态补偿机制及生态环境监测和应急体系仍待加强（王双和施美程，2024）。

随着京津冀协同发展的不断深入和"碳达峰"目标期限的逐步临近，推动京津冀区域绿色协同发展成为诸多学者关注的重点，政策手段被广泛认为是实现这一目标的必要途径。主要观点可以归纳为以下两类。一方面，政策措施可以有效弥补市场失灵。市场在自主运行时，往往无法解决环境污染和资源浪费等外部性问题，企业在生产过程中未将污染成本内部化，对其他社会成员的福利造成影响。在这种情况下，企业缺乏动力主动减少排放。因此，政策干预显得尤为重要。例如，通过构建碳排放权交易市场或碳税等政策措施，企业需为其排放的污染物支付相应费用，这种内化机制促使企业在生产决策中考虑环

---

① http：//paper. people. com. cn/zgcsb/images/2024 – 03/04/04/zgcsb2024030404. pdf。

保成本，进而减少排放（时佳瑞等，2015）。另一方面，政策能够有效激励创新与引导投资。高新技术产业代表了技术创新和高附加值的特点，通常具有较低的污染特性。然而，创新研发伴随着高风险，政府通过税收优惠等手段为企业提供资金支持，与企业形成风险共担的局面，将有效促进高新技术企业的发展（黄寿峰和赵岩，2023）。因此，减排政策和税收激励政策是推动京津冀区域绿色协同发展的有效手段。减排政策不仅可以直接减少企业的污染排放，还为实施税收优惠政策提供财政支持。

综上所述，京津冀地区的绿色协同发展面临诸多挑战，亟须采取政策手段推动绿色协同发展。然而现阶段针对京津冀地区政策措施的研究主要集中在实证和定性分析上，定量分析特别是对政策效果的分析相对匮乏。基于此，本文的边际贡献主要体现在以下两个方面。第一，本研究构建了一个京津冀区域能源—经济的可计算一般均衡（CGE）模型，揭示了区域内多部门之间的产出与能源消耗的关系。在社会核算矩阵（SAM）中，特别设置了新兴产业部门，为量化模拟碳交易政策和新兴产业税收优惠政策的协同效应提供了理论基础。第二，本文以京津冀地区的"碳达峰"目标和"京津冀产业协同发展实施方案"为依据，对比模拟了碳交易政策和新兴产业税收优惠政策的效果。研究发现，这两种政策各有优势和局限，而最优政策配置能够最大化区域内的环境效益与经济收益。通过系统分析，本文为制定有效的政策组合提供了依据，有助于推动京津冀地区的绿色转型和协同发展。

二、模型方法

（一）京津冀区域经济—能源 CGE 模型

为探索京津冀地区实施碳交易政策与促进新兴产业发展税收优惠政策的传导机制和协同效果，本文基于各地区的经济治理实践，在完全竞争市场的假设下，采用一般均衡理论构建了京津冀区域经济—能源可计算一般均衡（CGE）模型。该模型涵盖四个区域：北京、天津、河北以及中国其他地区，九个行业部门（见表18-1），以及居民、政府和国外三个经济部门。核心模块包括生产、收入支出、市场、能源环境、动态均衡及宏观闭合模块，这些模块间的经济关系如图18-1所示。

表 18 –1　　　　　　　　　行业部门划分

序号	部门名称	序号	部门名称	序号	部门名称
Sec1	农林牧渔	Sec4	轻工业	Sec7	清洁电力
Sec2	煤炭	Sec5	重工业	Sec8	第三产业
Sec3	石油和天然气	Sec6	火电	Sec9	新兴产业

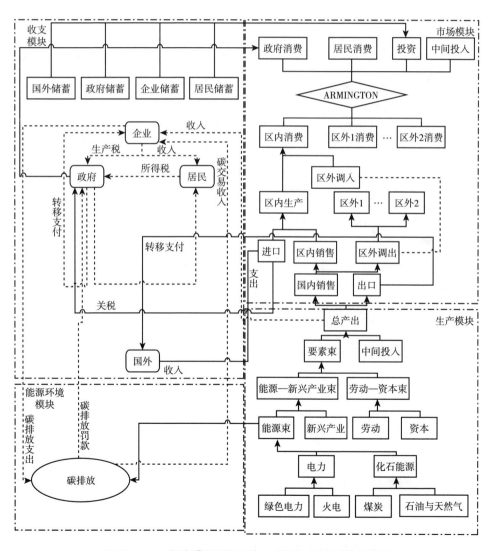

图 18 –1　京津冀区域经济—能源 CGE 模型结构

本文各模块的具体设定如下。第一，为了描述不同生产要素之间的替代关系，简化模型结构，将模型设定为常数替代弹性生产（CES）函数与里昂惕夫生产函数（Leontief Production Function）的多层嵌套模型。本文采用五层嵌套结构对生产成本函数进行刻画，具体嵌套结构如图18-1生产模块所示。第二，收入支出模块涵盖了居民、企业与政府的收支行为，考察了各部门间的资金流转和交互影响，揭示了宏观经济政策变化对收支行为的具体影响（见图18-1收支模块）。第三，市场模块用来刻画商品在国内市场和国际市场上的分配，国内生产活动的总产出分为两部分，一部分为国内销售，另一部分为国外出口（见图18-1市场模块）。第四，能源环境模块中，假设ETS市场是完全竞争的，ETS拍卖价格等于碳排放权的市场均衡价格。如果企业的二氧化碳排放量大于其碳排放权，企业需向政府支付超额碳排放罚款。第五，均衡模块确保市场供需平衡，采用市场出清条件。它基于两大原则：一方面，商品市场进行充分竞争，确保所有商品被用于消费、中间投入或投资，避免任何剩余；另一方面，要素市场保持均衡，实现充分就业，以充分利用所有可用的资本和劳动力，消除闲置资源。第六，宏观闭合模块中，本文采用新古典主义宏观闭合模型，即假定经济处于正常状态，不存在大规模失业与资本闲置。第七，动态模块中使用永续盘存法计算资本存量，该存量由前期投资（储蓄）和折旧率决定。折旧率和资本收益率均为外生变量设定。劳动力供给也设为外生变量，人口增长率引自《国家人口发展战略研究报告》，并依赖赵玉荣（2019）的研究方法。假定人力资本效率的增长率等于IMF发布的GDP增长预测。①

（二）部门划分与数据处理

本文使用的基础数据包括《中国2017年的投入产出表》《CEADS中国大陆地区2017年31省区市区域间投入产出表》及《中国统计年鉴》《中国财政年鉴》和《中国能源统计年鉴》。本文依据《新产业标准化领航工程实施方案（2023—2035年）》和《京津冀产业协同发展实施方案》对新兴产业的分类进行了细化，将新兴产业（Sec9）细分为六大类：信息技术服务、科学研究和技术服务业、生物医药、电子设备制造、新材料制造、高端装备制造。按照

---

① https：//www.imf.org/external/datamapper/NGDP_RPCH@WEO/OEMDC/xADVEC/WEOWORLD/CHN。

肖谦等（2020）的研究，进一步将能源部门细分为绿色能源（包括水电、光伏电、核电和生物质电）和棕色能源（包括煤炭、石油与天然气及火电子账户）。

（三）参数设定

本文构建的京津冀区域经济—能源可计算一般均衡模型涉及三类参数：份额参数、弹性参数、能源参数。

1. 份额参数

该参数包括投入产出系数、劳动与资本收入份额、消费偏好系数和税收税率。产出系数通过逆回归法结合社会核算矩阵表数据计算，采用拉格朗日法求解。劳动和资本要素收入份额根据劳动和资本收入占总收入的比例确定，消费偏好系数通过商品消费额占总消费的比例计算，税率则根据税款与总产出或收入的比例确定。

2. 弹性参数

该参数涵盖生产要素替代弹性、阿明顿弹性、CET 弹性和 LES 需求弹性。考虑到我国作为新兴经济体仍处于发展阶段，各类弹性系数短期内也欠稳定。本文参考蒋和胜与孙明茜（2022）的研究，采取动态弹性参数及其动态系数设置，依据实际数据甄别后，设定 2017～2030 年各区域九大生产部门的弹性参数。

3. 能源参数

能源参数由化石能源的排放系数组成，参考朱佩誉和凌文（2020）的计算方法，结合《温室气体排放清单指南》和《中国能源统计年鉴 2019》求得实物型化石能源的碳排放系数、标准煤二氧化碳排放系数与价值型二氧化碳排放系数。火电的碳排放系数根据各化石能源在电力生产中所占的比例，计算加权平均值得出。

（四）模拟情景设计

在借鉴李毅等（2021）的政策情景设置，并在参考《2030 年前碳达峰行动方案》与《京津冀产业协同发展实施方案》等政策规划文件的基础上，本文设置了以下 4 种政策情景，分别记为 BAU 和 S1～S3。具体设定如表 18－2 所示。

表 18 – 2	模拟情景设定
情景	描述
BAU	按各区域"十四五"发展规划目标和历史发展趋势增长设定相关参数
S1	50 元/吨碳排放配额（CEA）交易价格（Pt）、120 元/吨（Pf）罚款标准[1]
S2	减免新兴产业 70% 的生产税[2]
S3	S1 与 S2 情景叠加

注：[1]依据《2030 年前碳达峰行动方案》减排目标以及碳交易市场碳配额交易价格确定。

[2]参考政策包括《财政部国家税务总局关于软件产品增值税政策通知》和《关于科技企业孵化器大学科技园和众创空间税收政策的通知》。依据增值税即征即退计算方法，在不考虑可抵扣进项税额的前提下，可得增值税最高减免额度为 69.2%，进一步考虑《京津冀产业协同发展实施方案》发展目标，确定税收优惠额度。

三、碳排放总量与区域产业影响力系数

（一）直接碳排放量

直接碳排放量是指企业或单位在其直接控制下的活动中，因燃料燃烧、工业过程或其他直接排放源所产生的温室气体排放量。其计算方法为：

$$E_d = \sum_i (Q_i \times C_i) \tag{18-1}$$

其中，E_d 为直接碳排放量，Q_i 为企业生产消耗化石燃料 i 的消耗量，C_i 为化石燃料 i 的碳排放因子。

间接碳排放量主要涉及因使用外购电力、热力等导致的二氧化碳排放。其计算公式为：

$$E_i = P_e \times C_e \tag{18-2}$$

其中，E_i 为间接碳排放量，P_e 为企业生产需消耗的电力或热力的数量，C_e 为每单位电力或热力消耗对应的二氧化碳排放量。

总碳排放量：

$$E_t = E_d + E_i \tag{18-3}$$

（二）区域产业影响力系数

区域产业影响力系数用于衡量某一产业在一个区域的需求变化对其他区域相关产业的辐射和联动效应。

首先，直接消耗系数矩阵：

$$A_{ij} = \frac{Z_{ij}}{X_j} \qquad (18-4)$$

其中，Z_{ij} 为部门 j 对部门 i 的中间投入值，X_j 为部门 j 的总产出。

进一步，求解完全消耗系数矩阵，完全消耗系数矩阵也称里昂惕夫逆矩阵：

$$L_{ij} = (I - A_{ij})^{-1} \qquad (18-5)$$

其中，I 为单位矩阵，A_{ij} 为直接消耗系数矩阵。

接下来对完全消耗矩阵的每一列进行求和，得出某一特定产业的总影响力。假设区域经济系统内包含 n 个产业部门，则区域产业影响力系数可表示为：

$$\lambda_{ij} = \frac{\sum_i L_{ij}}{\frac{1}{n} \sum_i \sum_j L_{ij}} \qquad (18-6)$$

其中，L_{ij} 为完全消耗矩阵中部门 i 对部门 j 的需求量，反映了部门 j 的最终需求变化对部门 i 的间接影响和直接影响。分子部分表示产业 j 在区域经济中的总影响力，分母部分为所有产业部门影响力的平均值。λ_{ij} 值越大，表示其他产业部门对该产业的需求依赖越大。

四、模拟结果

（一）宏观经济发展与碳强度

通过京津冀区域经济—能源 CGE 模型模拟，本文比较了政策情景 S1 - S3 与基准情景（BAU）下 2030 年京津冀地区宏观经济的变化情况，模拟结果见表 18 - 3。

S1 情景下，碳交易政策的实施有效降低了各地区的碳强度，但也将产生成本推动效应，导致产品价格上涨，从而抑制居民消费和各区域的投资，进而使 GDP 增速放缓，给经济增长带来下行压力。然而，值得注意的是，天津和河北的经济总产值受到了较大的负面影响，而对北京地区的总产值影响仅为 -0.9%。这一现象可能反映了北京地区相较津冀两地更为低碳的产业结构，减排政策通过"挤出"高耗能产出，反而为北京地区低耗能产业的增长提供了更大的市场空间。

S2 情景下，产业税收优惠政策通过降低新兴产业的产出成本，增强了市场竞争力，有效促进了各区域的投资和消费。然而，税收减免也导致了政府收入下降，从而减少了政府支出。整体而言，税收优惠政策对经济增长起到了积极作用。进一步分析碳强度时发现，北京产业的快速发展将带来新的碳排放压力，而天津和河北则因新兴产业的兴起，逐步"替代"高耗能产业，从而实现一定程度的减排和节能效果。

S3 情景下，减排政策与适当的税收优惠政策组合，不仅有效降低了各地区的碳强度，还缓解了减排政策对宏观经济的负面影响。从碳强度角度看，组合政策展现了政策协同效应，进一步加强了减排效果。京津冀三地的比较显示，这一减排效应在天津和河北两地尤为显著。

表 18 - 3 　　　　2030 年京津冀 S1 - S3 情景对宏观经济影响　　　　　单位:%

指标	S1			S2			S3		
	北京	天津	河北	北京	天津	河北	北京	天津	河北
总产值	-0.90	-4.77	-5.46	10.01	3.16	6.86	6.96	4.48	5.96
总投资	-0.58	-3.46	-3.42	8.64	7.41	7.31	6.26	4.93	5.30
居民总消费	-0.02	-3.71	-3.24	9.53	6.68	7.45	7.89	6.65	5.88
政府总支出	15.37	15.36	15.40	-5.68	-5.94	-5.40	11.14	11.56	10.84
碳强度	-14.17	-32.47	27.61	1.04	-0.03	-1.56	-23.52	-40.80	-35.36

（二）碳排放量

图 18 - 2 展示了 2030 年京津冀地区在 S1 - S3 政策情景与基准情景下的直接碳排放量、间接碳排放量和总碳排放量的对比情况。从图 18 - 2 可见，相比于 BAU 情景，在 S1 情景下，碳交易政策显著降低了京津冀三地的碳排放总量，尤其是对天津和河北的碳排放抑制效果尤为明显，直接、间接及总碳排放量均大幅下降。相比之下，北京的碳排放虽然也有所下降，但对间接碳排放的影响较小。这一结果表明，北京的产业结构较轻，产出较依赖外部工业产品供

应，而天津和河北则承担了较大比例的生产责任。减排政策实施后，北京减少了高能耗的直接生产活动，但仍依赖外部工业产品供应，导致间接碳排放变化较小，可能形成对天津和河北的"碳转移"。

在 S2 情景下，新兴产业的税收优惠政策加剧了京津冀三地的碳排放增长，尤其是北京地区的碳排放增幅较大。作为高技术和服务业集聚地，北京的税收优惠政策促进了新兴产业的聚集，尽管这些产业的单位能耗较低，但其规模扩张带动了整体碳排放的增加。

在 S3 情景下，京津冀地区的直接碳排放量下降幅度与 S1 情景相当，但间接碳排放量下降幅度显著高于 S1。这表明，减排政策与税收优惠政策的协同实施比单一减排政策更为有效地推动了碳排放的总体下降。单一减排政策通过成本推动效应促进了企业减少直接碳排放，但对产业结构升级的推动作用有限。而 S3 情景下，税收优惠政策激励了高新技术和绿色产业的发展，进一步推动了产业结构升级和技术进步，从而显著提高了减排效果。

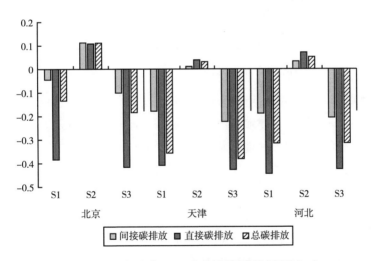

图 18 – 2　京津冀 S1 – S3 情景碳排放量变动

（三）产业结构变化

表 18 – 4 展示了 2030 年京津冀地区在 S1 – S3 情景下产出占比相对于基准（BAU）情景的变化。模拟结果表明，在 S1 情景下，减排政策显著降低了煤炭（Sec2）、石油（Sec3）和电力（Sec6）行业的产出，同时对轻工业（Sec4）和重工业（Sec5）也产生了较大负面冲击。然而，对绿色能源（Sec7）和第三产业（Sec8）则产生显著的促进作用。减排政策通过提高传统化石能源的成

本并推动绿色能源替代，导致化石能源和重工业产出下降，同时促进了绿色能源和服务业的发展。然而，资源配置的变化对新兴产业（Sec9）也会形成"挤出效应"，抑制新兴产业发展。

表 18 - 4　京津冀 S1 - S3 情景产出占比相对于基准情景的变化　单位:%

情景	地区	Sec1	Sec2	Sec3	Sec4	Sec5	Sec6	Sec7	Sec8	Sec9
S1	北京	-5.07	-13.36	-17.90	-8.53	-8.41	-16.88	10.65	5.57	-2.04
	天津	5.78	-9.70	-17.23	-4.30	-4.70	-4.35	-10.59	18.99	-3.76
	河北	2.04	-7.46	-14.23	-3.86	-6.66	8.29	41.75	8.02	-4.36
S2	北京	-10.12	-11.56	-24.05	-8.71	-9.27	-3.67	14.26	0.85	3.05
	天津	-3.84	5.35	-7.38	1.24	-0.26	7.52	48.13	4.39	0.34
	河北	-4.62	8.76	20.50	-0.65	0.59	16.92	-0.80	-3.36	-0.07
S3	北京	-24.90	-32.75	-49.12	-17.98	-19.14	-19.54	8.02	2.35	8.46
	天津	-6.20	-15.32	-10.71	-0.35	-5.72	-11.12	44.84	12.11	0.83
	河北	-5.79	4.38	3.51	-1.98	-3.33	12.83	28.33	2.82	1.93

在 S2 情景下，新兴产业税收优惠政策显著促进了京津两地新兴产业（Sec9）的增长，分别增长 3.05% 和 0.34%，但对河北新兴产业发展的影响则为 -0.07%。这可能与京津地区产业基础和经济环境较为成熟，能够更好地吸引投资和人才有关；而河北地区新兴产业基础较弱，难以吸引足够的支持。进一步观察北京地区，发现新兴产业的发展同时带来"替代效应"，即促进新兴产业的增长，同时抑制了第一产业和第二产业的部分传统行业，转而促进了第三产业的发展。这表明，经济转型过程中，资金、技术和人力资源的集中可能导致传统行业的萎缩，而第三产业因其对新兴产业的支持作用而获得了发展机遇。对于天津地区，新兴产业税收优惠政策不仅促进了新兴产业的发展，也带动了第三产业的增长，并在一定程度上促进了煤炭和轻工业的复苏。这可能是由于新兴产业的扩展提高了对基础设施和生产资料的需求，从而支持了相关传统行业的复兴。相比之下，河北地区的税收政策未能有效促进新兴产业的发展，反而增加了对煤炭、石油和火电等能源的需求，推动了重工业的增长。这可能是河北的资源配置和政策环境偏向传统重化工业，导致新兴产业未能获得足够支持，资源反而流向了高能耗的传统行业，抑制了第三产业的发展，也在一定程度上反映了京津两地向河北地区的"碳转移"。

在 S3 情景下，碳交易政策与新兴产业税收优惠政策的协同作用显著促进了三个地区新兴产业的发展，尤其推动了绿色电力的增长，并在一定程度上取代了部分轻重工业及传统行业。与此同时，第三产业也得到了显著发展。尽管河北地区的煤炭、天然气和火电能源需求仍有上升，但与 S2 情景相比，增幅有所收窄，表明减排政策在一定程度上有效抑制了"碳转移"现象。这一变化反映出在碳交易市场价格信号和税收优惠政策的引导下，河北地区避免了对高碳能源的过度依赖，推动了能源需求结构的优化。

（四）区域影响力系数

图 18-3 展示了 2030 年京津冀地区在 S1-S3 情景下，区域影响力系数相对于基准（BAU）情景的变化情况。首先，在 S1 情景下，减排政策的实施增强了北京在第三产业和高新技术产业中的影响力，提升了天津在传统第二产业（轻重工业）中的影响力，并促进了河北在新能源领域的发展。此结果表明，北京在新兴产业领域的优势进一步扩大，可能加剧与天津和河北之间的差距。减排政策通过推动资源向新兴产业集聚，使北京具备了更强的竞争优势。与此同时，天津在传统第二产业方面的影响力增强，表明减排政策为该地区传统产业的转型升级提供了动力，使该地区在绿色转型中获得了新的发展机遇。河北在新能源领域的影响力提升，反映出其在绿色能源领域的潜力逐步释放。然而，这些变化可能加剧区域发展不均衡，北京的政策优势和资源配置使其能够快速适应经济转型，而天津和河北仍依赖传统产业，这限制了天津和河北的追赶步伐，进而带来协同发展挑战。

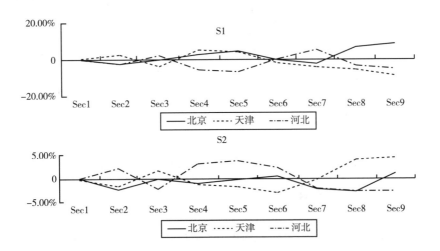

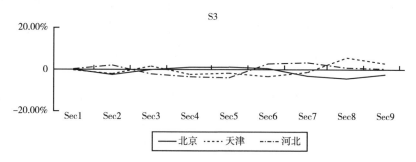

图18-3　京津冀 S1-S3 情景区域影响力系数

在 S2 情景下，新兴产业税收优惠政策虽然促进了北京新兴产业和第三产业的发展，却在一定程度上降低了其在京津冀地区的产业影响力。这一结果反映了资源集中带来的"边际递减效应"：尽管新兴产业短期内获得快速增长，但若未能持续创新和提升效率，其增长率可能逐渐放缓，导致其对整体产业影响力的贡献下降。相比之下，天津的第三产业和新兴产业的影响力显著提升，表明税收优惠政策有效吸引了投资和人才，促进了产业结构优化和升级。这种提升可视为"替代效应"的结果，资源从传统产业向新兴领域流动。河北则表现出传统第二产业（轻重工业）的影响力上升，反映出尽管面临新兴产业转型压力，税收优惠政策带来的资源配置和投资机会仍支持了传统产业的发展。这表明，河北在当前经济转型过程中，仍然依赖重化工业，未能实现产业结构的快速调整。

在 S3 情景下，碳交易政策与新兴产业税收优惠政策的组合显著提升了天津和河北在新兴产业和第三产业的影响力，同时减少了传统第二产业的影响力。河北在绿色能源方面的影响力也有所增强，促进了京津冀地区的协同发展。两类政策的协同作用为天津和河北的新兴产业创造了有利的外部环境，促进了企业向绿色技术和高新产业投资，推动了资源从传统第二产业向新兴领域的再配置，增强了河北在绿色能源方面的影响力。此外，这一政策组合加速了京津冀地区的经济一体化，提高了区域资源配置效率和产业链整合效率，形成了显著的协同效应。

五、结论与政策建议

本文基于京津冀区域经济—能源 CGE 模型模拟研究实现京津冀地区碳减

排与经济协同发展双赢的政策配置组合，对碳交易政策、新兴产业税收优惠政策以及两类政策协同组合的政策效果进行模拟研究，得到以下结论。

首先，碳交易政策通过提高高碳行业的成本，有效降低了京津冀地区的碳排放，特别是对天津和河北的碳排放抑制效果明显。然而，政策也带来了成本推动效应，抑制了居民消费和投资，导致 GDP 增速放缓。北京由于相对低碳的产业结构，受减排政策影响较小，而天津和河北则面临传统产业的转型压力。总体来看，碳交易政策促进了绿色能源和服务业的发展，但扩大了区域间的经济差距，特别是在产业转型和绿色发展方面，导致协同发展面临挑战。

其次，新兴产业税收优惠政策通过降低成本促进各地区的投资和消费，尤其是北京，推动了新兴产业和第三产业的快速发展。然而，北京新兴的产业快速扩张也导致了碳排放的增加，形成了对天津和河北的"碳转移"，导致两地化石能源需求显著上升。

最后，碳交易政策与税收优惠政策的协同组合显著提升了减排效果，尤其在天津和河北地区，推动了碳排放的整体下降。与单一减排政策相比，组合政策通过激励新兴产业的发展，促进了产业结构升级和技术进步，有效缓解了减排政策对经济的负面影响。河北省在绿色能源领域需求的增长表明，两类政策配置组合有效优化了能源需求结构，减少了"碳转移"现象，推动了区域经济一体化和资源配置效率提升，促进了京津冀地区的协同发展。

基于上述结论，本文提出如下政策建议。

第一，设立专项碳减排基金。为受碳交易政策影响较大的传统企业提供转型支持，包括绿色技术改造和节能项目补贴，缓解企业成本压力，减少对投资和消费的抑制。同时，鼓励低碳产业进一步进行绿色创新，引导区域内其他城市共同实现低碳转型。

第二，财政支持与税收优惠调整。通过设立专项财政拨款或绿色债券，弥补因税收优惠政策造成的财政缺口，确保政府基础设施建设和公共服务不受影响。对于经济基础较弱的区域，应实施差异化税收优惠政策，提供更具针对性的激励措施，避免区域间新兴产业发展不均衡。

第三，鼓励"绿色产业替代计划"的实施。鼓励高耗能企业通过市场化手段逐步退出绿色产业或转型。为天津和河北等地的新兴产业提供有针对性的研发与人才支持，加速产业升级和绿色技术应用，同时地方政府应为新兴产业发展创造良好的营商环境，协调金融部门构建优良的投融资环境，促进新旧动能转换。

第四，加快京津冀区域一体化绿色发展规划。构建统一的区域碳市场和绿色产业支持机制，强化政策组合的协同作用。北京应继续引领第三产业与高新技术产业的发展，天津应利用其工业基础推动产业绿色转型，河北则应重点布局绿色能源和新兴产业。通过制定跨区域绿色技术合作框架和产业联动政策，进一步提升区域整体绿色发展水平。

参考文献

［1］黄寿峰、赵岩：《税收优惠与企业绿色创新》：载于《财政研究》2023 年第 2 期。

［2］姜春海、王敏、李亚静：《能源输送转型困境的症结解析与破解路径——基于多区域 CGE 模型的"三西"地区－京津冀地区"输煤转输电"研究》，载于《系统工程理论与实践》2024 年第 8 期。

［3］蒋和胜、孙明茜：《"双碳"目标下中国地区减排成本、要素替代弹性与碳排放权分配》，载于《财经科学》2022 年第 10 期。

［4］李毅、石威正、胡宗义：《基于 CGE 模型的碳税政策双重红利效应研究》，载于《财经理论与实践》2021 年第 4 期。

［5］时佳瑞、蔡海琳、汤铃，等：《基于 CGE 模型的碳交易机制对我国经济环境影响研究》，载于《中国管理科学》2015 年第 23 期。

［6］王双、施美程：《京津冀区域生产力布局：协同约束与优化路径》，载于《城市问题》2024 年第 2 期。

［7］王艳飞、张定祥、李婷婷：《京津冀建设用地人口密度变化格局及影响机制》，载于《资源科学》2023 年第 4 期。

［8］文余源、杨钰倩：《高质量发展背景下京津冀协同发展评估与空间格局重塑》，载于《经济与管理》2022 年第 2 期。

［9］夏方舟、李宇萌：《京津冀城市群城市韧性水平评估及障碍因子分析》，载于《北京联合大学学报（人文社会科学版）》2024 年第 3 期。

［10］肖谦、庞军、许昀，等：《实现国家自主贡献目标背景下我国碳交易机制研究》，载于《气候变化研究进展》2020 年第 5 期。

［11］张一兵、李善同、何建武：《新发展格局下京津冀协同发展研究》，

载于《经济与管理》2023年第3期。

［12］赵玉荣：《可再生能源发电支持政策及其影响研究》，对外经济贸易大学博士学位论文，2020年。

［13］朱佩誉、凌文：《不同碳排放达峰情景对产业结构的影响——基于动态 CGE 模型的分析》，载于《财经理论与实践》2020年第5期。

雄安新区数字经济产业集群进一步
发展的思路和措施研究

严文杰*

摘　要： 数字经济已成为我国发展最迅速、创新最活跃、辐射最广泛的新型经济形态，是实现高质量发展的强劲引擎。于雄安新区而言，构建高质量数字经济产业集群，不仅是打造国家数字经济创新发展试验区的历史使命，还是形成新质生产力的重要抓手。近年来，雄安新区数字经济产业蓬勃发展，越来越多的企业在此聚集，未来需要推动雄安新区数字经济产业集群进一步发展。本文分析了我国数字经济产业集群的发展态势，梳理了我国典型数字经济产业集群发展状况及其对雄安新区的启示，剖析了数字经济产业争相布局下雄安新区的后发优势和发展潜力，提出了雄安新区数字经济产业集群进一步发展的思路和措施。

关键词： 雄安新区　数字经济　产业集群　"以疏带链"

数字经济产业集群是建设"数字雄安"的关键举措，也是推动雄安新区高质量发展的重要引擎。雄安新区培育发展数字经济，具备明显的后发优势和发展潜力，不仅拥有一批知名疏解企业和高校，而且"一网一脑"（产业互联网、城市大脑）建设走在全国前列。另外，据雄安新区官网的数据，雄安新区基础设施智慧化水平超过90%，领跑全国。在国内外数字经济产业竞相布局下，雄安新区如何脱颖而出并集群成势？课题组认为，应立足疏解主体，通过"以疏带链"推动数字经济产业集群成势，即通过疏解企业和高校的生态主导力作用，带动数字经济产业链上下游企业、各类供应商、相关产业厂商和

---

　　* 严文杰，河北省社会科学院经济研究所副研究员，经济学博士，管理科学与工程博士后，研究方向为区域经济、产业经济。

相关机构在雄安新区集聚，实现数字经济产业聚链成群、集群成势。

一、我国数字经济产业集群的最新进展和发展态势

（一）从区域分布看，数字经济产业集群"极化"效应显现，且呈多元化、特色化趋势

我国数字经济产业集群主要分布在京津冀、长三角、粤港澳大湾区、成渝、长江中游等五大城市群，其中，京津冀在基础科学和数字前沿领域创新能力较强，在人工智能、云计算以及高端数字服务业等领域实现领跑；长三角注重跨区域、产学研的向内融合，在电子商务、物联网、集成电路、数字内容产业领域全国领先；粤港澳大湾区在共享、创新、开放中不断寻求向外突围，形成了以ICT产业为驱动的全国领先的数字经济产业集群；成渝在数字服务业、高端装备制造业等方面已达到国内领先水平；长江中游形成了光电子信息、新一代自主安全计算系统、VR/AR等特色产业集群。在地方，一批特色产业集群逐步形成，例如合肥智能语音（中国声谷）、武汉光电子信息（中国光谷）和杭州视觉智能（中国视谷）等。相比长三角、粤港澳等地区，京津冀一方面内部"数字鸿沟"较大，另一方面数字经济创新成果转化和产业化不足，因此，在雄安新区发展数字经济产业有利于京津冀数字产业协同发展，共同打造具有国际竞争力的数字产业集群。

（二）从产业演进看，数字经济等新行业、新业态、新模式加速发展，部分领域领跑全球

当前，全球正处于以人工智能等先进科技为代表的第五次科技革命和第四次工业革命的进程中，一旦技术研发成熟，必将催生前所未有的新质生产力。哪个国家能够抢先一步占据先进技术的制高点，哪个国家将引领第五次科技革命和第四次工业革命。《2024全球数字经济白皮书》显示，截至2024年第一季度，美国人工智能企业数占全球34%，中国占15%，人工智能发展呈现"中美主导"格局，中美进入人工智能"大模型竞赛"。近年来，以ChatGPT、Soar等为代表的美国新一代人工智能大模型对我国人工智能产业发展构成挑战，在压力和挑战下我国人工智能大模型竞相迸发。根据科技部新一代人工智能发展研究中心发布的《中国人工智能大模型地图研究报告》，2021年起中国

大模型进入爆发期，每年增长近 30 个大模型，涌现了文心一言、盘古、讯飞星火、通义千问、混元、紫东太初等一大批大模型（北京约占一半）。尽管如此，大模型赛道最终能走进市场并存活下来的，将只有几家。在通用人工智能的影响下，可能出现以大模型为核心的新型产业集聚形态。北京是当前国内人工智能大模型创新基础最好、人才团队最集中、研发能力最强、产品迭代最活跃的地区，京津冀打造人工智能产业集群比较有基础，其中，雄安新区在人工智能大模型转化、场景应用等方面可作为京津冀的重要一环。在智能交通行业，比亚迪引领的新能源汽车风靡海外，而"萝卜快跑"无人驾驶在武汉、合肥等地进入试运营阶段。在智能制造领域，据工业和信息化部数据，截至 2023 年底，我国"灯塔工厂"达到 62 个，建成数字化车间和智能工厂近 8 000 个，均处于世界前列。

（三）从培育模式看，数实融合催生数字经济产业集群，促进新质生产力涌现

与发达国家相比，我国数字经济融合渗透深度一直不足。据中国信通院数据，2023 年我国农业、工业、服务业数字经济渗透率分别为 10.5%、24% 和 44.7%，其中，农业低于英国的 27.5%，工业、服务业分别与德国的 45.3%、60.4% 存在较大差距。近年来数实融合的一个典型成功案例是深圳坪山区比亚迪汽车和中芯国际芯片的融合。芯片是电动汽车的关键零部件，此前长期被国外垄断。在美国对中国芯片的封锁打压下，比亚迪新能源汽车联合中芯国际，由中芯国际代工，采用 14 纳米工艺制造生产汽车芯片，在"中国芯"的强势拉动下，比亚迪汽车形成新质生产力，新能源汽车产量呈爆发式增长。据深圳坪山区人民政府的数据显示，在新能源汽车等产业的助推下，2023 年深圳坪山区 GDP 增速达到 18%。深圳坪山形成了半导体和新能源智能汽车两个比较有实力的产业集群。坪山区的数实融合给雄安新区的启示是：数实融合一方面能够倒逼数字产业集群形成，另一方面能够形成新产业、新业态，推动新质生产力涌现。

（四）从数据市场看，数据资源交易相关制度仍存堵点，数据要素价值有待挖掘

据上海数据交易所发布的数据，截至 2024 年 3 月底，我国共有 49 家数据交易场所，但数据交易总规模不足 1 000 亿元。从北京、上海、广州、深圳、贵阳五大领头数据交易所运营情况看，我国数据资源确权、开放、流通、交易

等相关制度仍不健全，数据开放共享不足，数据要素没有充分流动及深度开发利用。雄安新区数据交易中心在建设过程中也面临这些问题，亟待解决和完善。

（五）从教训汲取看，中小企业数字化转型过度依赖三大运营商，缺乏定制化和灵活模式

根据课题组在河北、江西、安徽等省份的制造业数字化转型调查，发现当前中小企业数字化转型的一大难点是运营模式过度依赖电信、移动和联通等大型数字化转型服务商，造成这种现象的原因是本土数字化转型服务供给能力较弱，客观上形成了过度依赖大型数字化转型服务商的运营模式。这种模式虽然有利于发挥大型运营商的规模优势，但也存在缺乏定制化和灵活性的弊端。例如，每个行业及每个企业的生产流程、管理方式和业务模式差异很大，而大型数字化转型服务商提供的服务往往是套餐式的标准化服务，这种套餐式标准化服务在现实中难以满足不同工业企业在数字化转型中的特定需求。而且，在复杂变化的工业场景中，企业需要迅速响应市场变化和内部需求变化的服务，但大型数字化转型服务商的服务流程较为烦琐，有时会导致企业在数字化转型过程中丧失时机。另外，在数字经济招商过程中，地方竞相出台的"互害式"优惠政策严重破坏了行业发展生态。雄安新区在发展数字经济过程中需要警惕这些现象。

二、我国典型数字经济产业集群及其对雄安新区的启示和借鉴

（一）合肥新型显示产业集群

合肥在新型显示行业通过"以投带引"的模式聚集企业，形成了初具规模的新型显示产业集群。所谓"以投带引"模式，即通过政府投资平台对战略性新兴产业进行投资，以此吸引和引导其他资本进入。例如，2008年合肥拿出当年1/3的财政收入引进当时亏损超过10亿元的京东方，建设了国内首条液晶面板6代线。① 京东方入驻合肥，引发了彩虹、康宁、三利谱、住友化

---

① 长三角与长江经济带研究中心：《"合肥模式"三部曲：以投带引，"链"式招商，科创驱动》，2024年4月24日，https://cyrdebr.sass.org.cn/2024/0424/c7493a568804/page.htm。

学等一批具有国际影响力的龙头企业的入驻，如今，京东方已带动 100 多家配套企业落地，合肥逐步建立起千亿元规模的新型显示产业集群。合肥市经信局的数据显示，作为国内最早布局显示面板制造的区域之一，合肥市新型显示产业实力强劲，2020～2023 年合肥市新型显示产业规模、营业收入连续 4 年突破千亿元。其中，2024 年 1～9 月，合肥全市平板显示及电子信息产业增加值实现连续 9 个月保持 30% 以上的增长，前三季度增长 36.7%，拉动规模以上工业增长 7.8 个百分点。数字产业在初期发展中面临诸多风险挑战，合肥市政府对战略性新兴产业的投资模式值得雄安新区借鉴和学习。

（二）武汉光电子信息产业集群

武汉光电子信息产业主要围绕信息光电子、能量光电子、生命光电子以及先进存储、光芯片/光器件、化合物半导体、激光器、高端激光设备、生物医学成像、脑机接口等领域发展。武汉市经信局数据显示，2024 年 1～9 月，武汉光电子信息制造业产值超 3 000 亿元，同比增长 15.2%，拉动规模以上工业增长 4.4 个百分点。在武汉光电子信息制造业的拉动下，湖北省成为全球最大的光纤光缆生产基地、国内最大的光电器件生产基地、国内最大的中小尺寸显示面板研发生产基地和最大的国产先进存储生产基地，在全球光电子信息产业版图中占据重要地位。《湖北省光电子信息产业白皮书》显示，2023 年湖北光纤光缆产量约占全国市场的 50%，占全球市场的 25%，光电器件约占全球市场的 12%，激光设备品种占全国的 70% 以上。武汉在发展光电子信息产业的过程中充分发挥了诸多高校的优势，雄安新区在打造数字经济产业集群的过程中，要牢牢抓住北京疏解高校的重要机遇。

（三）成都市软件和信息服务集群

软件作为新一代信息技术的灵魂，是数字经济发展的基础，是制造强国、网络强国、数字中国建设的关键支撑。成都市软件和信息服务集群形成了涵盖工业软件、基础软件、嵌入式软件、行业应用软件、新兴平台软件的五大关键领域。成都天府软件园及姊妹园区已汇聚包括 IBM、阿里巴巴、腾讯、宏利金融等众多国内外知名企业及财富世界 500 强落户，入驻企业超 1 000 家。成都市经信局数据显示，2023 年成都市软件产业规模突破 7 000 亿元。未来，成都将被打造成国际软件产业重要的研发基地和标杆城市。成都市软件和信息服务的发展历程，启示地方政府在打造数字经济产业集群过程中要发挥好国内外知名企业、世界 500 强企业的龙头效应。

（四）长沙新一代自主安全计算系统产业集群

长沙的新一代自主安全计算系统产业集群是唯一一个以"计算"命名的集群。湖南省科技厅的数据显示，截至 2024 年 10 月，长沙的先进计算产业已覆盖核心芯片、整机、基础软件、网络安全等领域，产品的本土供应率达到 90%。尤其是"六机七芯"产品市场占有率稳居全国第一，实现了"超算引领六机云集，七芯汇聚软硬齐全，特色应用畅销全国"的产业格局。根据 2024 世界计算大会新闻发布会的数据，截至 2023 年底，长沙先进计算产业产值达 1 800 余亿元，平均增长率超 6%。长沙在"计算"领域久久为功，并打造出一个特色集群，给雄安新区的启示是需要深耕数字经济各细分行业，培育数字经济细分领域特色产业集群。

（五）苏州人工智能产业集群

人工智能作为引领新一轮科技革命和产业变革的重要驱动力量，已成为发展新质生产力的主要阵地。加快发展新一代人工智能是构建数字产业集群的重要内容。苏州的人工智能产业集群初具规模，中国经济信息社与新一代人工智能产业技术创新战略联盟共同发布的《新一代人工智能发展年度报告（2023 – 2024）》显示，2023 年苏州人工智能产业规模超 2 000 亿元，拥有 2 家国家新一代人工智能开放创新平台，已聚集人工智能相关企业超 1 700 家，产业发展能级加快提升。雄安新区正打造数字经济国家创新发展试验区，苏州"人工智能 +"创新发展试验区建设经验值得借鉴。

三、数字经济产业争相布局下雄安新区的后发优势和发展潜力

数字经济产业一直是全国各地争取布局的产业，尤其是当下各地都把发展数字经济产业作为发展新质生产力的突破口。京津冀协同发展背景下，雄安新区发展数字经济产业集群面临较大的后发优势和潜力。一是在数字经济领域一批疏解企业正在向雄安新区集聚，并吸引产业链上下游企业在此集聚，初步形成了规模较小的数字经济产业集群。一些央企总部和二、三级子公司在雄安新区落户，如中国卫星网络集团、中国时空信息集团，以及中国移动、中国联

通、中国电信三大运营商的子公司等，这些疏解企业均是龙头企业，龙头企业的到来会陆续招引一批中小企业供应商在雄安新区集聚。二是一批在京高校向雄安新区疏解，不仅直接带来"双创"项目，还为雄安新区发展数字经济提供源源不断的人才支撑，形成教育—科技—人才的良性循环。高校在科技创新和高科技产业发展中的作用十分显著，例如，在合肥，中国科学技术大学学子先后孵化培育具有自主知识产权的高新技术企业100多家，其中科大讯飞、科大智能、科大立安、科大国创、国盾量子通信等企业已成为知名的行业龙头企业。可以预见，疏解到雄安新区的北京科技大学、北京理工大学等知名高校在未来也必将孵化培育出一批高科技企业，并成为雄安新区数字经济发展的中坚力量。三是相比其他城市，雄安新区数字基础设施水平超前，有利于数字经济企业集聚。据雄安新区管委会的数据，截至2024年上半年雄安新区新建区域每平方公里安装公共传感器20万个左右，基础设施智慧化水平超过90%，在国内独一无二。此外，雄安新区的城市计算中心、产业互联网、"城市大脑"等数字基础设施在全国也处于领先地位。先进的数字基础设施有利于拉动数字经济企业在雄安新区集聚和发展。

四、关于"以疏带链"推动雄安新区数字经济产业集群进一步发展的思路和对策

推动雄安新区数字经济产业集群进一步发展，应立足疏解主体，通过"以疏带链"推动数字经济产业集群成势，即通过疏解企业和高校生态主导力作用，带动数字经济产业链上下游企业、各类供应商、相关产业厂商和相关机构在雄安新区集聚，实现数字经济产业聚链成群、集群成势。

（一）实施"疏解+"计划，完善数字经济产业链条

雄安新区承接的高校和科研机构、大型企业总部等"产学研"将是数字经济产业创新的主体，承接的金融机构则为数字经济发展提供金融支持，疏解人员则为雄安新区数字人才队伍建设提供支撑。从中短期发展来看，重大疏解项目尤其是数字经济领域疏解项目落地是雄安新区数字经济产业集群发展的基石，起着重要的"支点"作用，并将发挥巨大的"乘数效应"。据调查，四大国有商业银行和一些地方商业银行已在雄安新区布局，百度、阿里巴巴、腾讯、京东等大企业以及睿哲科技、浪潮思科等高新技术企业也逐步入驻，新型

科研机构"新一代网络实验室"已投入运营,科创综合服务中心国家重点实验室项目已启动建设。总体来看,数字经济研发机构、企业、银行逐步在雄安新区集聚,未来还需进一步在"疏解"上做文章,打造和完善数字经济产业链条。具体思路是:发挥疏解主体的龙头带动作用,引育数字经济产业链上下游企业和专业机构在雄安新区集聚。一是实施"疏解企业 + 上下游企业"。立足数字经济产业链,依托雄安新区产业互联网平台,围绕疏解企业研发设计、生产制造、营销服务等环节,引育一批上游供应商和下游客户,推动疏解企业和上下游企业融通发展。二是实施"疏解企业 + 专业服务机构"。围绕疏解企业的生产性服务需求,引进金融、法律、知识产权、信创、数字化转型等专业化服务机构,为疏解企业提供高质量专业服务。三是实施"疏解高校 + 孵化企业"。借鉴中国科学技术大学在合肥孵化培育高新企业的先进经验,通过产学研协同创新,谋划推动疏解高校科技成果在雄安新区转化,并加大对高校团队的创业支持力度。

(二) 携手北京打造"空中硅谷",唱响空天信息品牌

北京聚集了我国最主要的航天机构和最完整的产业链,在通信、导航、遥感、测运控等领域企业齐备,拥有卫星研制、地面测运控、通导遥等产业,形成了"南箭北星"的格局,即北京海淀区和北京经济技术开发区两个相对较大的产业聚集区。在《北京市加快商业航天创新发展行动方案(2024 - 2028年)》中,北京市明确指出要推动空天信息与数字经济深度融合,推动空天信息规模化应用,做优做强"南箭北星"。其中,在与雄安新区协同发展方面指出,加快雄安新区中关村科技园建设,推动卫星互联网及终端设备、核心元器件等领域科技成果转化落地,支撑雄安新区空天信息产业发展。对雄安新区而言,空天信息产业同样是重点培育壮大的新兴产业。在《关于全面推动雄安新区数字经济创新发展的指导意见》中,雄安新区把空天信息产业作为积极打造和培育的首个数字经济核心产业。在空天信息产业上,雄安新区和北京协作空间较大,应从战略、空间和产业布局上加强雄安新区与北京在空天信息产业上的协同发展。一是战略布局上加强与北京协同发展。以北京打造商业航天"南箭北星"战略格局以及京雄空天信息产业廊道建设为契机,共同谋划"空中硅谷"合作项目。二是空间布局上以中关村雄安科技园为重点开展产业协作。雄安新区应加强与北京各区在空天信息产业上的协作联动,共同打造贯通从海淀、丰台、大兴、亦庄到中关村雄安科技园的京雄空天信息产业廊道。三是

产业布局上聚焦卫星应用及服务。以中国星网、中国时空信息等新设立的央企为主导，深入布局卫星应用产业链，加强卫星通信、导航、遥感一体化发展，推动空天地信息网络一体化融合。

（三）建设信创产业园，推动数字经济与实体产业融合

信创产业，即信息技术应用创新产业，是数字经济和信息安全发展的基础，应用领域十分广泛。新一代信息技术产业是雄安新区重点发展的高端高新产业之一，从产业链结构看，信创产业是新一代信息技术产业下游端，发展信创产业对于雄安新区打造完整的新一代信息技术产业链十分重要。在建设信创产业园的过程中，雄安新区应以信息技术应用创新为主导，重点发展5G、大数据、人工智能等前沿信息技术，并与实体产业深度融合。一是加快信创企业集聚。发挥雄安百信等企业引领作用，形成从研发、生产到应用、适配、测评验证等信创产业链上下游贯通的规模化发展态势。二是创建人工智能创新应用先导区。主要包括：开发人工智能算法基础开发平台，并以此为依托吸引人工智能算法头部企业入驻；推进计算机视觉、数据分析挖掘等新一代人工智能技术相关领域集聚发展；推动新一代人工智能在网络安全领域的深度应用和创新突破。另外，积极申报国家人工智能创新应用先导区，争取国家相关政策支持。三是实施"信创+"行动。推动信创与交通、新能源、金融、健康等行业的融合，加快培育智能交通、能源互联网、金融科技、数字健康等数字经济核心产业。

（四）优化承接环境，推动数字经济领域疏解项目落地

雄安新区应进一步优化承接环境，推动数字经济领域"产学研金"重大疏解项目落地。

一是创新公共服务供给机制，提升优质公共服务资源总量。针对公共服务特别是优质教育和医疗等公共服务存量有限的情况，雄安新区应通过创新供给机制提升公共服务增量，逐步弥补优质公共服务短板，为疏解人员提供与北京基本均等的公共服务。例如，在政务服务方面，推动"数字身份+政务服务"新模式，打造以疏解项目和人员为中心的政务服务环境；在教育方面，启动"名校+新校""名企+政府"等办学模式，增加优质教育资源总量；在医疗卫生方面，完善整合型医疗卫生服务体系，加快提升医疗卫生服务能力。

二是推进数字经济新技术新产品新模式应用场景建设。目前雄安新区与北

京存在"应用场景鸿沟"，雄安新区在承接北京"产学研金"的同时，应同步推进建设与北京水平相当的数字经济领域应用场景，针对一些标志性疏解项目在雄安新区科技创新和成果转化的特定场景需求，谋划打造一批应用场景，如建筑施工的智能化、智慧政务服务、智慧治理体系、智慧公共服务等应用工程，以及智慧能源、交通、物流系统等。

三是建立"产学研金"标志性疏解项目前沿科技领域人才和团队稳定支持机制。探索稳定支持"产学研金"标志性疏解项目前沿科技领域人才和团队，如明确新区投入前沿科技领域人才和团队开展研究的资金比例、大力引导和支持企业及其他社会力量通过设立基金或捐赠的方式来资助开展数字经济领域应用基础研究。

（五）实施"雄安通"工程，优化产业发展生态

充分发挥雄安新区"一网一脑"功能优势，实施"雄安通"工程，优化数字经济产业发展生态，吸引更多数字经济领域企业在雄安新区集聚。

一是"要素通"。推动数据要素合规高效、安全有序流通，以数据流动带动劳动、资本、土地、技术等要素市场化。在数据交易市场上，依托雄安新区自贸区探索建设"数据特区"，构建和完善数据流通规则体系和运营机制，促进数据要素市场化流通和应用，充分释放数据要素价值。主要思路是探索建设"新型数据监管关口"，推动数据跨境流动先行先试。通过发展数字贸易在雄安新区自贸区建立企业数据跨境流通通道，推动跨境流通数据在自贸片区存储，实现企业数据跨境传输行为可监控、可追溯。具体而言，通过建立和完善数据安全技术支撑体系，搭建数据跨境流动公共服务平台，开展跨境流通数据受理、流通监管和跟踪追溯。在监管流程方面，探索建立一套包括数据跨境流动申请、审核、传输、安全评估、监督检查、违规责任等在内的完整监管流程。同时，按照支持类、限制类、禁止类三个风险等级对跨境流动数据实施分级分类管理。

二是"基座通"。进一步巩固雄安新区在数字基础设施建设上的优势地位，适度超前布局通信基础网络，打造高速泛在、天地一体、云网融合的数字基础设施体系，包括5G、数据中心、云计算、物联网、区块链等。此外，加快传统物理基础设施的数字化改造，发展3D打印、智能机器人、AR眼镜、自动驾驶等融合基础设施。同时，进一步完善城市超算中心。

三是"平台通"。打造数字经济四类公共服务平台。为了更好地为数字经济企业提供全链条服务，雄安新区要聚焦数字经济产业集群创新需求，精准布

局关键技术平台、资源条件平台、科技服务平台、融资服务平台等数字经济产业集群通用型高层次重大平台。其中，在关键技术平台方面，聚焦突破"卡脖子"技术，围绕数字经济重点产业领域的基础研究搭建高质量关键技术平台，在区块链、人工智能、工业互联网等领域再布局一批重点实验室和工程实验室等；在资源条件平台方面，大力强化专业技术服务能力，聚焦数字经济产业集群共性技术应用及科技成果转化，建设高效精准对接的工程中心、企业技术中心等资源条件平台；在科技服务平台方面，大力提升国际化、高端化科技服务能力，面向数字经济产业集群创新创业服务需求，建立知识型高端科技服务平台；在融资服务平台方面，增强金融服务数字经济产业集群能力，面向数字经济企业提供精准融资服务，支持建设数字经济产业集群融资服务平台。

四是"场景通"。聚焦"小切口、大场景"，突出惠企高频刚需服务等多类跨应用场景，引导数字经济企业和研发机构参与应用系统建设和场景运营，除丰富现有区块链应用场景外，再建设推广一批典型应用和最佳实践，拓展数字经济创新发展空间。一方面，完善应用场景供给保障体系。进一步优化应用场景创新生态，推动数字经济领域科技创新应用场景开放共享，建立和完善应用场景硬核技术攻关机制，发掘应用场景价值的资本联动机制，支撑应用场景的新型基础设施建设的保障政策。另一方面，积极承接北京应用场景项目。目前北京应用场景建设已由局部拓展到全域，北京应用场景项目建设不仅面向京津冀协同，还面向全国布局，雄安新区在推动重大疏解项目过程中，应积极承接北京数字经济领域应用场景重大项目。

五是"商事通"。进一步优化企业在开办、融资、税务、政策兑现过程中的全链条营商环境建设，探索下沉式政务服务，强化企业诉求响应，为企业提供精准化、全天候诉求解决渠道和服务。同时，大力发展会计、咨询、法律服务、知识产权、公共关系、经纪与人才猎头、产权交易等专业服务业，为疏解企业和其他企业提供优质的商业服务，减少企业经营成本。

参考文献

[1] 焦豪、马高雅、张文彬：《数字产业集群：源起、内涵特征与研究框架》，载于《产业经济评论》2024 年第 2 期。

[2] 河北雄安新区管理委员会：《关于全面推动雄安新区数字经济创新发

展的指导意见》，2022 年 8 月 2 日，http：//www. xiongan. gov. cn/2022 – 08/06/c_1211673859. htm。

[3] 广东省人民政府办公厅：《"数字湾区"建设三年行动方案》，2023 年 11 月 7 日，https：//www. gd. gov. cn/zwgk/gongbao/2023/31/content/post_4287722. html。

[4] 郭晗、廉玉妍：《数字经济与中国未来经济新动能培育》，载于《西北大学学报（哲学社会科学版）》2020 年第 1 期。

[5] 李利、王陶冶、张全生：《珠三角地区打造数字经济产业集群的思考》，载于《广东科技》2019 年第 6 期。

[6] 李晓华、陈若芳：《"大雄安"区域产业生态的构建研究》，载于《北京工业大学学报（社会科学版）》2020 年第 1 期。

[7] 田学斌等：《京津冀产业协同发展研究》，中国社会科学出版社 2019 年版。

[8] 谢丽彬、郑路平：《福州市数字经济产业集群发展战略研究》，载于《海峡科技与产业》2021 年第 6 期。

[9] 杨佩卿：《数字经济的价值、发展重点和政策供给》，载于《西安交通大学学报（社会科学版）》2020 年第 2 期。

[10] 殷利梅、何丹丹、王梦梓：《打造具有竞争力的数字产业集群》，载于《宏观经济管理》2024 年第 2 期。

[11] 张勋、万广华、张佳佳，等：《数字经济、普惠金融与包容性增长》，载于《经济研究》2019 年第 8 期。

[12] 中国信息通信研究院：《全球数字经济白皮书（2024）》。

[13] 中国信息通信研究院：《中国数字经济发展研究报告（2024）》，2024 年。

[14] 周海川、刘帅孟、山月：《打造具有国际竞争力的数字产业集群》，载于《宏观经济管理》2023 年第 7 期。

[15] 祝合良、叶堂林：《京津冀发展报告（2020）》，社会科学文献出版社，2020 年。